ブラッド・ウォーカー
ストレッチングと筋の解剖

The Anatomy of Stretching

by

Brad Walker

© Lotus Publishing/ North Atlantic Books, 2007

Japanese Version
© Nankodo Co., Ltd., 2009
Translated by Setsuro Kuriyama, Toshio Kawashima
Published by Nankodo Co., Ltd., Tokyo, 2009

Brad Walker : The Anatomy of Stretching

ブラッド・ウォーカー

ストレッチングと筋の解剖

監訳┃栗山節郎
訳┃川島敏生

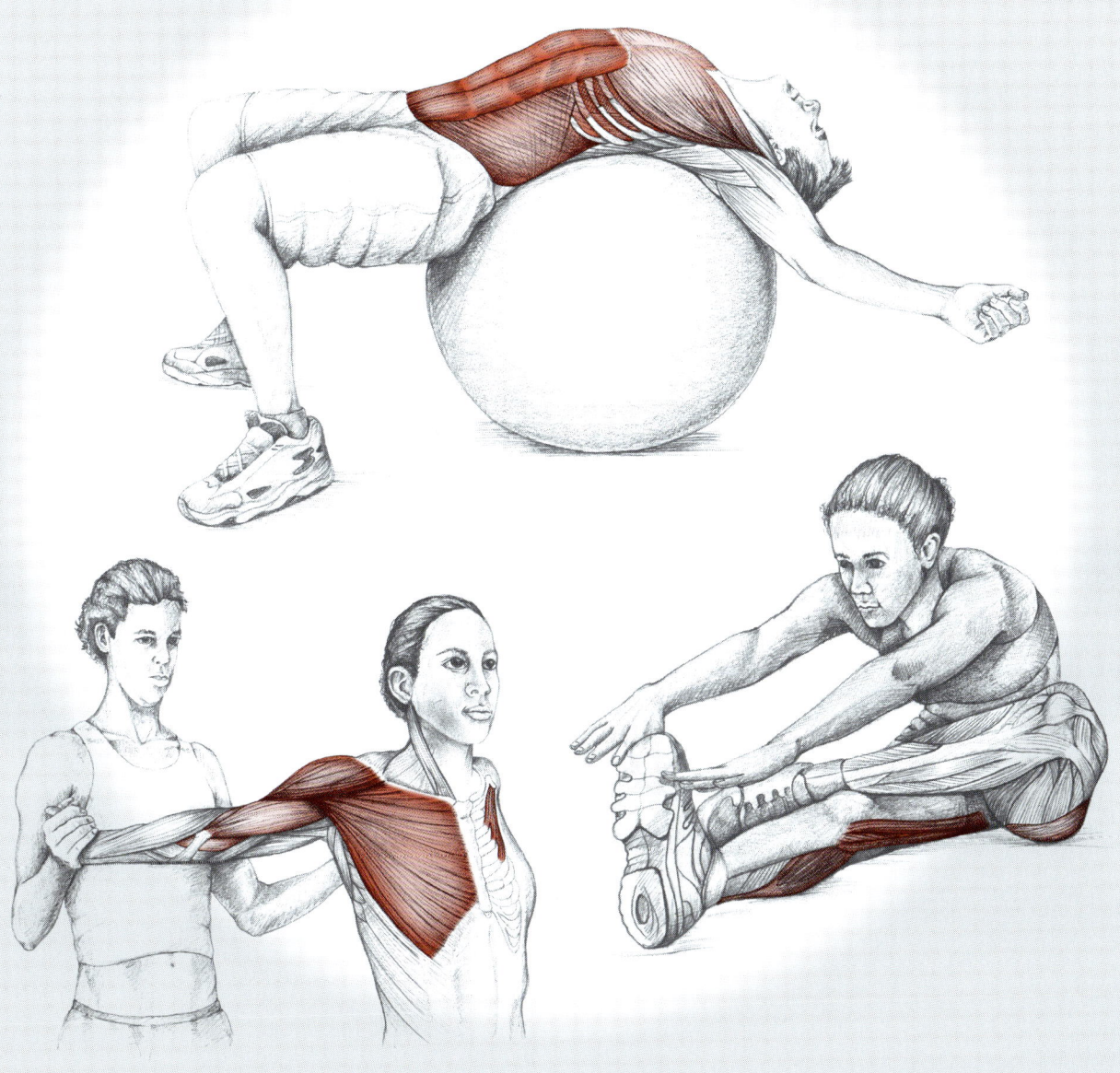

南江堂

訳者一覧

●監訳者

栗山節郎　日本鋼管病院副院長・整形外科部長

●訳　者

川島敏生　日本鋼管病院リハビリテーション科技師長

●翻訳協力者

日本鋼管病院リハビリテーション科

石井　斉

尹　成祚

石丸忠司

長妻香織

川島達宏

金子雅志

栗原智久

小林朋美

はじめに ·····································

● ここ 10 〜 15 年のうちにストレッチングと柔軟性というテーマは大きな展開をみせている. ストレッチングに関する情報が健康やフィットネスの本の最後の数ページに追いやられていたり, 10 種類あまりの最も基本的なストレッチング運動を解説した図があるだけで詳しいとされた時代ははるか昔のことである.

● 15 年前にはストレッチングに関する専門書を探すのは困難であった. しかし現在では, 数多くの参考書がある. "ニューエイジ系" のストレッチング技術から武術系のストレッチング, そして研究者向けの, ストレッチングの非常に詳細な臨床的適用法まで, ありとあらゆる書籍が書かれている.

● しかし, 今までストレッチングと柔軟性の基礎となる解剖学的, 生理学的なテーマを扱ったものはなかった. ストレッチングを行っているときの身体のなかを示し, 動作中の主要な筋と二次的な筋の両方について読者が理解できるような本は存在しなかった. この点が本書の特徴である.

● 本書はあらゆる視点からストレッチングを捉えている. 生理学と柔軟性, ストレッチングのメリット, ストレッチングの様々なタイプ, 安全なストレッチングのための原則, そして, 正確なストレッチの方法などである. フィットネスの専門家だけでなく, あらゆるレベルのフィットネスファンのために, 本書は, 特定のスポーツ傷害を軽減したり, リハビリテーションを行ううえで, どのストレッチが役に立つかについても取り上げている.

● 本書は運動選手とフィットネスの専門家のための図解的な参考書となることを意図しており, ストレッチングの基本と柔軟性の解剖学および生理学についての理論的な情報と, 114 種類の個別のストレッチング運動の実践的なやり方をバランスよく読者に示すものである.

● 複数の独立したセクションに分割しているため, 書かれている情報を利用するにあたり, 本書を最初から最後まで読む必要はない. ハムストリングスのストレッチについて知りたいなら, そのセクションを読めばよいし, ストレッチングがどのように役立つのかを知りたいなら, 第 2 章に書かれている効果に目を通せばよい. またストレッチングを正確に行う方法を確認したいのなら, 第 4 章の "安全なストレッチングのための原則" を読めばよい.

● プロの運動選手, フィットネスに熱心に取り組んでいる人, スポーツのコーチやトレーナー, 理学療法士, スポーツドクターなど, 本書は幅広い読者の役に立つであろう.

本書の使い方··························

● 本書の狙いは，ストレッチングの基本と柔軟性の解剖学と生理学に関する理論的な情報と，114の個別のストレッチング運動の実践的なやり方をバランスよく示すことにある．身体のどの部分が伸長されるかに従って，ストレッチング運動にはすべて索引を付けており，また，目的としている筋についての正確な情報も示している．

● それぞれのストレッチのセクションには，詳しい解剖学的な図解とともに，ストレッチのやり方の説明，そのストレッチが最も効果のあるスポーツとスポーツ傷害のリスト，そしてそのストレッチに関する一般的な問題点に関する追加情報を示している．

● それぞれのストレッチについての情報は，全体を通して一貫したスタイルで示している．下はその例であり，見出しの意味を太字で説明している．

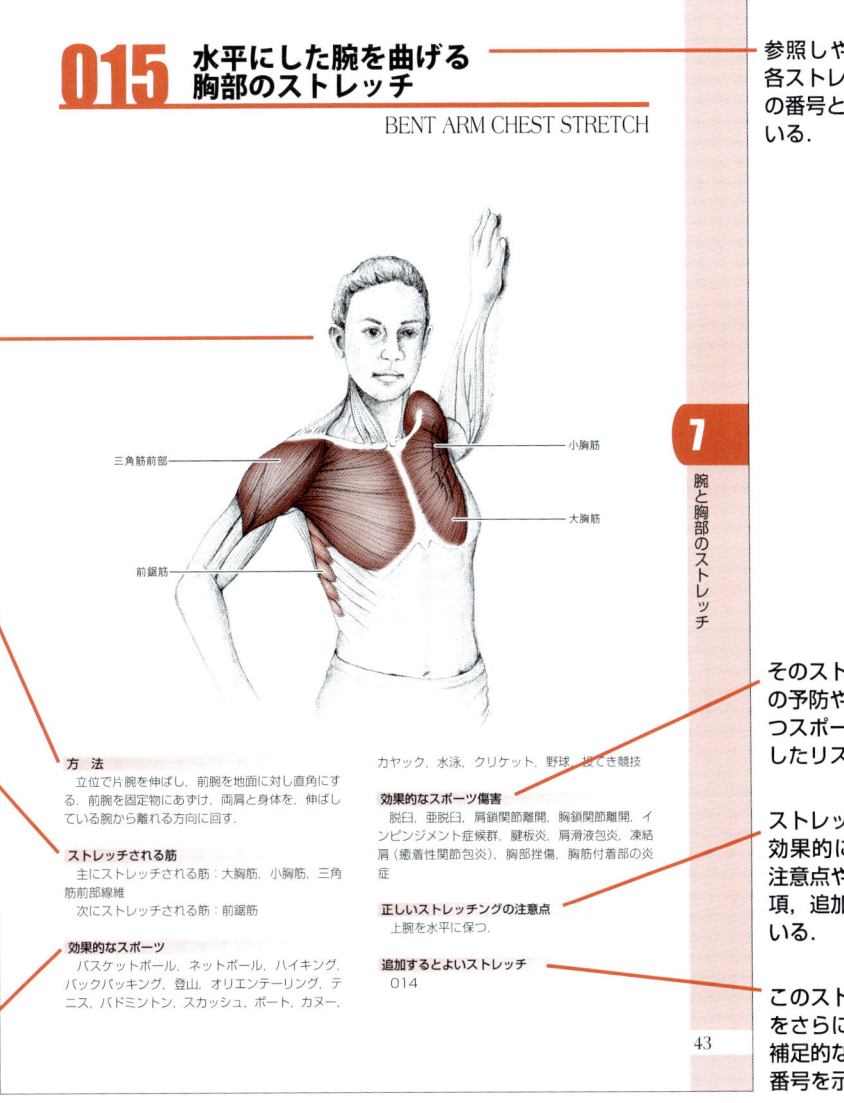

解剖図により，ストレッチング運動時に，目的の筋が伸長されている様子がみてわかるよう示している．

文章による説明を解剖図と合わせて読むことで，ストレッチの正確なやり方が詳しくつかめる．

主にストレッチされる筋：ストレッチング運動時に伸長される目的の筋
次にストレッチされる筋：ストレッチング運動時に伸長される他の筋

運動中に主に目的の筋を用いるスポーツを網羅したリスト

参照しやすいように，各ストレッチには特定の番号と名前を付している．

そのストレッチが傷害の予防や治療に役に立つスポーツ傷害を網羅したリスト

ストレッチを安全かつ効果的に行うための，注意点や特定の必要事項，追加情報を示している．

このストレッチの効果をさらに高めるための補足的なストレッチの番号を示している．

015 水平にした腕を曲げる 胸部のストレッチ
BENT ARM CHEST STRETCH

三角筋前部
前鋸筋
小胸筋
大胸筋

7
腕と胸部のストレッチ

方　法
　立位で片腕を伸ばし，前腕を地面に対し直角にする．前腕を固定物にあずけ，両肩と身体を，伸ばしている腕から離れる方向に回す．

ストレッチされる筋
　主にストレッチされる筋：大胸筋，小胸筋，三角筋前部線維
　次にストレッチされる筋：前鋸筋

効果的なスポーツ
　バスケットボール，ネットボール，ハイキング，バックパッキング，登山，オリエンテーリング，テニス，バドミントン，スカッシュ，ボート，カヌー，

カヤック，水泳，クリケット，野球，投てき競技

効果的なスポーツ傷害
　脱臼，亜脱臼，肩鎖関節離開，胸鎖関節離開，インピンジメント症候群，腱炎，肩滑液包炎，凍結肩（癒着性関節包炎），胸部挫傷，胸筋付着部の炎症

正しいストレッチングの注意点
　上腕を水平に保つ．

追加するとよいストレッチ
　014

43

監訳者序文··

　このたび，日本鋼管病院リハビリテーション科の川島敏生技師長を中心とした，リハビリテーション科のスタッフにより，本書『ブラッド・ウォーカー　ストレッチングと筋の解剖』を，翻訳して出版することになり，監修をさせていただくことになりました．

　本書の特色は，著者が「はじめに」で述べているように，ストレッチングと柔軟性の基礎となる解剖学的・生理学的な解説をもとに，ストレッチングを行っているときの身体の中を図解し，動作中の主要な筋と二次的な筋の両方について理解できるように書かれている点です．また，ストレッチング動作は100種類以上について，実践的なやり方と実際の動作での筋肉解剖をわかりやすい図で解説しています．ストレッチングについては，生理学と柔軟性，ストレッチングのメリット，ストレッチングのタイプ，安全なストレッチングのための原則，正確な方法，などを解説し，フィットネスの専門家だけでなく，フィットネスファンやリハビリテーションに携わる方にも役立つように書かれています．

　私は，1984年に南江堂から『ストレッチングの実際』と『テーピングの実際』を出版し，続けて『アスレチック・リハビリテーションの実際』『アスレチックトレーニングの実際』『アスレチック・マッサージの実際』『スポーツマンの運動療法』などを出版してきました．これらはいずれも解剖学的な図で身体構造を説明したうえで，さらに実際の動作を写真で示し，医学的に外傷や慢性障害の仕組みを解説したものです．これらを医学専門職だけでなく，スポーツトレーナーやスポーツ愛好家を含む一般の方にも理解できるように工夫してきました．最近はCDやDVDを付属させて「動画で見えるように」工夫しています．

　このように，最近の書籍は文章による解説だけでなく，写真や図を用いて視覚的にわかりやすい必要があります．さらに今後は，コンピューターグラフィックなども利用されるものと思います．

　特に，スポーツやリハビリテーションの運動療法などの身体動作を行う者は，自分の身体のどこがどのように動いているのかを自分で理解することで，その動作が正確に洗練されて可能になるものです．本書がフィットネスやトレーニング，リハビリテーション医学の現場で活用されて，安全で有効なストレッチングとトレーニングが行われることを期待するものです．

　2009年3月

日本鋼管病院副院長・昭和大学医学部客員教授

栗 山 節 郎

訳者序文 ・・・・・・・・・・・・・・・・・・・・・・・・・・・・・・・・・・・・・・

　この度，南江堂より『ブラッド・ウォーカー ストレッチングと筋の解剖』を翻訳し出版することになりました．

　これまでにも，監訳者であります栗山節郎先生との共同執筆で『新・ストレッチングの実際』を南江堂より発刊し，ストレッチングの効用と正確なストレッチングの重要性を述べてきました．この本では写真を多用し，ストレッチングの方法をわかりやすく解説してきましたが，実際に伸長されている筋を視覚的に理解するにはむずかしさがありました．その点において，本書はイラストの解剖図を用い，伸長されている筋が視覚的に手に取るように理解できるようになっています．その図も実際にストレッチングをしている姿勢での筋の走行が描かれているため，通常の解剖図とは違いそのストレッチングと伸長されている筋の関係が明確にわかると思います．

　ストレッチングの種類も114種類に及び実に多彩であります．基本的には，いわゆるセルフ・ストレッチングですが，棒や台，壁など身近にある物を利用し，より効果的にストレッチできるように工夫されています．

　一つのストレッチングについて1頁を割いているため，大きく見やすいイラストが描かれているだけでなく，その方法，ストレッチされる筋，そのストレッチングが効果的なスポーツ，および効果的なスポーツ傷害，注意点が文章で述べられています．文章を読み理解し，さらにイラストで視覚的にストレッチングと筋の関係が捉えられるでしょう．

　また，巻末にはスポーツ種目別，スポーツ傷害別に効果的なストレッチングを挙げているため，スポーツ種目別，スポーツ傷害別に適応となるストレッチングが容易に選択できると思います．しかし，より安全で効果的にストレッチングを行うために，まずは前半で述べられている筋やストレッチングの基本的事項を一読されることをお勧めします．

　本書は全体を通して非常にわかりやすい表現で書かれているだけでなく，適応となるスポーツ種目とスポーツ傷害が載っているので，理学療法士等の医療技術者のみならず，スポーツ指導者から一般のスポーツ愛好家まで幅広い人達に読んで頂ける本であると感じています．

　本書の翻訳に関しては当リハビリテーション科の理学療法士スタッフのご協力を頂き，企画・編集では南江堂の篠原満氏，志田春陽氏の協力を頂きました．皆様の努力により本書が刊行となりましたことに深謝致します．

　本書により，安全で効果的なストレッチングがスポーツ傷害後のリハビリテーションに取り入れられるとともに，多くの人達が気持ちよくスポーツができるようになれば幸いです．

2009年3月

日本鋼管病院リハビリテーション科技師長

川 島 敏 生

目 次..

1. 生理学と柔軟性　　　　　　1
PHYSIOLOGY AND FLEXIBILITY

 A. 柔軟性とは──2
 B. 筋の解剖──3
 C. ストレッチングとは──4

2. ストレッチングのメリット　　　　5
THE BENEFITS OF STRETCHING

 A. 関節可動域の改善──6
 B. パワーの向上──6
 C. 運動後の筋肉痛の軽減──6
 D. 疲労の軽減──7

3. ストレッチングの種類　　　　9
TYPES OF STRETCHING

 A. スタティック・ストレッチ（静的ストレッチ）── 10
  スタティック・ストレッチング（静的ストレッチング）── 10
  パッシブ・ストレッチング（他動的ストレッチング）── 11
  アクティブ・ストレッチング（自動的ストレッチング）── 11
  PNFストレッチング── 12
  アイソメトリック・ストレッチング（等尺性ストレッチング）── 13
 B. ダイナミック・ストレッチ（動的ストレッチ）── 13
  バリスティック・ストレッチング（反動をつけたストレッチング）── 14
  ダイナミック・ストレッチング（動的ストレッチング）── 14
  アクティブ・アイソレイティッド・ストレッチング（自動的個別化ストレッチング）
  ── 15

4. 安全なストレッチングのための原則　　17
THE RULES FOR SAFE STRETCHING

 A. ストレッチング前にウォームアップを行う── 19
 B. 運動の前後にストレッチを行う── 19
 C. すべての主要な筋群とその反対側の筋群をストレッチする── 19
 D. 優しくゆっくりストレッチを行う── 20
 E. 張りを目安にストレッチする── 20
 F. ストレッチング中はゆっくり楽な呼吸を行う── 21

5. 適切なストレッチの方法　　23

HOW TO STRETCH PROPERLY

　A. いつストレッチするか—— 24
　B. 持続時間，回数，頻度は—— 24
　C. 一連の流れは—— 25
　D. 姿勢は—— 26

6. 頚部と肩のストレッチ　　27

STRETCHES FOR THE NECK AND SHOULDERS

　001 側方への頚部のストレッチ：Lateral Neck Stretch—— 28
　002 回旋による頚部のストレッチ：Rotating Neck Stretch—— 29
　003 前屈による頚部のストレッチ：Forward Flexion Neck Stretch—— 30
　004 後屈による頚部のストレッチ：Neck Extension Stretch—— 31
　005 頭部を前に押し出す頚部のストレッチ：Neck Protraction Stretch—— 32
　006 座位で頚部を前屈するストレッチ：Sitting Neck Flexion Stretch—— 33
　007 腕を水平にする肩のストレッチ：Parallel Arm Shoulder Stretch—— 34
　008 腕を曲げて引きつける肩のストレッチ：Bent Arm Shoulder Stretch—— 35
　009 肩を抱え込むストレッチ：Wrap Around Shoulder Stretch—— 36
　010 両腕を交差させる肩のストレッチ：Cross Over Shoulder Stretch—— 37
　011 逆方向への肩のストレッチ：Reverse Shoulder Stretch—— 38

7. 腕と胸部のストレッチ　　39

STRETCHES FOR THE ARMS AND CHEST

　012 頭上に手を置く胸部のストレッチ：Above Head Chest Stretch—— 40
　013 パートナーと行う胸部のストレッチ：Partner Assisted Chest Stretch—— 41
　014 片腕を水平にする胸部のストレッチ：Parallel Arm Chest Stretch—— 42
　015 水平にした腕を曲げる胸部のストレッチ：Bent Arm Chest Stretch—— 43
　016 背後で手を組む胸部のストレッチ：Behind the Back Chest Stretch—— 44
　017 両手を壁に置く胸部のストレッチ：Bent-over Chest Stretch—— 45
　018 上腕三頭筋のストレッチ：Triceps Stretch—— 46
　019 肘を外側に向ける回旋筋のストレッチ：Elbow-out Rotator Stretch—— 47
　020 前腕を上に向ける回旋筋のストレッチ：Arm-up Rotator Stretch—— 48
　021 前腕を下に向ける回旋筋のストレッチ：Arm-down Rotator Stretch—— 49
　022 四つ這いでの前腕のストレッチ：Kneeling Forearm Stretch—— 50
　023 手掌を外側に向ける手首のストレッチ：Palms-out Wrist Stretch—— 51
　024 手指を下に向ける前腕のストレッチ：Fingers-down Forearm Stretch—— 52
　025 手指のストレッチ：Finger Stretch—— 53
　026 手指を下に向ける手首のストレッチ：Fingers-down Wrist Stretch—— 54
　027 回旋させる手首のストレッチ：Rotating Wrist Stretch—— 55

8. 腹部のストレッチ　　57

STRETCHES FOR THE STOMACH

　028 肘立て位での腹部のストレッチ：On Elbows Stomach Stretch—— 58
　029 手を突いて上体を反らす腹部のストレッチ：Rising Stomach Stretch—— 59
　030 手を突いた状態で回旋させる腹部のストレッチ：Rotating Stomach Stretch—— 60
　031 身体を後屈させる腹部のストレッチ：Back Bending Stomach Stretch—— 61

9. 背部と側部のストレッチ（上部，中部，下部）　63

STRETCHES FOR THE BACK AND SIDES (UPPER, MIDDLE, AND LOWER)

032 両腕を前に伸ばす上背部のストレッチ：Reaching Upper Back Stretch —— 64
033 仰向けでの全身のストレッチ：Lying Whole Body Stretch —— 65
034 上方へ伸ばした両腕を交差させる背中のストレッチ：Reach-up Back Stretch
　　 —— 66
035 座位で上体を屈める背中のストレッチ：Sitting Bent-over Back Stretch —— 67
036 座位で手を側方へ伸ばすストレッチ：Sitting Side Reach Stretch —— 68
037 立位で片膝を胸に引きつけるストレッチ：Standing Knee-to-chest Stretch —— 69
038 仰向けで片膝を胸に引きつけるストレッチ：Lying Knee-to-chest Stretch —— 70
039 仰向けで両膝を胸に引きつけるストレッチ：Lying Double Knee-to-chest Stretch
　　 —— 71
040 正座位で両手を前方に伸ばすストレッチ：Kneeling Reach Forward Stretch —— 72
041 四つ這いで背中を弓なりにするストレッチ：Kneeling Back Arch Stretch —— 73
042 四つ這いで背中を回旋させるストレッチ：Kneeling Back Rotation Stretch —— 74
043 立位で背中を回旋させるストレッチ：Standing Back Rotation Stretch —— 75
044 立位で手を上方へ伸ばし，背中を回旋させるストレッチ：Standing Reach-up Back
　　 Rotation Stretch —— 76
045 仰向けで両脚を交差させるストレッチ：Lying Leg Cross-over Stretch —— 77
046 仰向けで両膝を倒すストレッチ：Lying Knee Roll-over Stretch —— 78
047 座位で片膝を立て，回旋させるストレッチ：Sitting Knee-up Rotation Stretch
　　 —— 79
048 四つ這いで片手を後ろへ伸ばすストレッチ：Kneeling Reach-around Stretch —— 80
049 立位での側方へのストレッチ：Standing Lateral Side Stretch —— 81
050 座位での側方へのストレッチ：Sitting Lateral Side Stretch —— 82

10. 股関節と殿部のストレッチ　83

STRETCHES FOR THE HIPS AND BUTTOCKS

051 仰向けで交差させた片膝を引き下げるストレッチ：Lying Cross-over Knee Pull-down
　　 Stretch —— 84
052 うつ伏せで片脚を折りたたむ股関節のストレッチ：Lying Leg Tuck Hip Stretch
　　 —— 85
053 立位で片脚を折りたたむ股関節のストレッチ：Standing Leg Tuck Hip Stretch —— 86
054 立位で片脚を膝に乗せる殿部のストレッチ：Standing Leg Resting Buttocks Stretch
　　 —— 87
055 座位で回旋する股関節のストレッチ：Sitting Rotational Hip Stretch —— 88
056 立位で回旋する股関節のストレッチ：Standing Rotational Hip Stretch —— 89
057 座位で両脚を交差させ，両手を前方へ伸ばすストレッチ：Sitting Cross-legged Reach
　　 Forward Stretch —— 90
058 座位で両足を合わせ，両手を前方へ伸ばすストレッチ：Sitting Feet-together Reach
　　 Forward Stretch —— 91
059 座位で片膝を胸につける殿部のストレッチ：Sitting Knee-to-chest Buttocks Stretch
　　 —— 92
060 座位で片足を胸につける殿部のストレッチ：Sitting Foot-to-chest Buttocks Stretch
　　 —— 93
061 仰向けで交差させた片膝を引き上げるストレッチ：Lying Cross-over Knee Pull-up
　　 Stretch —— 94
062 座位で片脚を大腿部に乗せる殿部のストレッチ：Sitting Leg Resting Buttocks Stretch
　　 —— 95
063 仰向けで片脚を大腿部に乗せる殿部のストレッチ：Lying Leg Resting Buttocks

Stretch—— 96

11. 大腿四頭筋のストレッチ 97
STRETCHES FOR THE QUADRICEPS

064 片膝立ち位での大腿四頭筋のストレッチ：Kneeling Quad Stretch—— 98
065 立位での大腿四頭筋のストレッチ：Standing Quad Stretch—— 99
066 うつ伏せでの大腿四頭筋のストレッチ：Lying Quad Stretch—— 100
067 横向きでの大腿四頭筋のストレッチ：On-your-side Quad Stretch—— 101
068 脚を曲げて後方へ寄りかかる大腿四頭筋のストレッチ：Double Lean-Back Quad Stretch—— 102

12. ハムストリングスのストレッチ 103
STRETCHES FOR THE HAMSTRINGS

069 座位で両手を前方へ伸ばすハムストリングのストレッチ：Sitting Reach Forward Hamstring Stretch—— 104
070 立位でつま先を下ろすハムストリングのストレッチ：Standing Toe-pointed Hamstring Stretch—— 105
071 立位でつま先を持ち上げるハムストリングのストレッチ：Standing Toe-raised Hamstring Stretch—— 106
072 立位で片脚を上げるハムストリングのストレッチ：Standing Leg-up Hamstring Stretch—— 107
073 座位での片脚のハムストリングのストレッチ：Sitting Single Leg Hamstring Stretch—— 108
074 仰向けでパートナーと行うハムストリングのストレッチ：Lying Partner Assisted Hamstring Stretch—— 109
075 仰向けで片膝を曲げるハムストリングのストレッチ：Lying Bent Knee Hamstring Stretch—— 110
076 仰向けで片膝を伸ばすハムストリングのストレッチ：Lying Straight Knee Hamstring Stretch—— 111
077 片膝立ち位でつま先を上げるハムストリングのストレッチ：Kneeling Toe-raised Hamstring Stretch—— 112
078 座位で片脚を大腿部に乗せるハムストリングのストレッチ：Sitting Leg Resting Hamstring Stretch—— 113
079 立位で，上げた片脚の膝を曲げるハムストリングのストレッチ：Standing Leg-up Bent Knee Hamstring Stretch—— 114
080 座位で両膝を曲げ，つま先を引きつけるハムストリングのストレッチ：Sitting Bent Knee Toe-pull Hamstring Stretch—— 115
081 立位で両手を下げるハムストリングのストレッチ：Standing Reach Down Hamstring Stretch—— 116

13. 内転筋群のストレッチ 117
STRETCHES FOR THE ADDUCTORS

082 座位で両足を合わせる内転筋のストレッチ：Sitting Feet Together Adductor Stretch—— 118
083 立位で両膝を広げる内転筋のストレッチ：Standing Wide Knees Adductor Stretch—— 119
084 立位で片脚を上げる内転筋のストレッチ：Standing Leg-up Adductor Stretch—— 120
085 片膝立ち位で片脚を開く内転筋のストレッチ：Kneeling Leg-out Adductor Stretch

　　　　　　　―― 121

086 しゃがみ込んで片脚を開く内転筋のストレッチ：Squatting Leg-out Adductor Stretch
　　　　　　　―― 122

087 座位で両脚を広げる内転筋のストレッチ：Sitting Wide Leg Adductor Stretch
　　　　　　　―― 123

088 立位で両脚を広げる内転筋のストレッチ：Standing Wide Leg Adductor Stretch
　　　　　　　―― 124

14. 外転筋群のストレッチ　　　　　125

089 立位で殿部を側方に出す外転筋のストレッチ：Standing Hip-out Abductor Stretch
　　　　　　　―― 126

090 立位で両脚を交差させる外転筋のストレッチ：Standing Leg Cross Abductor Stretch
　　　　　　　―― 127

091 立位で片脚を下に通す外転筋のストレッチ：Standing Leg-under Abductor Stretch
　　　　　　　―― 128

092 横向きで片脚をぶら下げる外転筋のストレッチ：Lying Leg Hang Abductor Stretch
　　　　　　　―― 129

15. ふくらはぎのストレッチ　　　　　131

093 立位でつま先を上げるふくらはぎのストレッチ：Standing Toe-up Calf Stretch
　　　　　　　―― 132

094 両足の踵を下ろすふくらはぎのストレッチ：Double Heel Drop Calf Stretch―― 133

095 一方の踵を下ろすふくらはぎのストレッチ：Single Heel Drop Calf Stretch―― 134

096 立位で踵を後ろに下げるふくらはぎのストレッチ：Standing Heel Back Calf Stretch
　　　　　　　―― 135

097 壁に寄りかかって踵を後ろに下げるふくらはぎスのトレッチ：Leaning Heel Back Calf
　　　Stretch―― 136

098 座位でつま先を引きつけるふくらはぎのストレッチ：Sitting Toe Pull Calf Stretch
　　　　　　　―― 137

099 立位でつま先を持ち上げるふくらはぎのストレッチ：Standing Toe Raised Calf
　　　Stretch―― 138

100 かがんで踵を後ろに下げるふくらはぎのストレッチ：Crouching Heel Back Calf
　　　Stretch―― 139

101 立位でつま先を上げるアキレス腱のストレッチ：Standing Toe-up Achilles Stretch
　　　　　　　―― 140

102 一方の踵を下ろすアキレス腱のストレッチ：Single Heel Drop Achilles Stretch
　　　　　　　―― 141

103 立位で踵を後ろに下げるアキレス腱のストレッチ：Standing Heel Back Achilles
　　　Stretch―― 142

104 壁に寄りかかって踵を後ろに下げるアキレス腱のストレッチ：Leaning Heel Back
　　　Achilles Stretch―― 143

105 座位で両膝を曲げ，つま先を引きつけるアキレス腱のストレッチ：Sitting Bent Knee
　　　Toe Pull Achilles Stretch―― 144

106 かがんで踵を後ろに下げるアキレス腱のストレッチ：Crouching Heel Back Achilles
　　　Stretch―― 145

107 片膝立ち位で踵を下げるアキレス腱のストレッチ：Kneeling Heel-down Achilles
　　　Stretch―― 146

108 しゃがみ込んでのアキレス腱のストレッチ：Squatting Achilles Stretch―― 147

109 足を後ろに下げる脛のストレッチ：Foot-behind Shin Stretch── 150

110 足を持ち上げる脛のストレッチ：Raised Foot Shin Stretch── 151

111 前方で脚を交差させる脛のストレッチ：Front Cross-over Shin Stretch── 152

112 両膝立ちでの脛のストレッチ：Double Kneeling Shin Stretch── 153

113 足首を回すストレッチ：Ankle Rotation Stretch── 154

114 しゃがみ込んでのつま先のストレッチ：Squatting Toe Stretch── 155

あとがき── 157

医学用語解説── 161

各種スポーツとスポーツ傷害に対するストレッチ── 163

参考文献── 167

1. 生理学と柔軟性

PHYSIOLOGY AND FLEXIBILITY

A. 柔軟性とは

B. 筋の解剖

C. ストレッチングとは

生理学と柔軟性

PHYSIOLOGY AND FLEXIBILITY

A1 柔軟性とは

● 一般に柔軟性とは，可動域，つまり特定の関節や関節群における動きのことである．平たく言えば，どのくらいまで身体を伸ばしたり，曲げたり，捻ったりできるかということである．Tony Gummerson（1990）は柔軟性を以下のように説明し，その基本的な定義の幅を広げている．

> 「パートナーや器具の補助により，一時的に力を加えることで得られる，関節や関節群の絶対的な可動域」

◆フィットネスと柔軟性◆

● 個人の身体的フィットネスは，膨大な数の要素から成り立っているものであり，柔軟性もその要素の一つにすぎない．柔軟性は身体的フィットネスの重要な要素ではあるが，そのフィットネスという車輪を構成する一つのスポークにすぎないということを理解することが重要である．その他の要素としては，筋力，パワー，スピード，持久力，バランス，協調性，敏捷性，巧緻性などが挙げられる．

● スポーツごとに，フィットネスの各構成要素について求められるレベルは異なるが，身体的なフィットネスの構成要素をすべて網羅するような定期的な運動やトレーニングプログラムを計画することが重要である．

● 例えば，ラグビーやフットボールでは筋力やパワーの比重が大きい．しかし，巧緻性のドリルや柔軟性のトレーニングを行わなければ，重大な傷害やパフォーマンスの低下を招きかねない．体操選手にとっては，筋力と柔軟性が最大の関心事であるが，適切なトレーニングプログラムを行えば，パワーやスピード，持久力も同時に向上するはずである．

● 同じことが個人にも言える．すなわち，人によって生まれつき力が強かったり，柔軟性が高い場合があるが，だからといってフィットネスの他の要素を完全に無視するのは浅はかである．また，ある関節や筋群の柔軟性が高いからといって，他の部位がすべて柔軟だというわけではない．このため，柔軟性については，ある関節や筋群に特有のものとして捉える必要がある．

◆柔軟性の低下による危険と弊害◆

● 筋が硬く凝っていれば，正常な関節可動域は制限される．場合によっては，柔軟性の低さが筋肉痛や関節痛の主因となることもある．極端な例では，屈んだり，自分の肩越しに後ろを見たりすることさえ困難になる．

● また，筋が硬く凝ると，正常な筋活動が阻害される．筋が効率よく収縮したり，弛緩できないと，パフォーマンスや筋活動の調節力が低下する．また，筋が短縮し，硬くなれば，運動中の筋力やパワーも著しく低下する．

● とてもまれなケースではあるが，筋が硬く凝ることで，血液循環が阻害されることすらある．良好な血液循環は，筋が十分な量の酸素と栄養分を吸収するのに役立つことから大変重要である．血液循環が不十分であれば筋疲労が増大し，最終的には，激しい運動後の筋の回復力や筋の修復過程が妨げられる．

● これらの要因のいずれによっても傷害発生の危険性は大きく高まる．またこのような要因はまとめて，筋の不快感，パフォーマンスの低下，傷害の危険性の増大，傷害を繰り返す可能性の増大といった悪影響を及ぼす．

◆柔軟性はどのように制限されるのか◆

● 最高のパフォーマンスを発揮するには，筋系が柔軟である必要があるが，ストレッチングは筋と腱の柔軟性を向上，維持するための最も効果的な方法である．しかし，柔軟性を低下させる要因には他にも様々なものがある．

● 柔軟性，つまり関節可動域は，内的要因，外的要因のいずれによっても制限されうる．骨，靱帯，筋量，筋の長さ，腱，皮膚などの内的要因は，いずれも関節の可動域を制限する．例えば，膝関節を形成している骨と靱帯の構造のために，人間の脚はまっすぐに伸ばした状態から前には曲げられない．

● 様々な外傷や障害はもちろんのこと，年齢，性別，気温，動きにくい服装などの外的要因も柔軟性に影響を与える．

◆柔軟性と加齢プロセス◆

●年齢を重ねるたびに筋や関節が硬く，強張っていくように感じられるのは誰もが経験することである．これは加齢プロセスの一つであり，肉体的な退行と活動量の低下が合わさって生じる．歳をとることは避けられないが，だからといって，柔軟性の向上をあきらめるべきではない．

●歳をとったからといって，健康や活動的な生活を諦めるべきではないが，歳をとるに従い何らかの予防策をとることは必要である．年を追うごとに，より長い時間をかけ，少し忍耐強く，そして大いに慎重に取り組む必要があるにすぎない．

B┃筋の解剖

●柔軟性を高めようとする場合，筋とその筋膜（鞘）を柔軟性のトレーニングの主眼点にすべきである．というのも，骨，関節，靱帯，腱，皮膚も確かに全般的な柔軟性に関わってくるものであるが，このような要因についてはほとんど変えることができないからである．

◆骨と関節◆

●骨と関節は，特定の関節可動域が得られるような構造になっている．例えば，膝関節はどんなに頑張っても，伸展位からさらに前方には伸展できないようになっている

◆靱　帯◆

●靱帯は骨と骨を結合し，関節を安定させる役割がある．靱帯のストレッチングは避けるべきであり，行うと関節が持続的に不安定化することがあり，関節の弱化や傷害につながりうる．

◆腱◆

●腱は高密度の結合組織からなり，筋は腱によって骨に付着している．腱は極めて強靱であるが，非常に柔軟でもある．腱も関節の安定化に一定の役割を担っており，関節の総合的柔軟性への寄与分のうち，腱による割合は10%以下である．このため，腱をストレッチングの主要対象としてはならない．

◆筋◆

●筋は，筋線維と呼ばれる数千個の小さな円筒状の細胞から成り立っている．これらの筋線維は互いに平行して並んでおり，30cmに及ぶ長さのものもある．

●それぞれの筋線維のなかには，筋原線維と呼ばれる何万もの細かな線維がある．この筋原線維によって，筋は収縮，弛緩，伸長することができる．各々の筋原線維は筋節と呼ばれる数百万の帯状の構造からできている．そして，各々の筋節は筋フィラメントと呼ばれる，重なり合った太いフィラメントと細いフィラメントから成っている．さ

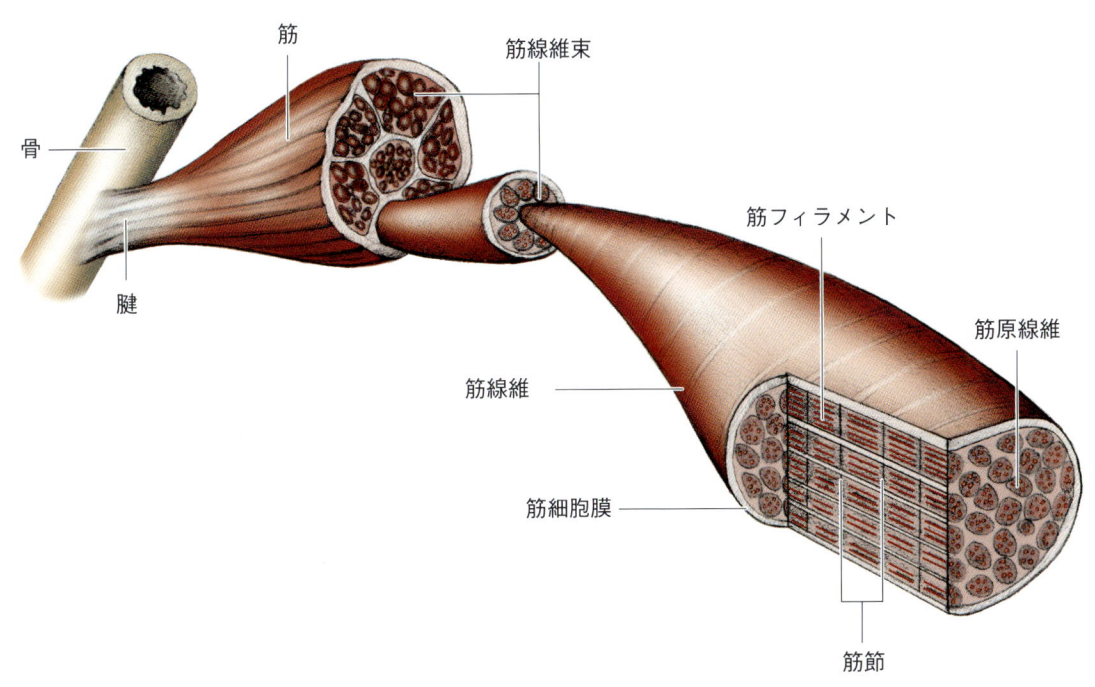

図1-1　筋原線維，筋節，筋フィラメントを含めた筋線維の断面図

らに，各々の太いフィラメントと細いフィラメントは，主にアクチンとミオシンと呼ばれる収縮性のある蛋白質でできている．筋と筋膜には，先に述べた柔軟性に寄与する他の要素よりも多くの弾性組織を含んでいる．このため，筋と筋膜を柔軟性のトレーニングの主要な対象にすべきなのである．

CI ストレッチングとは

●柔軟性について一般的な理解が得られたので，ストレッチングについて定義をしてみよう．ストレッチングとは，肉体的な健康とフィットネスに関連しており，身体のある部位を，筋とそれに付随する軟部組織を伸長するような肢位に動かすプロセスである．

◆筋が伸長されている時に何が生じているか◆

●定期的にストレッチング・プログラムを行っていると，身体のなか，とりわけ筋自体に多くの変化が生じ始める．他にもストレッチングに順応を始める組織としては，靱帯，腱，筋膜，皮膚そして瘢痕化した組織（傷跡）などがある．

●筋が伸長され，それにより関節可動域が広がるプロセスは，筋内の筋節から始まる．ある身体部位を，筋を伸長するような肢位に置くと，厚い筋フィラメントと薄い筋フィラメントの重なり合う部分が減り始める．この状態が生じ，筋節が完全に伸長されると，筋線維の静止長は最大となる．この時点でさらにストレッチングを行えば，結合組織と筋膜（鞘）を伸長するのに役立つ．さらに，G.Goldspink が 1968 年に，加えて P.E. Williams と G.Goldspink が再度 1971 年に以下のように結論付けている．

「定期的なストレッチングを長期的に行うことで，元からある筋原線維の端に新しい筋節が付着し，筋節の数が次々に増加すると考えられ，その結果，筋全体が長くなり，関節可動域が増大する」

2. ストレッチングのメリット

THE BENEFITS OF STRETCHING

A. 関節可動域の改善
B. パワーの向上
C. 運動後の筋肉痛の軽減
D. 疲労の軽減

ストレッチングのメリット

THE BENEFITS OF STRETCHING

●ストレッチングは，運動能力を高め，傷害を生じにくくし，筋肉痛の発生を最小限に抑えるのに役立つ，簡単かつ効果的な運動である．しかし，このようなメリットは具体的にどのように得られるのであろうか．

A┃関節可動域の改善

●身体のある部位を一定の肢位に置くことにより，筋の長さを伸ばすことができる．この結果，全体的な筋の緊張は軽減し，正常な関節可動域が広がる．

●可動域が広がれば，筋や腱に傷害を生じさせることなく四肢の動かせる範囲が広がる．例えば，ボールを蹴るとき，下肢後面の筋や腱には大きなストレスがかかる．このため，それらの筋の柔軟性やしなやかさが高いほど，ストレスや傷害を生じることなく下肢を前方に動かせる距離が増える．

●関節可動域の拡大による利点には以下のものがある：①快適さの増大，②自由に動かせる能力の向上，③筋と腱のストレス性傷害の受傷機会の減少．

B┃パワーの向上

●ストレッチングに関しての有害な俗説がある．「ストレッチをしすぎると，関節の安定性と筋のパワーが低下する」というものである．これはまったくの誤解である．筋の長さを伸ばすことで，筋が収縮できる距離も長くなる．これにより，筋の潜在的なパワーは向上し，その結果，運動能力が高まり，一方で動的バランスの改善，つまり筋の調整能力も向上するのである．

C┃運動後の筋肉痛の軽減

●数ヵ月ぶりに走ったり，ジムで運動したりすると，その後身体がどのような状態になるかは，誰でも覚えがあるだろう．翌日，筋は張り，痛みを

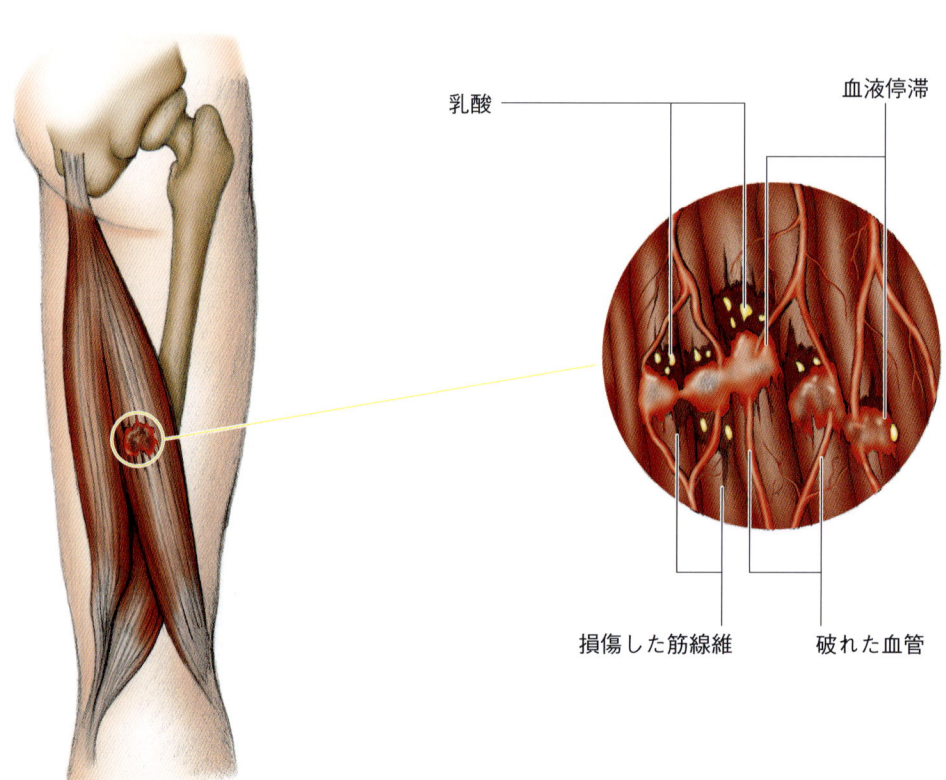

図2-1　運動後の筋肉痛の軽減：微細損傷，血液の停滞および蓄積した老廃物

伴って硬直し，しばしば階段を下りることさえ大変になる．激しい肉体活動に通常伴うこのような疼痛は，よくpost exercise muscle soreness（遅発性筋肉痛）と呼ばれる．この疼痛は，微細損傷（筋線維内の微小な断裂），血液停滞，そして乳酸などの老廃物の蓄積により生じる．効果的なクールダウンの一環としてのストレッチングを行えば，個々の筋線維を伸長し，血液循環を活発にし，老廃物を除去するため，この疼痛を軽減するのに役立つ．

D┃疲労の軽減

●疲労はあらゆる人，とりわけ運動する人にとって大きな問題である．疲労により，肉体的・精神的パフォーマンスがいずれも低下してしまう．スト

レッチングを行うことで柔軟性が高まれば，活動している筋（主動筋）から圧迫が取り除かれるため，疲労の影響を防ぐのに役立つ．身体のすべての筋には反対の，つまり対抗する筋（拮抗筋）がある．もし対抗する筋の柔軟性が高くなれば，活動している筋は，対抗する筋に対しあまり大きな力を使わなくてすむ．このため，活動している筋のそれぞれの動作に必要な労力は実際に少なくてすむ．

◆付随するメリット◆

●上記のメリットに加え，定期的にストレッチング・プログラムを行うことで，姿勢が良くなり，身体感覚が磨かれ，協調性が改善し，血液循環が活発になり，エネルギーが増大し，リラクゼーションやストレス緩和を促進するのにも役立つ．

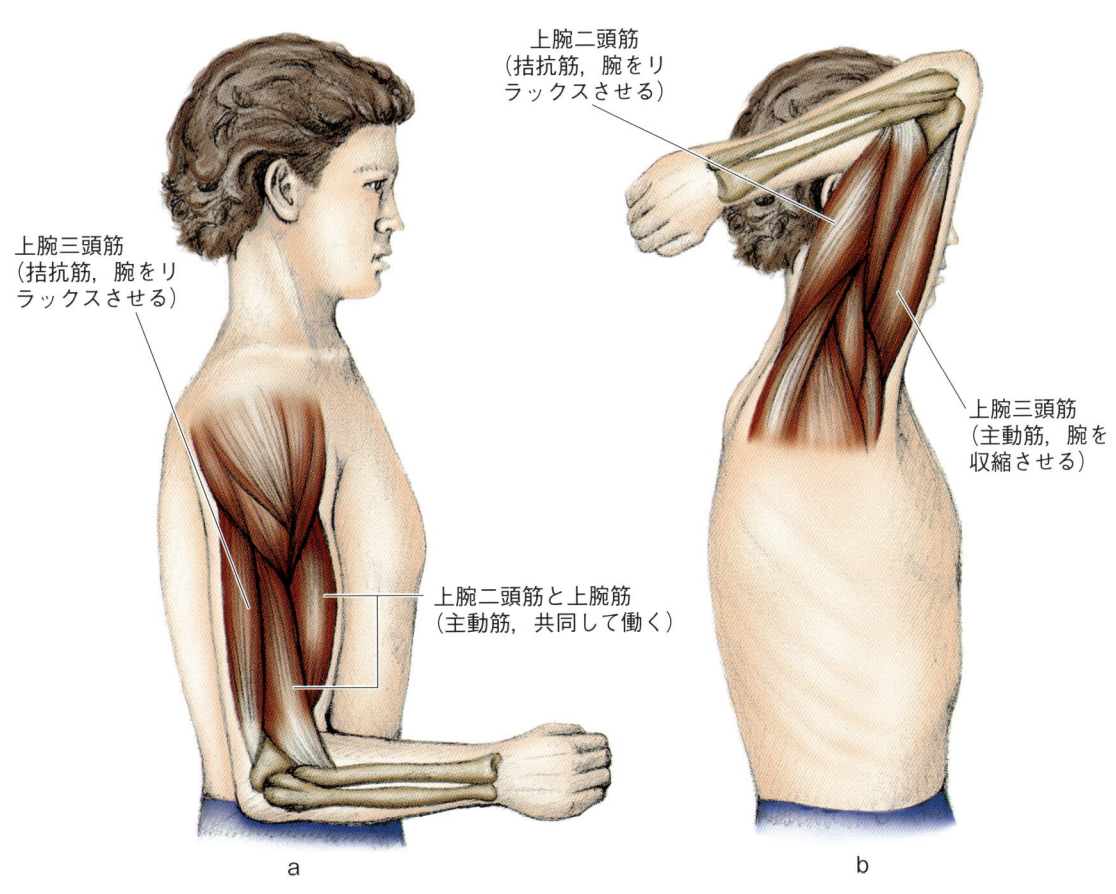

上腕二頭筋
（拮抗筋，腕をリラックスさせる）

上腕三頭筋
（拮抗筋，腕をリラックスさせる）

上腕三頭筋
（主動筋，腕を収縮させる）

上腕二頭筋と上腕筋
（主動筋，共同して働く）

a

b

図2-2　主動筋と拮抗筋
a. 硬くなった拮抗筋により動きづらくなった主動筋
b. 主動筋と拮抗筋の正常な相互作用

3. ストレッチングの種類

TYPES OF STRETCHING

A. スタティック・ストレッチ（静的ストレッチ）
   スタティック・ストレッチング
   （静的ストレッチング）
   パッシブ・ストレッチング
   （他動的ストレッチング）
   アクティブ・ストレッチング
   （自動的ストレッチング）
   PNFストレッチング
   アイソメトリック・ストレッチング
   （等尺性ストレッチング）

B. ダイナミック・ストレッチ（動的ストレッチ）
   バリスティック・ストレッチング
   （反動をつけたストレッチング）
   ダイナミック・ストレッチング
   （動的ストレッチング）
   アクティブ・アイソレイティッド・ストレッ
   チング（自動的個別化ストレッチング）

ストレッチングの種類

3

ストレッチングの種類

●ストレッチングは公園のベンチで脚を揺らすよりは，少し技術がいるものである．効果を最大化し，傷害の危険を最小化するために原則と技法が存在する．本章では，様々なストレッチングの種類と，その種類に特有の効果・リスク・使い方を検討し，また各ストレッチングの実施法を説明する．

●ストレッチングには数多くの種類があるが，これらはすべて２つのカテゴリー（静的か動的）のいずれかに集約することができる．

A▎スタティック・ストレッチ（静的ストレッチ）

●スタティック・ストレッチという表現は，動きを伴わずに行うストレッチング運動を指すものである．言い換えれば，ストレッチの姿勢をとり，その状態を一定時間維持するような方法である．以下に５種類のスタティック・ストレッチング運動を挙げる．

◆スタティック・ストレッチング（静的ストレッチング）◆

●スタティック・ストレッチングは，伸長する筋（筋群）に張力がかかるような肢位に体を置くことで行う．この時，拮抗筋（反対側の筋群）と主動筋（伸長する筋）をいずれも弛緩した状態にする．次に，伸長する筋（筋群）にかかる張力が強くなるように，ゆっくり，慎重に身体を動かす．そこで，筋が伸長するように，その肢位を保つ．

●スタティック・ストレッチングは非常に安全かつ効果的なタイプのストレッチングであり，傷害を起こす恐れはほとんどない．このストレッチングは，初心者や座りがちな生活を送っている人に適している．

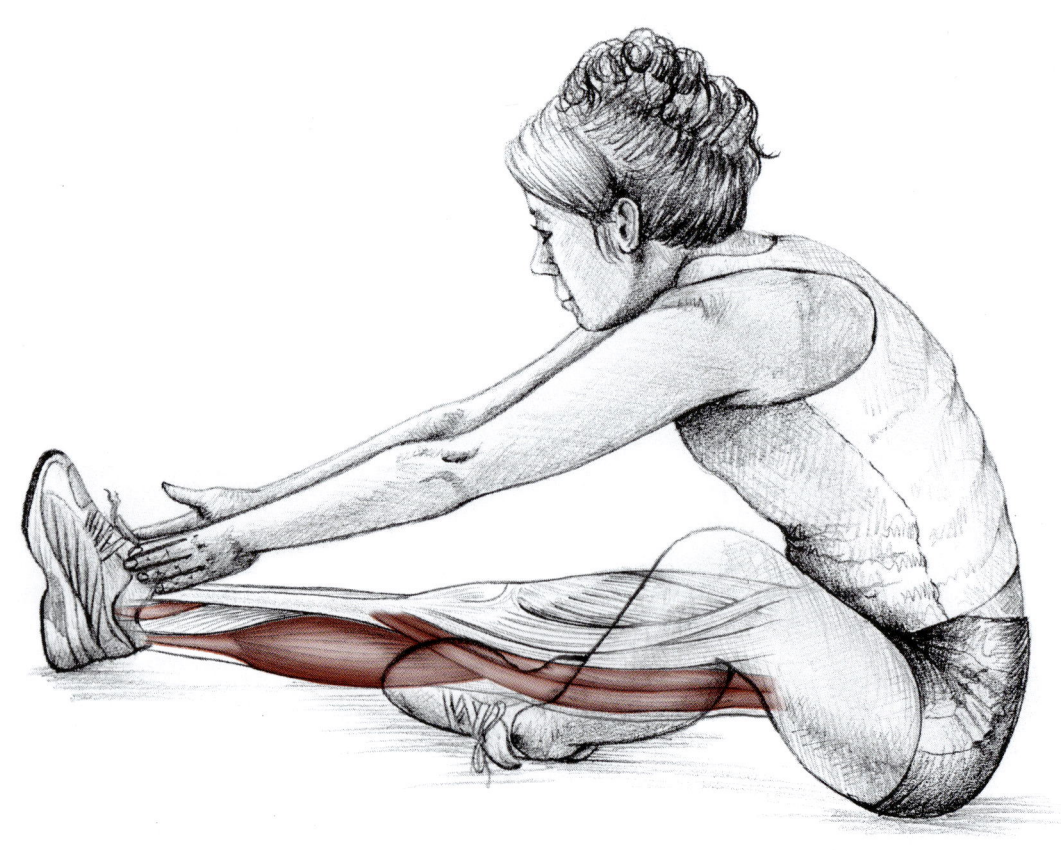

図3-1　スタティック・ストレッチングの一例

◆パッシブ・ストレッチング（他動的ストレッチング）◆

●このタイプのストレッチングは，スタティック・ストレッチングに非常によく似ているが，筋をさらに伸長するために，第三者や器具による補助を利用するものである．筋に加わる力が大きくなるため，このタイプのストレッチングではやや危険性が高まる．このため，使用する器具を頑丈で安定したものにすることが非常に大切である．パートナーと行う場合は，伸長する筋に決して急な力を加えたり，反動をつけないようにすることが重要である．このため，パートナーは気をつけて選ぶこと．パートナーには，ストレッチング運動を行っている間，筋と関節の安全性に配慮する責任がある．

●パッシブ・ストレッチングは，関節可動域をさらに広げるのに有用であるが，傷害が生じる危険性はやや高まる．この方法は，リハビリテーション・プログラムやクールダウンの一環としても有効に用いることができる．

◆アクティブ・ストレッチング（自動的ストレッチング）◆

●アクティブ・ストレッチングは，外部からの手助けや補助を受けずに行うものである．このタイプのストレッチングは，目的とする筋群（主動筋）を伸長させるために，その反対側の筋群（拮抗筋）の力だけを使う．反対側の筋群が収縮することで，伸長する筋を弛緩させるのに役立つ．アクティブ・ストレッチングの代表的な例としては，片脚を前方にできるだけ高くまっすぐに挙げ，パートナーや器具の助けなしにその肢位を維持するというものがある．

●アクティブ・ストレッチングはリハビリテーションの手法として有効であり，またダイナミック・ストレッチング運動に進む前のコンディショニング法として非常に効果的である．このタイプのストレッチング運動で長時間停止した状態を維持することは，通常かなりむずかしい．このため，伸長した肢位が維持される時間はたいてい10〜15秒間にすぎない．

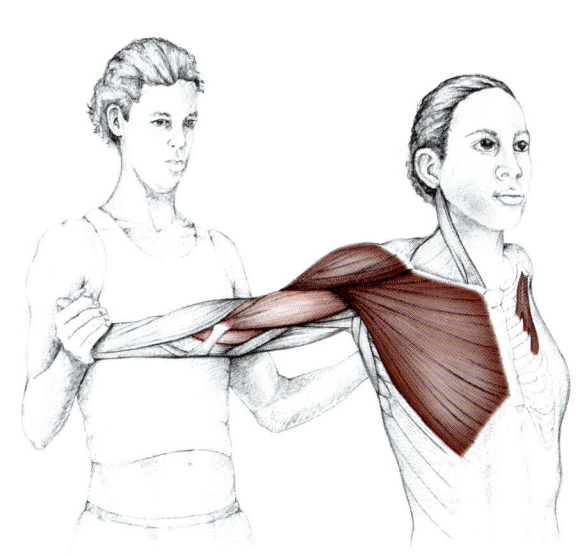

図3-2　パッシブ・ストレッチングの一例

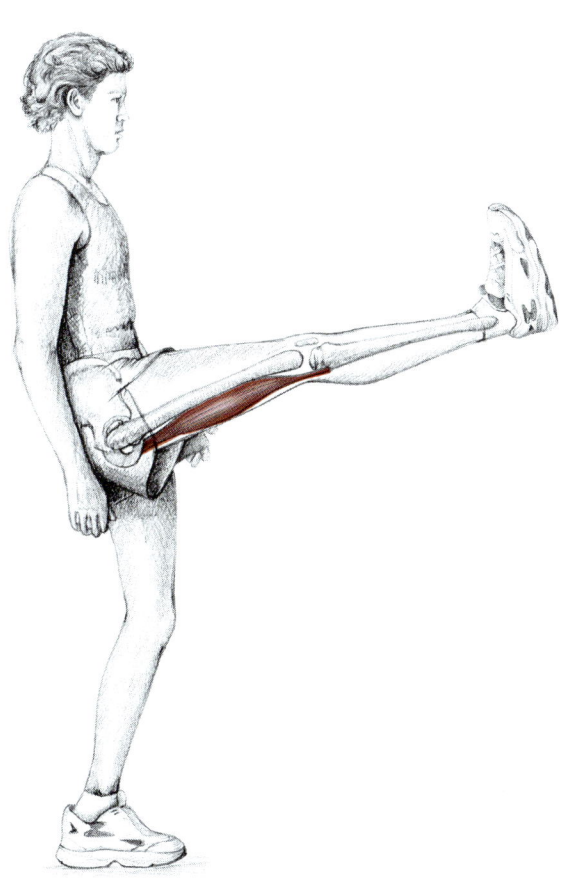

図3-3　アクティブ・ストレッチングの一例

11

◆PNFストレッチング◆

● PNF（固有受容性神経筋促通法）ストレッチングは，目的とする筋群の伸長と収縮の両方を含んだ，より高度なタイプの柔軟性トレーニングである．PNFストレッチングは，もともとリハビリテーションの一形態として開発され，その用途において非常に効果的である．このストレッチングは，特定の筋群を対象とする点，また柔軟性（および関節可動域）を高める点でも優れ，筋力も高める．

●筋（筋群）に張力がかかる位置に伸長する部位を置く．ストレッチングを受けている運動選手は伸長している筋群を５～６秒間収縮させ，一方パートナーは，その動きを抑制するように抵抗を加える．収縮の強さは体調に合わせる．次に収縮させた筋群を弛緩させ，適度の伸長を約30秒間行う．その後，選手を30秒間休ませて回復させ，この過程を２～４回繰り返す．

● PNFストレッチングで推奨される時間配分に関しては，多少意見が分かれている．「どのくらいの時間，筋群を収縮すべきか」，「各ストレッチの間はどのくらい休むべきか」という疑問に対しては様々な答えがあるが，PNFストレッチングでは，先に述べた時間配分により最大効果が得られるというのが，研究文献や個人的な経験から得た私の専門家としての意見である．

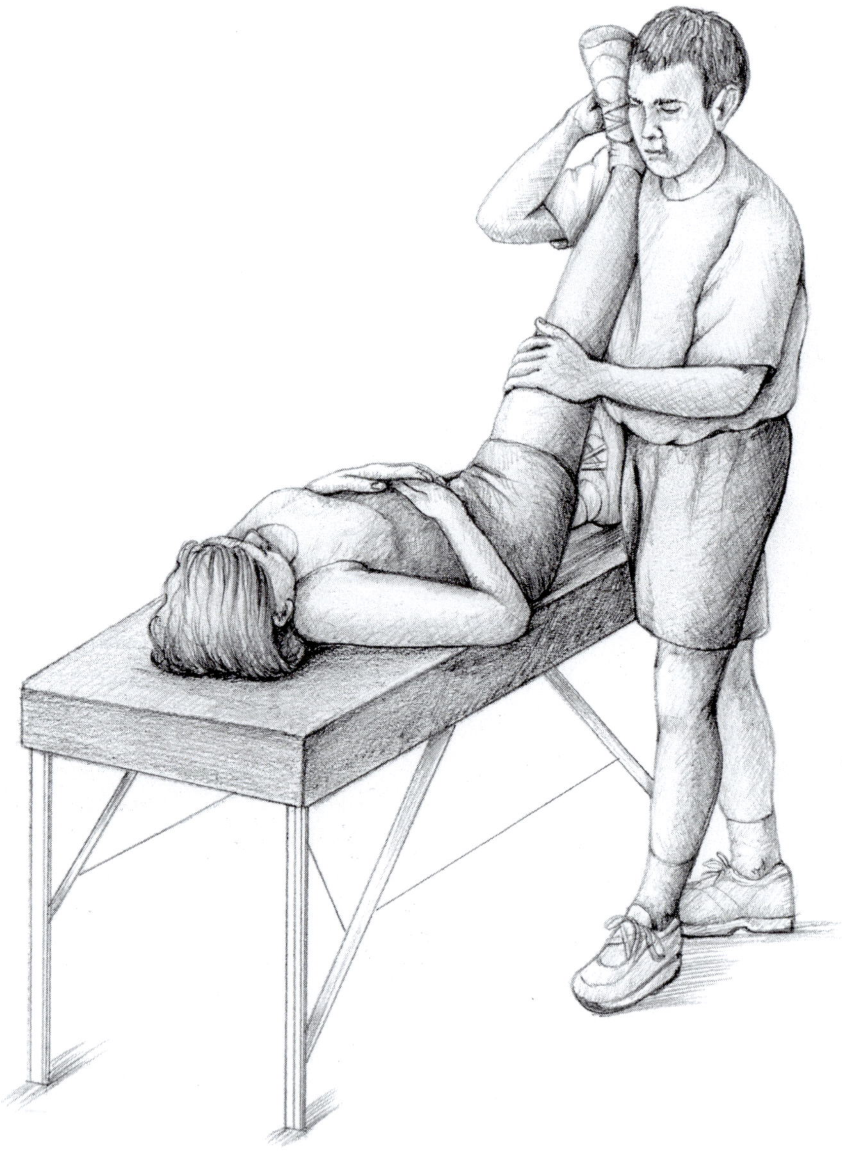

図3-4　PNFストレッチングの一例

選手とパートナーはストレッチ用の肢位をとり，パートナーは，筋が伸長し，張りが感じられるまで四肢・体幹を伸長する．

選手は伸長した筋を５～６秒間収縮させるが，パートナーはその動きをすべて抑制する．収縮の強度は筋の状態に合わせるべきである．例えば，もし筋に傷害がある場合は最大限の収縮を行ってはならない．

筋群をリラックスさせ，即座に注意深く通常の可動域を超えるように力を加え，約30秒間伸長する．その後，30秒間休んで，この動作を２～４回繰り返す

◆**アイソメトリック・ストレッチング（等尺性ス
トレッチング）**◆

●アイソメトリック・ストレッチングは，PNFス
トレッチングに似たパッシブ・ストレッチングの
一形態であるが，収縮を維持する時間は長い．ア
イソメトリック・ストレッチングは伸長する筋に
高い負荷をかけるので，小児や成長期の若者には
薦められない．他の推奨事項として，アイソメト
リック・ストレッチングのセッション間は少なく
とも48時間あけ，1回のセッションで1つの筋
群ごとに行う回数は1回だけにすべきである．

●代表的なアイソメトリック・ストレッチングの一
例として，立位での'壁押し'ふくらはぎストレッ

チ（15章，図097参照）がある．このストレッ
チでは，まっすぐ立って前の壁に向かって身体を
傾け，一方の足を，踵を床につけたまま，不快感
を生じない限り壁から離しておく．この肢位で壁
を力いっぱい強く押しながら，腓腹部の筋を収縮
させる．

●アイソメトリック・ストレッチを行うには，パッ
シブ・ストレッチングの肢位をとり，伸長した筋
を10〜15秒収縮させる．伸長した肢の動きを
すべて制限するように注意する．次に少なくとも
20秒間，筋をリラックスさせる．この手順を2
〜5回繰り返す．

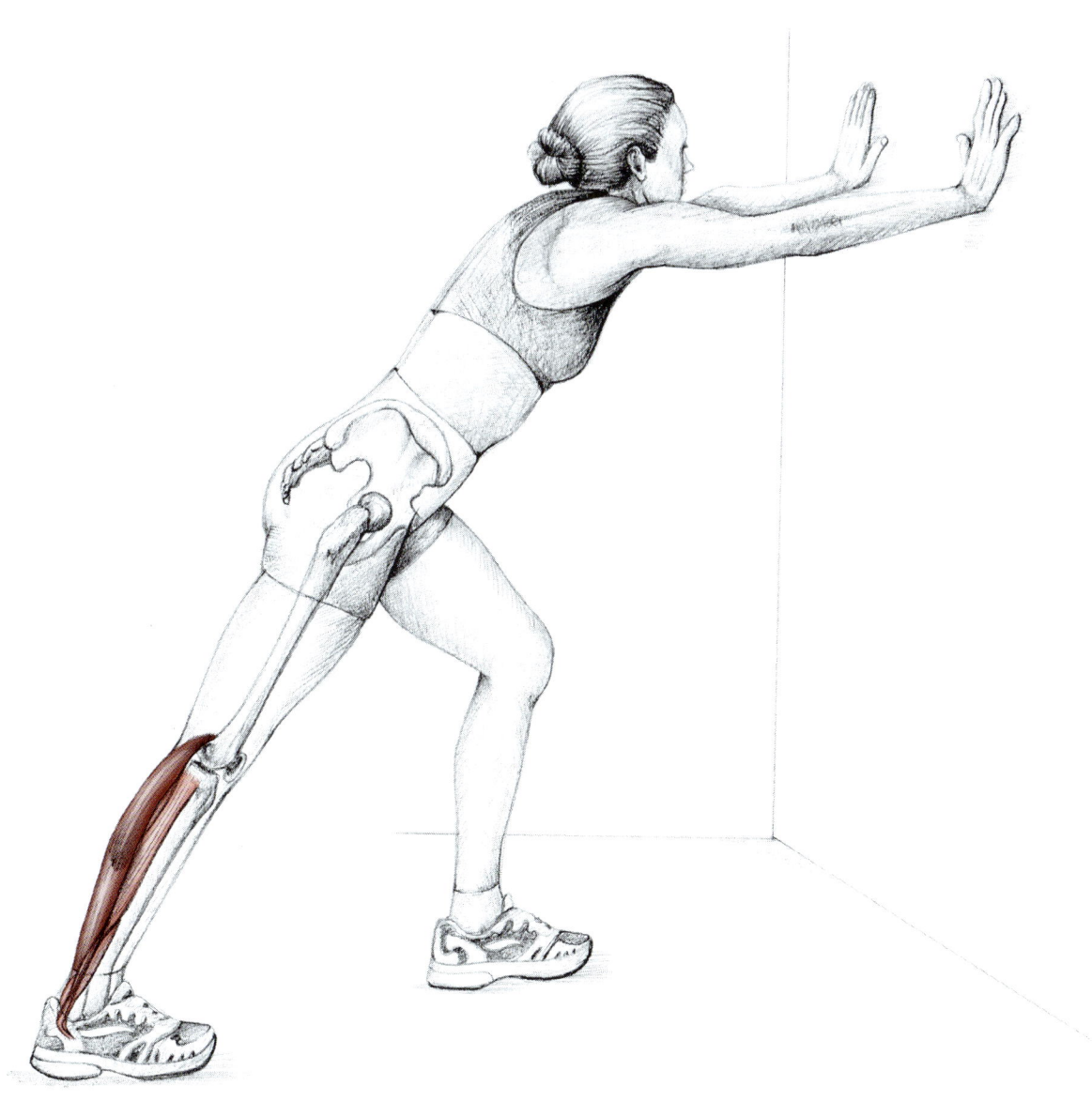

図3-5 アイソメトリック・ストレッチングの一例

B▮ダイナミック・ストレッチ（動的ストレッチ）

●ダイナミック・ストレッチングという用語は，動きを伴って行われるストレッチング運動を指すものである．言い換えれば，関節可動域や柔軟性を高めるために，振る動作や弾む動作を利用するストレッチングである．以下に3種類のダイナミック・ストレッチング運動を挙げる．

◆バリスティック・ストレッチング（反動をつけたストレッチング）◆

●バリスティック・ストレッチングは，素早い振りや，弾み，反発による運動で得られる勢いを利用して，身体の一部に通常の関節可動域を超えさせる，時代遅れのストレッチング法である．

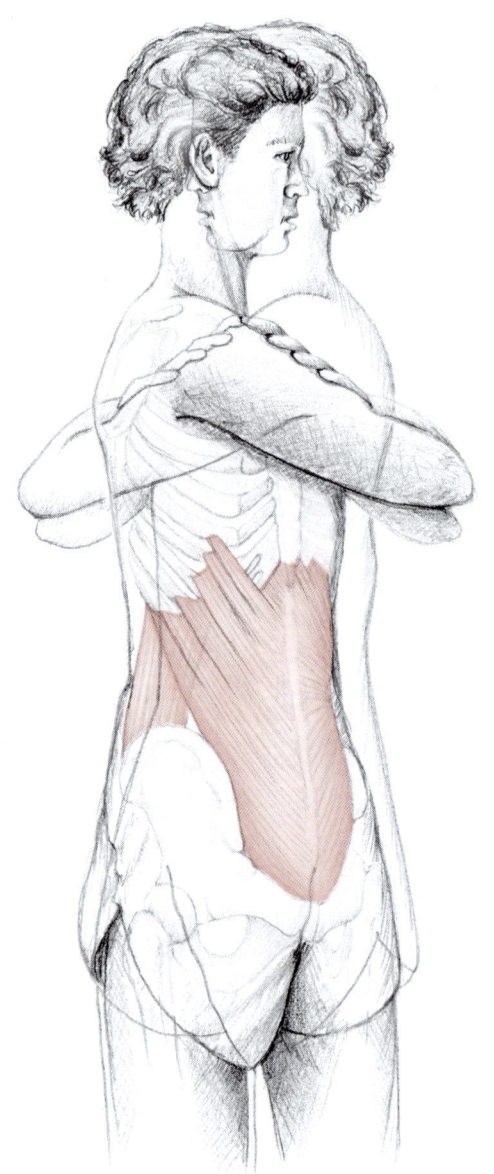

図3-6　バリスティック・ストレッチングの一例

●バリスティック・ストレッチングに伴う危険性は，得られる効果よりはるかに大きい．ダイナミック・ストレッチングやPNFストレッチングなど，他のストレッチングを代用したほうがより大きな効果が得られる場合は特にそうである．受傷の可能性以外にも，バリスティック・ストレッチングの大きな弊害として，伸長した筋にその肢位に適応する時間を与えることができず，それどころか伸長反射を繰り返し誘発することで，筋を硬直させかねないという点がある（第4章で解説）．

◆ダイナミック・ストレッチング（動的ストレッチング）◆

●バリスティック・ストレッチング（図3-6参照）と異なり，ダイナミック・ストレッチングは，コントロールされた，緩やかな弾みや振りを利用した動作により，特定の身体部位をその最大関節可動域まで動かすものである．弾みや振りの動作は，決して急激に強めたり，コントロールを止めたりせず，徐々に強めていく．

●ダイナミック・ストレッチングとバリスティック・ストレッチングを混同してはいけない．ダイナミック・ストレッチングはゆっくり緩やかな動作で，明確な目的を持って行うものである．ダイナミック・ストレッチングを行う場合は，決して身体部位をむりやり正常の関節可動域を超えさせることはない．これに対し，バリスティック・ストレッチングははるかに強引であり，その目的は，まさに身体部位をむりやり正常の関節可動域の限界を超えさせることにあるのである．

◆**アクティブ・アイソレイティッド・ストレッチング（自動的個別化ストレッチング）**◆

●アクティブ・アイソレイティッド・ストレッチングは，Aaron L.Mattesが開発した新しいタイプのストレッチングである．このストレッチングは，拮抗筋（反対側の筋群）を収縮させ，伸長した筋群を弛緩させることで効果を生み出す．アクティブ・アイソレイティッド・ストレッチングは以下の手順で行う．

① 伸長する筋群を選び，ストレッチの開始肢位をとる．
② 拮抗筋（反対側の筋群）を能動的に収縮させる．
③ 素早く，滑らかにストレッチ姿勢に移る．
④ その姿勢を１〜２秒維持してからストレッチをやめる．
⑤ これを５〜10回繰り返す．

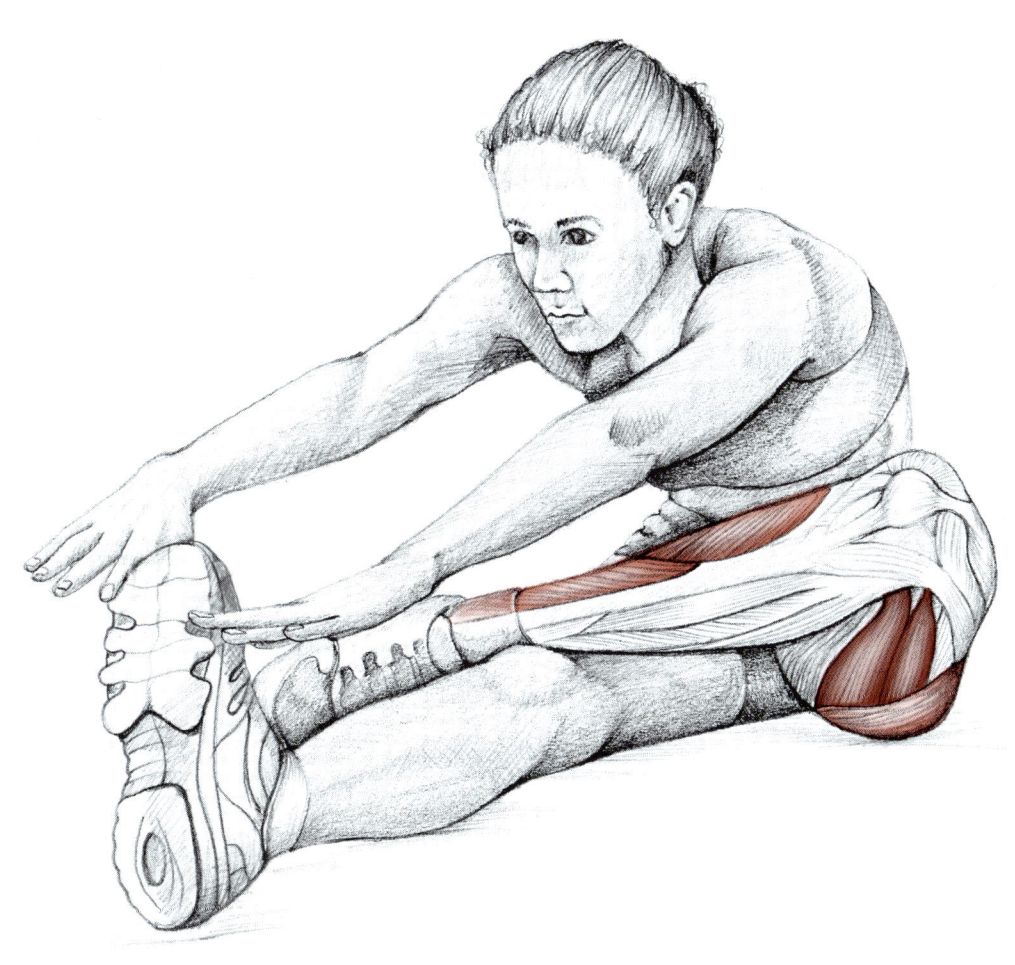

図3-7 アクティブ・アイソレイティッド・ストレッチングの一例

4. 安全なストレッチングのための原則

THE RULES FOR SAFE STRETCHING

A. ストレッチング前にウォームアップを行う

B. 運動の前後にストレッチを行う

C. すべての主要な筋群とその反対側の筋群をストレッチする

D. 優しくゆっくりストレッチを行う

E. 張りを目安にストレッチする

F. ストレッチング中はゆっくり楽な呼吸を行う

安全なストレッチングのための原則

安全なストレッチングのための原則

●ほとんどの運動には，安全に行うための原則やガイドラインがある．ストレッチングも例外ではない．ストレッチングも正確に行わないと，非常に危険で有害となりうる．安全のため，そしてストレッチングの効果を最大にするためにも，以下の原則を順守することが非常に重要である．

●どのようなストレッチングが良く，どのようなストレッチングが悪いのかに関して，混乱したり不安を抱いている人が多い．多くの場合，ストレッチングの良し悪しについて質問をした際に，このストレッチやあのストレッチはすべきでないとか，これは良いストレッチでこれは悪いストレッチであるなどと誰かにいわれているのである．

●ストレッチには，良いものと悪いものしかないのだろうか？ その中間はないのだろうか？ そして，かりに良いストレッチと悪いストレッチしかないとしたら，どれが良くてどれが悪いと，どのように決めるのだろうか？ このような混乱に最終的な終止符を打とう．

◆良いストレッチ，悪いストレッチなど存在しない！◆

●良い運動や悪い運動がないように，良いストレッチや悪いストレッチなどというものはない．個人の特有の要件に対して適したストレッチがあるだけである．そのため，ある人にはまったく問題のないストレッチであっても，他の人にとっては良くない場合もある．

●例を挙げると，肩を怪我している人が腕立て伏せや自由形の水泳をすることはないであろう．だからと言って，それらが悪い運動であるということにはならない．ストレッチングに関しても同じように考えてみよう．つまり，肩を怪我している人は肩のストレッチは避けるべきであるが，だからといって肩のすべてのストレッチが悪いわけではないということである．

●ストレッチ自体は良くもなく，悪くもない．ストレッチの方法と誰が行うかが，ストレッチングを効果的で安全にもするし，無益で有害にもするのである．あるストレッチングを「良い」または「悪い」というカテゴリーに当てはめてしまうことは愚かなことであり，また危険でもある．あるストレッチを「良い」ものであると分類してしまうと，そのストレッチはいつでも，どんなやり方でも好きなように行うことができ，何も害を及ぼさないものであるという印象を人々に与えてしまう．

◆重要なのは，個人特有の要件である！◆

●ストレッチには良いも悪いもない，ということを忘れてはならないが，ストレッチを選択する際，そのストレッチが適切かどうかを判断するには，数多くの注意点を検討し，「チェック」を行う必要がある．

●第一に，個人の全体的な評価を行う．健康で身体的に活動的か？ あるいは過去5年間で座りがちな生活を送っていたか？ プロの運動選手か？ 重い傷害からの回復過程にあるか？ 身体のどこかに疼痛や苦痛があったり，筋や関節が硬くなっていないか？

●第二に，伸長する部位または筋群について具体的な評価を行う．筋は健全か？ 関節，靱帯，腱などに損傷がないか？ 最近，その部位に受傷したことがあるか？ もしくはまだ傷害からの回復過程にあるか？

●もし，伸長する筋群が100％健全でないのなら，その部位のストレッチングはすべて避ける．特定のストレッチング運動に移る前に，その回復やリハビリテーションに取り組む．健康で伸長する部位に傷害がなければ，次に述べる点をすべてのストレッチに適応すること．

A｜ストレッチング前にウォームアップを行う

●この第一の原則はよく見落とされがちなものであり，効果的に行わないと重大な傷害を招く可能性がある．温まっていない筋を伸長しようとすることは，古く，乾いた輪ゴムを引き伸ばそうとすることに似ており，パチンと切れてしまうこともある．

●ストレッチングの前にウォームアップを行うことには，いくつものメリットがあるが，第一にその目的はより激しい運動へ，身体と精神を準備させることである．それを達成する方法の一つとして，身体の筋温と同時に，身体の中心の温度の上昇を促すことが挙げられる．筋温を上昇させることで，筋を緩ませ，しなやかで柔軟にするのに役立つ．これはストレッチングから確実に最大の効果を得るために不可欠なことである．

●また適切にウォームアップを行えば，心拍数と呼吸数がいずれも増加する．これによって血流が増加し，そのため活動している筋への酸素と栄養素の供給が増大する．このすべてがストレッチングに向けて筋を準備するのに役立つのである．

●適切なウォームアップは軽い身体運動により行うべきである．強度と所要時間（どのくらい激しく，長く行うか）は，いずれもその運動選手の体力レベルにより決めるべきである．しかし，多くの人々にとって適切となるウォームアップは10分程度で軽く発汗する程度のものである．

B｜運動の前後にストレッチを行う

●「ストレッチングは運動前にすべきか，それとも運動後にすべきか？」という質問がよく聞かれる．これは二者択一ではなく，どちらも欠かせないものである．運動の後にストレッチを行い，それを次回の運動の前に行うストレッチとみなすのは良くない．運動後のストレッチングは運動前のストレッチングとまったく違う目的を持つ．この2つは同じではない．

●運動前のストレッチングの目的は，傷害が生じにくいようにすることである．ストレッチングでは，筋や腱を伸長し，それにより関節可動域が広げることで，この目的に寄与する．こうすること

で，制約や傷害発生を受けずに自由に動くことができるようになるのである．

●しかし，運動後のストレッチングにはまったく違う役割がある．その第一の目的は筋と腱の修復や回復を促進することである．ストレッチングを行い，筋と腱を伸長させることで，通常激しい運動に伴う筋硬直や遅発性筋肉痛を防ぐのに役立つのである．

●運動後のストレッチングは，クールダウンの一環として行うべきである．クールダウンは行った運動の所要時間や強度により変わるが，通常は5〜10分間の非常に軽い身体運動を行った後に，5〜10分間のスタティック・ストレッチング運動を行う．

●軽い身体運動とストレッチングからなる効果的なクールダウンを行えば，筋からの老廃物の除去が促され，血液の停滞が防がれ，筋への酸素と栄養物の供給が増大する．これらすべてが，身体が運動前の状態へと回復するのを助けることから，回復が促される．

C｜すべての主要な筋群とその反対側の筋群をストレッチする

●ストレッチングをする際，身体の主要な筋群すべてに注意を払うことが非常に大切である．例えば，あるスポーツが脚を重点的に使用するからといって，通常のストレッチングにおいて上半身の筋を怠ってもよいということにはならない．

●どのような身体活動においても，いくつかの特定の筋だけでなく，すべての筋が重要な役割を担っている．例えば，どのような走行系のスポーツにおいても，上半身の筋は非常に重要である．上半身の筋は走行動作中に，身体の安定とバランスをとるうえで不可欠な役割を担っている．それ故，上半身の筋を柔軟かつしなやかに保つことは大切なのである．

●身体のすべての筋には，それに対して逆に作用する反対側の筋がある．例えば，脚の前側の筋（大腿四頭筋）は脚の後側の筋（ハムストリングス）と向かい合っている．この2つの筋群は身体のバランスをとるために，互いに抵抗し合う．もしこの筋群の一方が他方より強く，柔軟になったり

すると，傷害や姿勢の問題を起こすようなアンバランスを引き起こす可能性が高い．

●例えば，ハムストリングスの断裂は多くの走行系スポーツでよくみられる傷害である．これは多くの場合，大腿四頭筋は強いが，ハムストリングスが弱く，柔軟性が低下していることで引き起こされる．このアンバランスのためにハムストリングスに強い負荷がかかり，筋の断裂や損傷が生じうるのである．

D | 優しくゆっくりストレッチを行う

●優しくゆっくりとしたストレッチングを行えば，筋がリラックスするのに役立ち，そうなればストレッチングはさらに楽しく効果的なものとなる．また，素早く急な動作によって引き起こされる筋の断裂や損傷を防ぐのにも役立つ．

E | 張りを目安にストレッチする

●ストレッチングは決して疼痛を伴う運動ではなく，快く，リラックスでき，非常に有益なものなのである．しかしながら，多くの人達はストレッチングから最大の効果を得るためには，絶えず疼痛を伴うものであると信じている．これはストレッチングをする時に犯してしまう最も大きな過ちの一つである．その理由は下記の通りである．

●痛みが生じるまで筋が伸長されると，身体は伸張反射と呼ばれる防御機構を働かせる．これは筋，腱そして関節に重大な損傷が発生するのを防ぐ，身体の安全措置である．伸張反射は筋を収縮させ，さらに伸長されることを防ぐことで，筋と腱を保護する．このため，伸張反射を避けるために，疼痛を避けるべきである．決して気持ち良く感じる領域を超えてストレッチをせずに，あくまでも

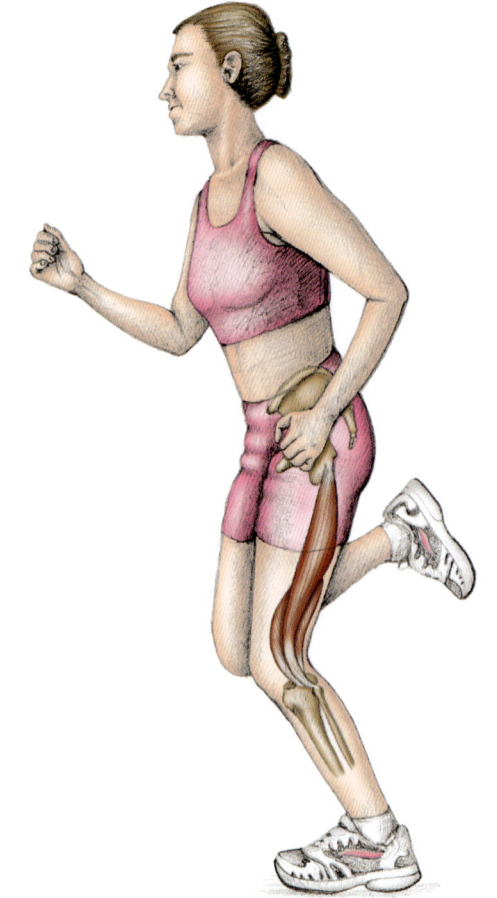

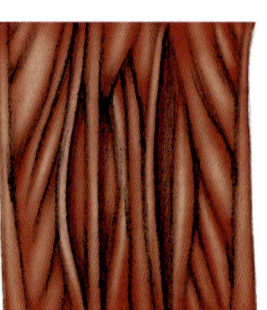

緊張した筋

正常な筋

図4-1　筋の硬さによる走行中のハムストリング損傷

筋に張りが感じられるところまでの伸長とする. この方法により傷害を避け, ストレッチングの最大の効果が得られる.

F ストレッチング中はゆっくり楽な呼吸を行う

●多くの人達はストレッチングの間, 無意識に呼吸を止めている. これでは筋の緊張が生じ, そのため伸長が非常にむずかしくなってしまう. これを避けるために, ストレッチング運動をしている間は常に, ゆっくり深く呼吸することを意識する. こうすることで筋の弛緩が促進され, 血液循環が増進し, 筋への酸素と栄養物の供給が増大する.

◆具体例◆

●これまで行われてきたストレッチのなかで, 最も意見が分かれるものの一つを例に挙げ, 前述の原則がどのように適応されるかを見てみよう.

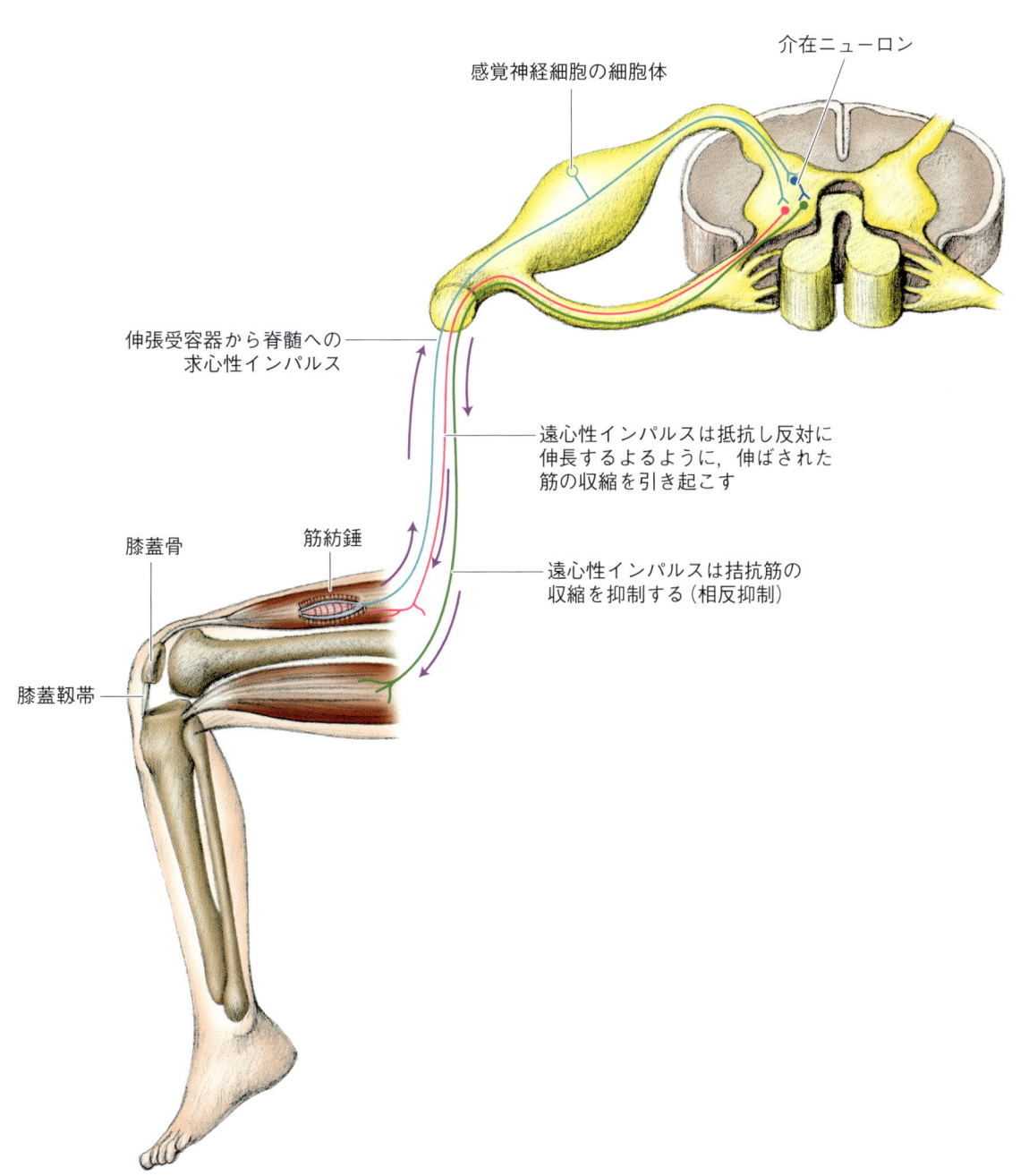

感覚神経細胞の細胞体

介在ニューロン

伸張受容器から脊髄への求心性インパルス

遠心性インパルスは抵抗し反対に伸長するよるように, 伸ばされた筋の収縮を引き起こす

膝蓋骨

筋紡錘

遠心性インパルスは拮抗筋の収縮を抑制する (相反抑制)

膝蓋靱帯

図4-2　伸長反射のアーチ

●下図は，多くの人が身体を完全に壊してしまうとされるストレッチである．これは危険な悪いストレッチであり，絶対に避けるべきだとされている．

●それなのに何故，オリンピック，国内大会，世界選手権などあらゆる競技会で，短距離選手が競技前にこのストレッチングをしている姿がみられるのだろうか？　その理由を探るために，前述のチェックを当てはめてみよう．

●第一にストレッチをしている人について考える．その人は健康で元気であり，身体的に活動的か？　もしそうでなければ，その人はこのストレッチをすべきではない．その人は年配者か，肥満であるか，元気がないか？　その人は若く，まだ成長期にあるか？　その人は座りがちな生活を送っている人か？　もしそうであれば，このストレッチは避けるべきである！　この最初の留意事項だけで，人口の約50％にはこのストレッチ禁じるべきということになろう．

●第二に伸長される部位について考える．このストレッチでは，ハムストリングスと腰部の筋に明らかに重い負荷がかかる．このため，ハムストリングスや腰部が100％健全でなければ，このストレッチは行ってはいけない．

●この2つ目の留意事項で，おそらく残りの25％は除外されるであろう．ということはこのストレッチが適切となるのは，人口の約25％の人，つまり，鍛錬し，肉体的に良いコンディションで，傷害のない運動選手のみということになる．

●そして上記の6つの注意点を適応することで，鍛錬し，肉体的に良いコンディションで，傷害のない運動選手は，安全にかつ効果的にこのストレッチを行うことができるということになる．

●ストレッチ自体は良くもなく，悪くもないということを忘れないこと．ストレッチをどのように行うか，また誰が行うかによって，ストレッチングは効果的で安全にも，無効で有害にもなるのである．

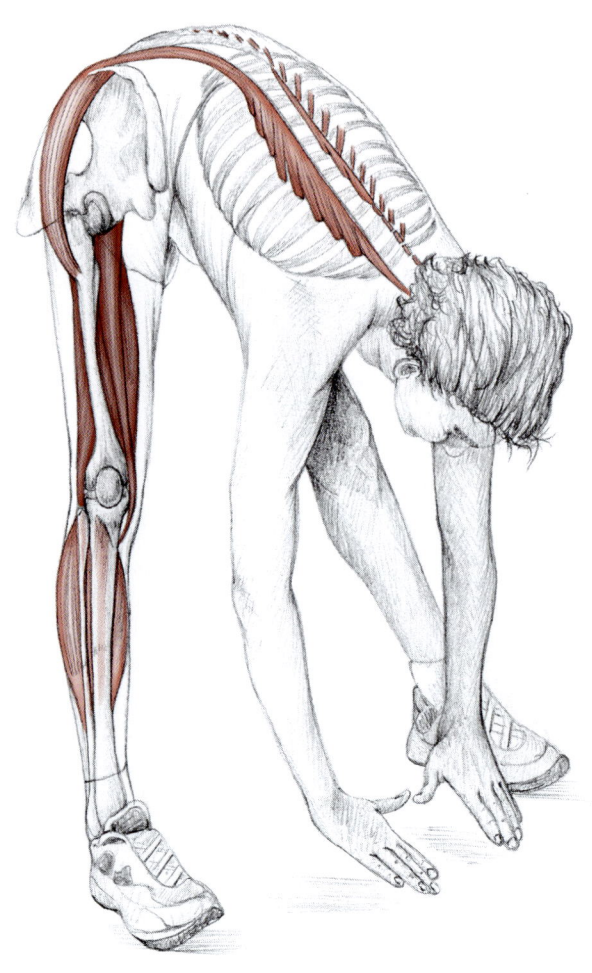

図4-3　避けるべきストレッチ

5. 適切なストレッチの方法

HOW TO STRETCH PROPERLY

A. いつストレッチするか
B. 持続時間，回数，頻度は
C. 一連の流れは
D. 姿勢は

適切なストレッチの方法

5

適切なストレッチの方法

A いつストレッチするか

● ストレッチングは他のトレーニングと同様に重視する必要がある. もし競技的なスポーツや運動を行っているなら, それに特有のストレッチングをする時間を作ることが重要である. 硬く凝った身体部位には, 特に時間を割いてストレッチを行うこと. 運動やフィットネスへの関わりや打ち込みの度合いが強いほど, ストレッチングにより長い時間とより大きな努力を費やす必要がある.

● これまで検討したように, 運動前と運動後のいずれでもストレッチを行うことが重要である. しかし, ある特定の目的のためには, 他にいつ, どのようなタイプのストレッチングを行うことが最適であろうか?

● 正しい目的のために正しいタイプのストレッチングを選択することで, 柔軟性プログラムの効果に大きな違いが生じてくる. 以下は, 異なったタイプのストレッチをいつ行うかについてのアドバイスである.

● ウォームアップにはダイナミック・ストレッチングが最も効果的である, 一方, クールダウンにはスタティック, パッシブそして PNF の各ストレッチングが最適である. 関節可動域を広げる場合は PNF とアクティブ・アイソレイティッド・ストレッチングを試し, リハビリテーションでは PNF, アイソメトリック, アクティブ・ストレッチングを組み合わせることで最高の結果が得られる.

● 上記以外に, いつストレッチをすべきか? 一日を通して定期的にストレッチをするとよい. リラックスした状態を保ち, 毎日の生活のストレスを取り除くのに役立つすばらしい方法である. 最も時間を有効に活用する方法としては, テレビを見ている間にストレッチするとよい. まず, その場で足踏みやジョギングを 5 分間行い, その後テレビの前に腰を降ろしストレッチングを始めよう.

● 競技中は身体に大きな負荷がかかるため, 身体のコンディションを最高の状態にすることが非常に重要である. 競技の直前に柔軟性が最高になるようにすべきである. 非常に多くの傷害が, どんな競技スポーツにおいても必要とされる急激な激しい運動により引き起こされる. 競技の前には綿密にストレッチングを行うこと.

B 持続時間, 回数, 頻度は

● 「それぞれのストレッチはどのくらいの時間保持すべきか? ストレッチを行う頻度は? ストレッチにかける時間は?」

● これらは, ストレッチングについて話をしている時に最もよく尋ねられる質問である. これらの質問に対しては様々な答えがあるが, 研究文献を調べ, 個人的な経験を通じて得た私の専門的な意見としては, 以下が現在最も適切で, 有益な情報であると考えている.

● 最も多くの対立する意見を生む質問は「それぞれのストレッチはどのくらいの時間保持すべきか?」である. 最も短いものでは, 10 秒間も続ければ十分だという専門書もある. これは本当の最低限でしかない. 10 秒とはかろうじて筋がリラックスし, 伸長し始める時間である. 実際に柔軟性を高めるためには, それぞれのストレッチを少なくとも 20 ～ 30 秒間は維持すべきである.

● ストレッチングに費やす時間は, 特定のスポーツにどの程度深く参加しているかによって変わってくる. そのため, 健康やフィットネスの一般的レベルを高めたい人の場合は, 最短の 20 秒程度で十分である. しかし, ハイレベルの競技スポーツを行っているのであるなら, それぞれのストレッチを少なくとも 30 秒間は維持し, そこから 60 秒, さらにそれ以上へと延長していく必要がある.

● 「何回ストレッチをすべきか?」, これもスポーツにどのくらい深く参加しているかに応じて, 自身のコミットメント・レベルを調整するという同じ原則が, それぞれの筋群を何回ストレッチすべきかについても当てはまる. 例えば, 初心者はそれぞれの筋群を 2 ～ 3 回ストレッチすべきである. しかしながら, より高いレベルのスポーツを行っているなら, それぞれの筋群を 3 ～ 5 回ストレッチすべきである.

●「（全体で）どのくらいの時間ストレッチすべきか？」この点についても，同じ原則が当てはまる．初心者では約5～10分で十分である，そしてプロの運動選手であれば最高2時間まで行う．もし，初心者とプロの運動選手の間であると考えるなら，そのレベルに応じて，ストレッチングに費やす時間を調整する．

●ストレッチに関しては辛抱強さが必要である．数週間程度で効果を得られる人などいないので，ストレッチングに奇跡を期待してはいけない．長期的にみて，筋群によっては実際の効果が感じられるまで，少なくとも3ヵ月間の集中的なストレッチングが必要となる場合がある．だから粘り強く継続して欲しい．努力は十分に報われるのだから．

C｜一連の流れは

●ストレッチング・プログラムを始める時は，いくつかの特定のストレッチに限定するのではなく，全身を対象とするようなストレッチ全般から行うのがよい．このやり方の意図は，全体的な筋の緊張を減少させ，関節と四肢の柔軟性を向上させる点にある．

●次の段階では，通常の関節可動域を超えて筋と腱を伸長させ始めることで，全体的な柔軟性を向上

させるべきである．これに続いて，硬い部分または特定のスポーツに重要な部分に取り組む．これらはいずれも時間を要するということを忘れないこと．特に敏捷性を必要とする運動の経験がなかったり，身体が極端に筋肉質である場合は，このストレッチの一連の流れで実際の効果が感じられるまでに3ヵ月を要することもある．

●ストレッチをどのような順序で行うべきかについてのデータはない．しかしながら，座位でのストレッチを行ってから，立位でのストレッチに進むことが薦められる．座っている間は傷害を負うリスクがより低いからである．やりやすくするために，足関節から始めて頚部へ（または逆に頚部から足関節へ）とストレッチしてもよい．ストレッチする際にすべての主要な筋群とその拮抗筋を網羅していればさほど問題はない．

●全体的な柔軟性を高める段階を終え，特定の筋や筋群の可動域の向上に取り組む段階に入ったら，ストレッチングを行う際に，それらの筋を個別化することが重要である．やり方としては，一度に一つだけの筋群に集中するのである．例えば，ハムストリングスをストレッチする場合，両側を同時に行おうとするのではなく，一度に片側だけに集中する．このようにストレッチングすれば，他の支持筋群からの抵抗を減らすのに役立つ．

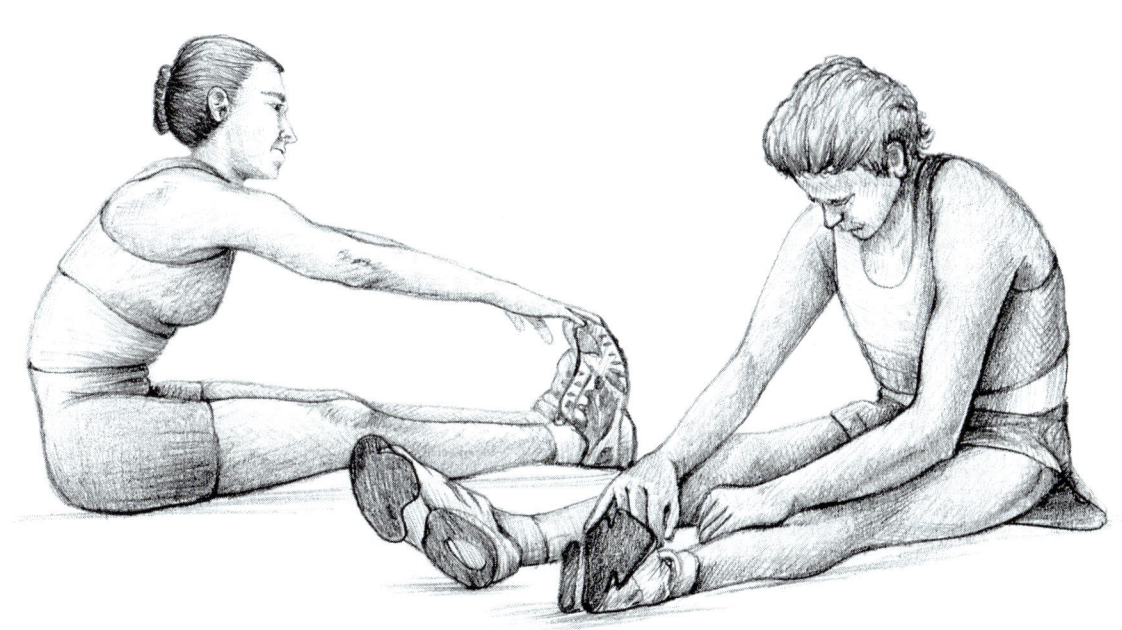

図5-1　良い姿勢と悪い姿勢の相違

左側の運動選手をよく見ると，両足は直立し背中は相対的にまっすぐである．
右側の運動選手は傷害を生じるような筋のアンバランスを引き起こす危険がある．

D| 姿勢は

●ストレッチング中の姿勢やアライメントは，柔軟性のトレーニングにおいて最もおろそかにされる要素の一つである．ストレッチングの全体的な効果を生むのに，姿勢がいかに重要なものとなりうるかを知っておくことは大切である．姿勢が悪かったり，方法が不正確であれば，傷害を起こしかねない筋のアンバランスが生じうる．一方，正確な姿勢で行えば，目的とする筋群を確実に可能な限り適切に伸長させることができるのである．

●主要な筋群は，多くの場合，多数の異なる筋から構成されている．もし，姿勢がいいかげんであったり不正確であれば，あるストレッチング運動によって筋群のなかの特定の筋にばかり焦点が当たり，傷害が生じるようなアンバランスを引き起こしかねない．

●例えば，ハムストリングス（脚の後側の筋）をストレッチする場合は，両足が上を向いた状態を維持しなくてはならない．もし，両足が一方に倒れると，ハムストリングスの特定の部分に過度なストレスがかかり，結果的に筋のアンバランスを引き起こすことがある．

6. 頚部と肩のストレッチ

STRETCHES FOR THE NECK AND SHOULDERS

001 側方への頚部のストレッチ

002 回旋による頚部のストレッチ

003 前屈による頚部のストレッチ

004 後屈による頚部のストレッチ

005 頭部を前に押し出す頚部のストレッチ

006 座位で頚部を前屈するストレッチ

007 腕を水平にする肩のストレッチ

008 腕を曲げて引きつける肩のストレッチ

009 肩を抱え込むストレッチ

010 両腕を交差させる肩のストレッチ

011. 逆方向への肩のストレッチ

001 側方への頚部のストレッチ

LATERAL NECK STRETCH

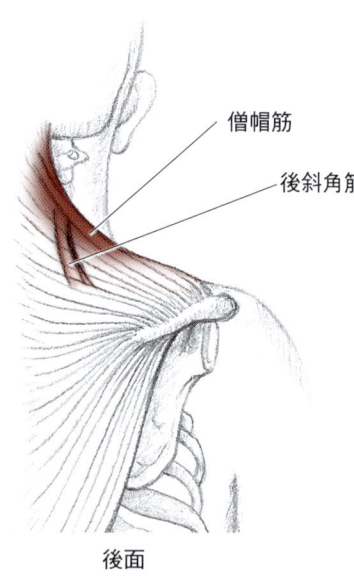

僧帽筋
後斜角筋

後面

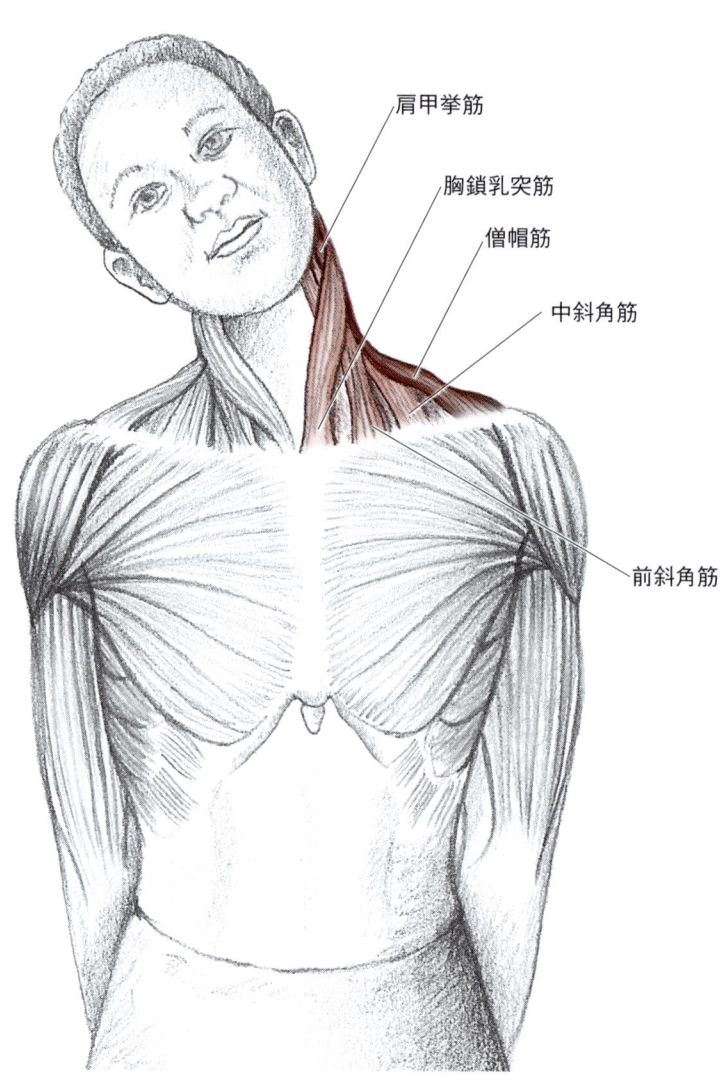

肩甲挙筋
胸鎖乳突筋
僧帽筋
中斜角筋
前斜角筋

方　法

　頭を上げたまま前方を見る．両手を背後に回したまま，耳をゆっくり肩に近づける．

ストレッチされる筋

　主にストレッチされる筋：肩甲挙筋，僧帽筋
　次にストレッチされる筋：胸鎖乳突筋，前・中・後斜角筋

効果的なスポーツ

　ボクシング，アメリカンフットボール，ラグビー，水泳，レスリング

効果的なスポーツ傷害

　頚部の筋挫傷，むち打ち（頚椎捻挫），頚神経伸長症候群，斜頚（急性期）

正しいストレッチングの注意点

　両肩は下げ，手は背後に回した状態を保つ．頭を側方へ傾ける際に，肩が上がらないようにする．

追加するとよいストレッチ

　002

002 回旋による頚部のストレッチ
ROTATING NECK STRETCH

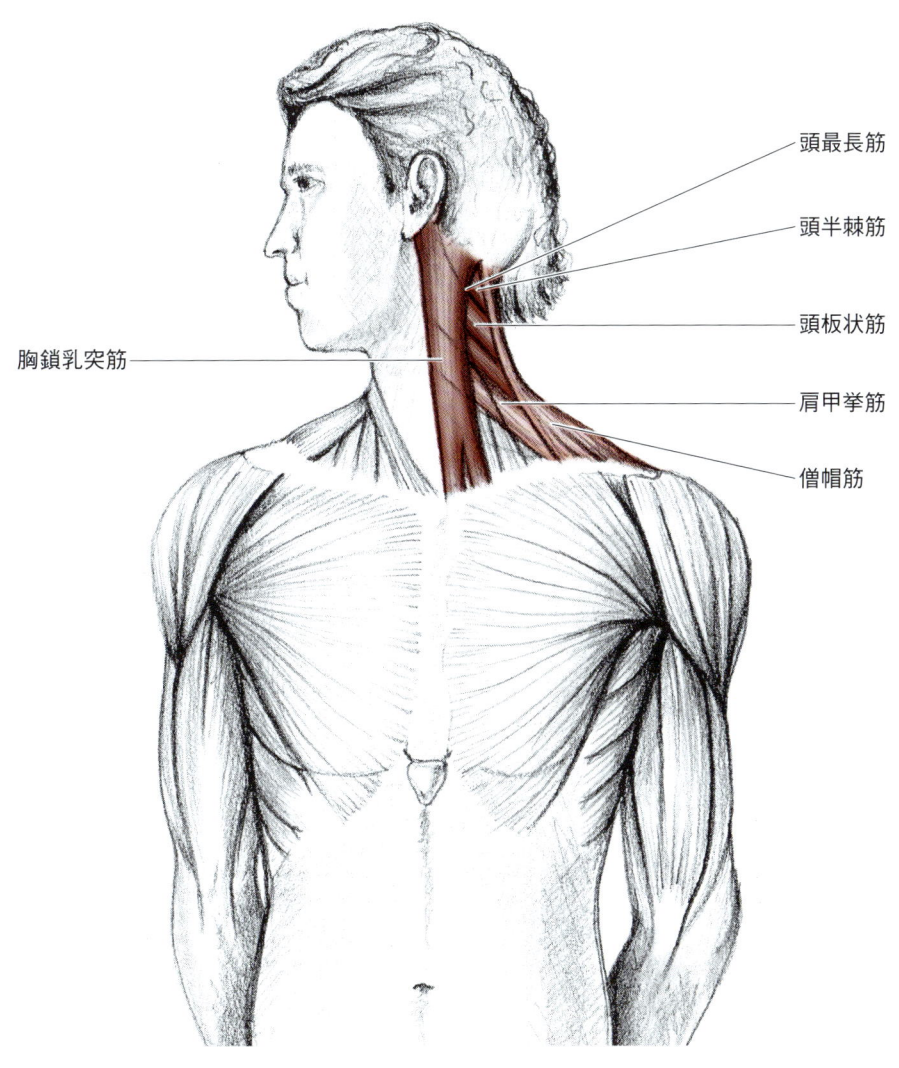

頭最長筋

頭半棘筋

頭板状筋

肩甲挙筋

僧帽筋

胸鎖乳突筋

方 法
　直立し，両肩を静止させ，頭を上げたままにする．
顎を肩のほうへゆっくりと回旋させる．

ストレッチされる筋
　主にストレッチされる筋：胸鎖乳突筋，頭板状
筋，頭半棘筋，頭最長筋
　次にストレッチされる筋：肩甲挙筋，僧帽筋

効果的なスポーツ
　アーチェリー，ボクシング，アメリカンフット
ボール，ラグビー，水泳，レスリング

効果的なスポーツ傷害
　頚部の筋挫傷，むち打ち（頚椎捻挫），頚神経伸
張症候群，斜頚（急性期）

正しいストレッチングの注意点
　頭を上げた状態を保つ．顎が肩に向かって下がら
ないようにする．

追加するとよいストレッチ
　005

003 前屈による頚部のストレッチ

FORWARD FLEXION NECK STRETCH

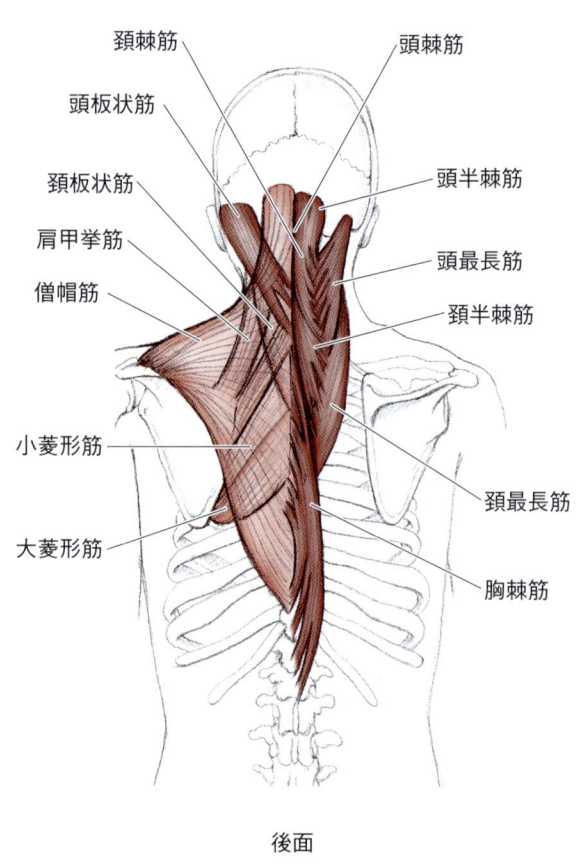

頚棘筋　頭棘筋
頭板状筋
頚板状筋
肩甲挙筋
僧帽筋
小菱形筋
大菱形筋

頭半棘筋
頭最長筋
頚半棘筋
頚最長筋
胸棘筋

後面

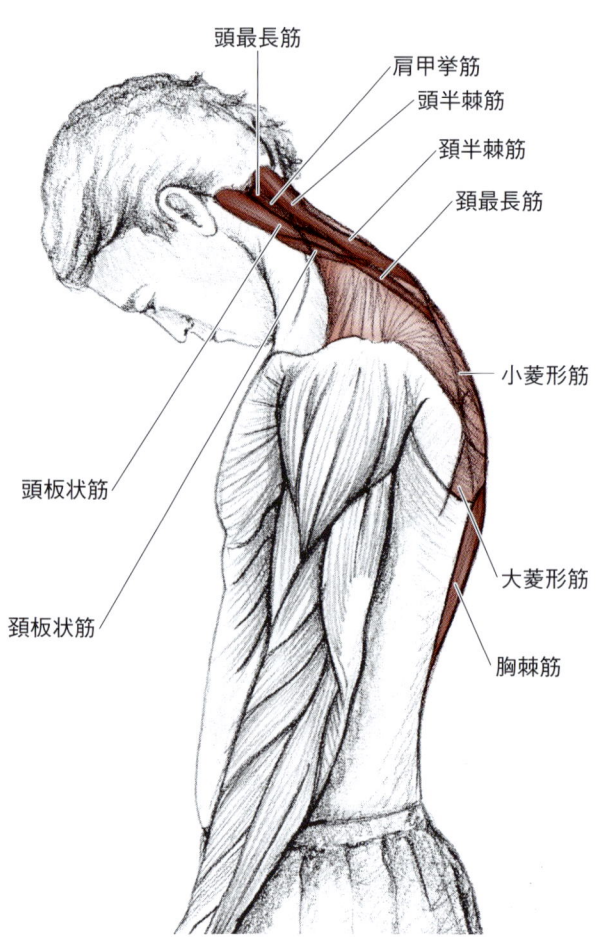

頭最長筋
肩甲挙筋
頭半棘筋
頚半棘筋
頚最長筋
頭板状筋
頚板状筋
小菱形筋
大菱形筋
胸棘筋

方　法

　直立し，顎を胸に向けて前に下ろす．両肩はリラックスさせ，両手は身体の横に下げたままにする．

ストレッチされる筋

　主にストレッチされる筋：頭半棘筋，頚半棘筋，頭棘筋，頚棘筋，頭最長筋，頚最長筋，頭板状筋，頚板状筋
　次にストレッチされる筋：肩甲挙筋，僧帽筋，菱形筋

効果的なスポーツ

　ボクシング，アメリカンフットボール，ラグビー，サイクリング，水泳，レスリング

効果的なスポーツ傷害

　頚部の筋挫傷，むち打ち（頚椎捻挫），頚神経伸張症候群，斜頚（急性期）

よくある問題と正しいストレッチングの注意点

　人によって頚部と上背部の柔らかさは異なる．頭部を無理に下げてオーバーストレッチにならないようにする．リラックスして頭の重みで自然にストレッチングが生じるようにする．

追加するとよいストレッチ

　006

004 後屈による頚部のストレッチ

NECK EXTENSION STRETCH

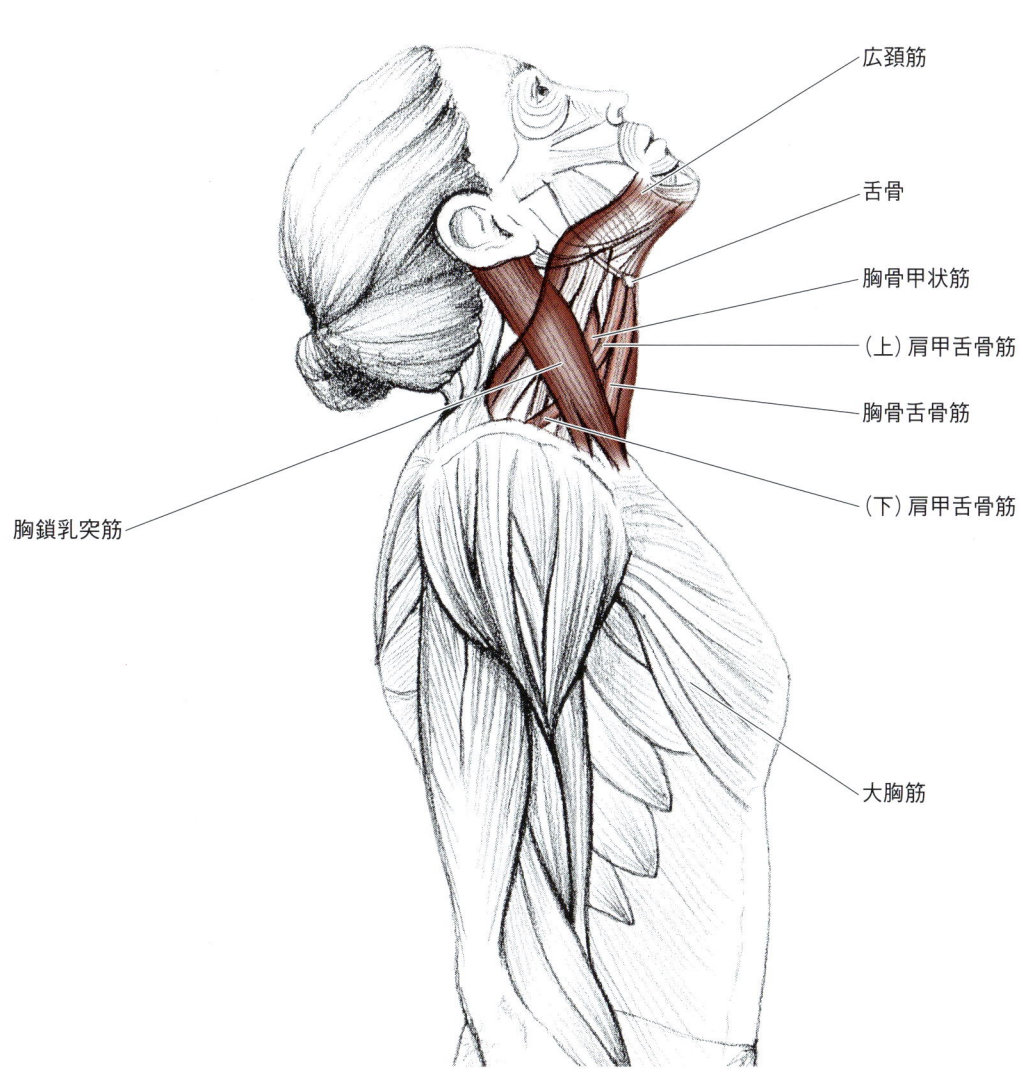

広頚筋

舌骨

胸骨甲状筋

(上)肩甲舌骨筋

胸骨舌骨筋

(下)肩甲舌骨筋

胸鎖乳突筋

大胸筋

方　法
　直立し，顎を上に向けるようにして，頭を上げて見上げる．両肩はリラックスさせ，両手は身体の横に下げたままにする．

ストレッチされる筋
　主にストレッチされる筋：広頚筋，胸鎖乳突筋
　次にストレッチされる筋：肩甲舌骨筋，胸骨舌骨筋，胸骨甲状筋

効果的なスポーツ
　ボクシング，アメリカンフットボール，ラグビー，サイクリング，水泳，レスリング

効果的なスポーツ傷害
　頚部の筋挫傷，むち打ち（頚椎捻挫），頚神経伸長症候群，斜頚（急性期）

正しいストレッチングの注意点
　このストレッチを行っている間は，口は閉じ，歯を合わせておく．

追加するとよいストレッチ
　029

005 頭部を前に押し出す頚部のストレッチ

NECK PROTRACTION STRETCH

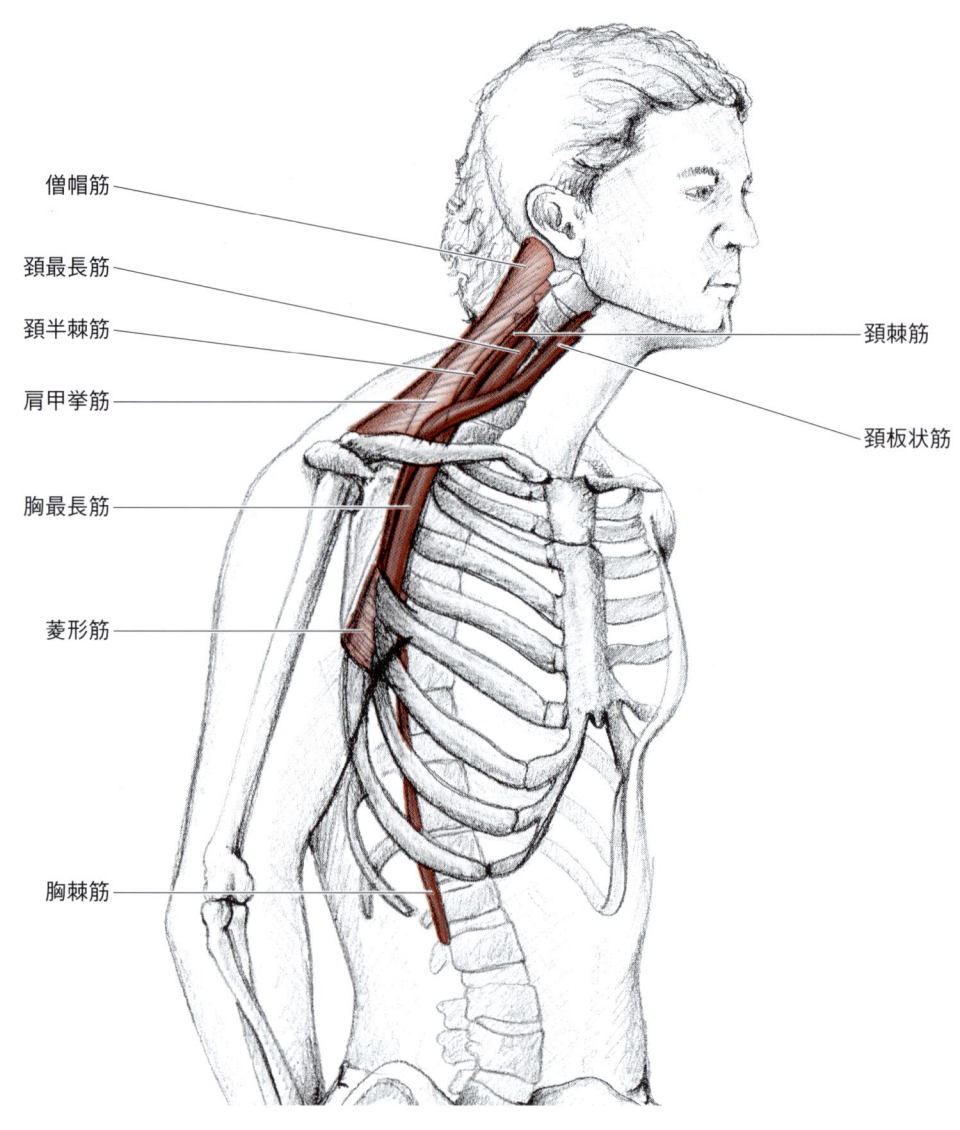

僧帽筋
頚最長筋
頚半棘筋
肩甲挙筋
胸最長筋
菱形筋
胸棘筋

頚棘筋
頚板状筋

方 法
顔を上げた状態で，顎を突き出して頭を前方に押し出す．

ストレッチされる筋
主にストレッチされる筋：頚半棘筋，頚棘筋，頚最長筋，頚板状筋
次にストレッチされる筋：肩甲挙筋，僧帽筋，菱形筋

効果的なスポーツ
ボクシング，アメリカンフットボール，ラグビー，サイクリング，水泳，レスリング

効果的なスポーツ傷害
頚部の筋挫傷，むち打ち（頚椎捻挫），頚神経伸長症候群，斜頚（急性期）

正しいストレッチングの注意点
顔を上げてた状態を保つ．顎が下がらないようにする．

追加するとよいストレッチ
003

006 座位で頸部を前屈するストレッチ

SITTING NECK FLEXION STRETCH

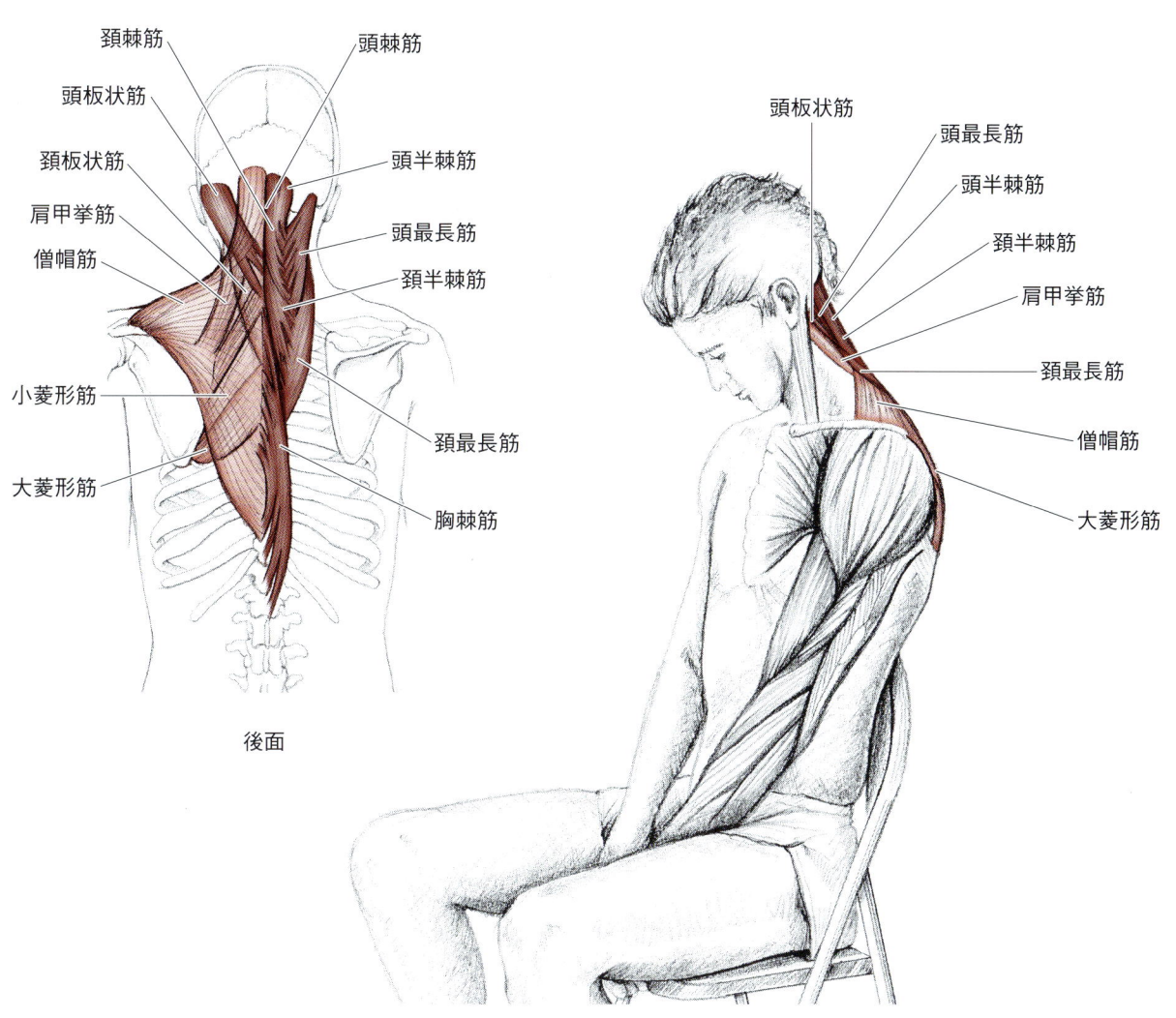

頸棘筋　頭棘筋
頭板状筋
頸板状筋　頭半棘筋
肩甲挙筋　頭最長筋
僧帽筋　頸半棘筋
小菱形筋
大菱形筋　頸最長筋
胸棘筋

後面

頭板状筋
頭最長筋
頭半棘筋
頸半棘筋
肩甲挙筋
頸最長筋
僧帽筋
大菱形筋

方 法

椅子に座り，両腕を交差させて，両脚の間で椅子につかまる．頭部を前方へ落とし，上体を後ろに傾ける．

ストレッチされる筋

主にストレッチされる筋：頭半棘筋，頸半棘筋，頭棘筋，頸棘筋，頭最長筋，頸最長筋，頭板状筋，頸板状筋

次にストレッチされる筋；肩甲挙筋，僧帽筋，菱形筋

効果的なスポーツ

アーチェリー，ボクシング，アメリカンフットボール，ラグビー，サイクリング，ゴルフ，水泳，レスリング

効果的なスポーツ傷害

頸部の筋挫傷，むち打ち（頸椎捻挫），頸神経伸張症候群，斜頸（急性期）

よくある問題と正しいストレッチングの注意点

人によって頸部と上背部の柔らかさは異なる．頭部を無理に下げてオーバーストレッチにならないようにする．リラックスして頭の重みで自然にストレッチングが生じるようにする．

追加するとよいストレッチ

003, 010

腕を水平にする肩のストレッチ
PARALLEL ARM SHOULDER STRETCH

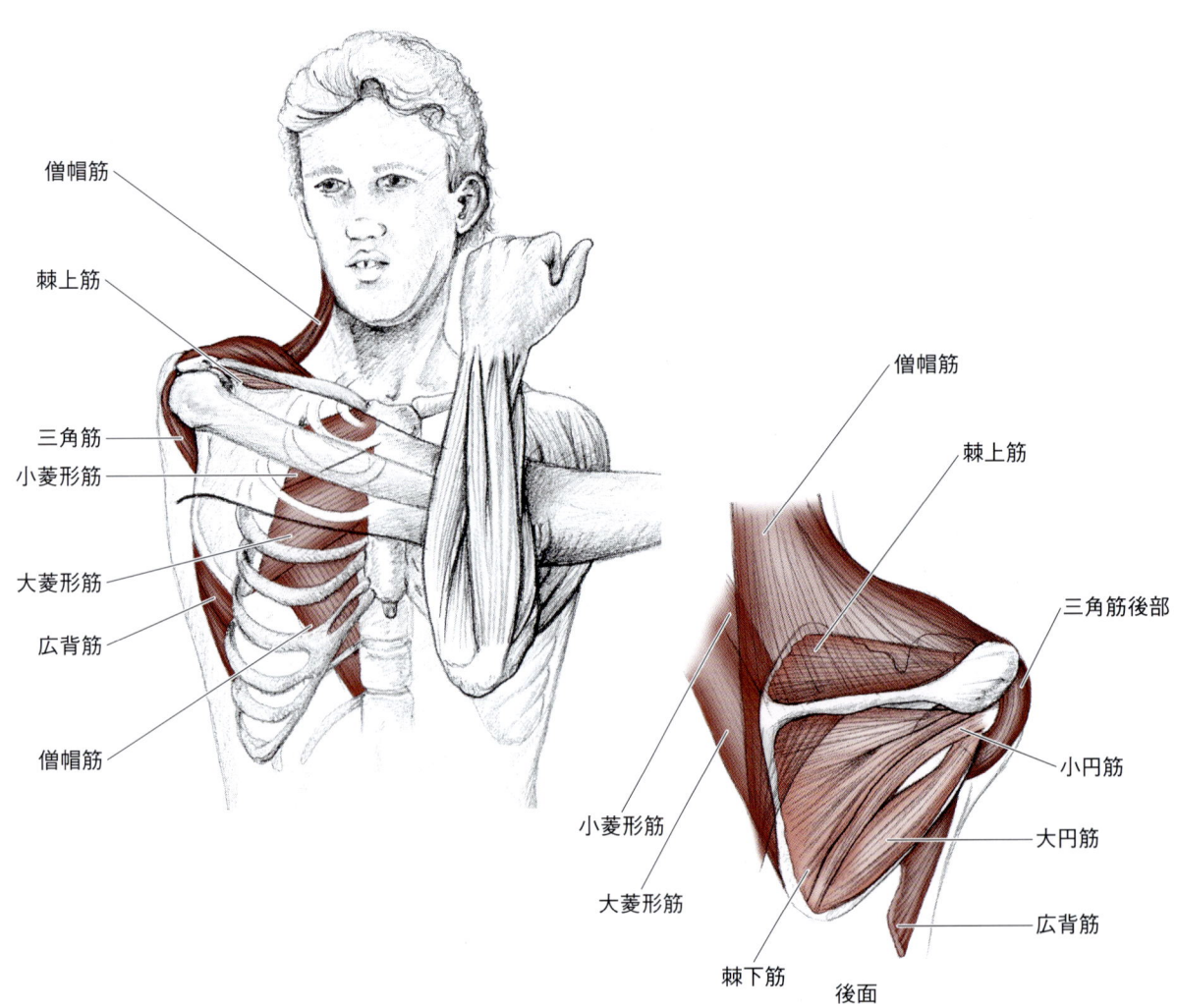

僧帽筋
棘上筋
三角筋
小菱形筋
大菱形筋
広背筋
僧帽筋

僧帽筋
棘上筋
三角筋後部
小円筋
大円筋
広背筋
小菱形筋
大菱形筋
棘下筋　　後面

方　法
　直立し，一方の腕を身体の前を横切るように上げる．腕を水平に保ち，肘を反対側の肩に向けて引っ張る．

ストレッチされる筋
　主にストレッチされる筋：僧帽筋，菱形筋，広背筋，三角筋後部線維
　次にストレッチされる筋：棘上筋，棘下筋，大円筋，小円筋

効果的なスポーツ
　アーチェリー，クリケット，野球，ソフトボール，ボクシング，ゴルフ，テニス，バドミントン，スカッシュ，ボート，カヌー，カヤック，水泳，投てき競技

効果的なスポーツ傷害
　脱臼，亜脱臼，肩鎖関節離開，胸鎖関節離開，インピンジメント症候群，腱板炎，肩関節滑液包炎，凍結肩（癒着性関節包炎）

正しいストレッチングの注意点
　腕はまっすぐに伸ばし，水平に保つ．

追加するとよいストレッチ
　008

008 腕を曲げて引きつける肩のストレッチ

BENT ARM SHOULDER STRETCH

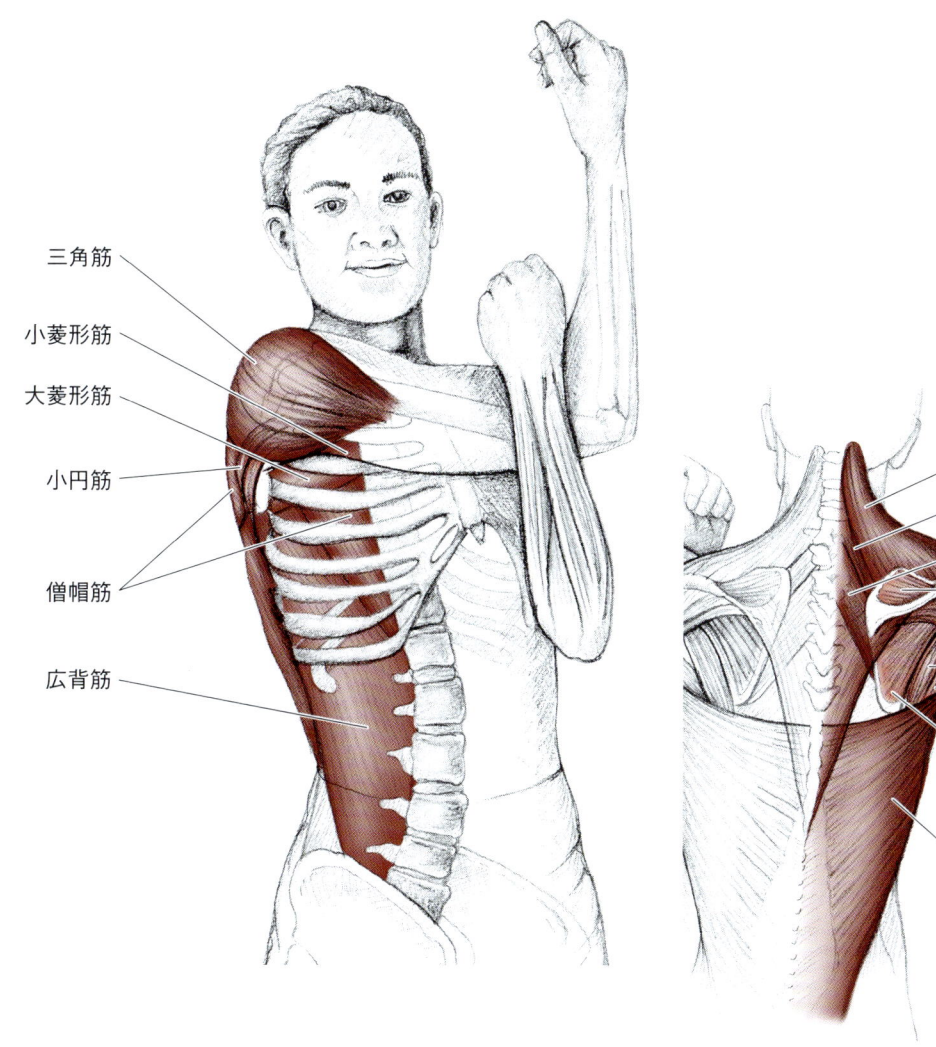

三角筋
小菱形筋
大菱形筋
小円筋
僧帽筋
広背筋

僧帽筋
小菱形筋
大菱形筋
棘上筋
三角筋後部
小円筋
大円筋
棘下筋
広背筋

後面

方　法
　直立し，一方の腕を身体の前を横切るように上げる．腕を90°曲げ，肘を反対側の肩に向けて引っ張る．

ストレッチされる筋
　主にストレッチされる筋：僧帽筋，菱形筋，広背筋，三角筋後部線維
　次にストレッチされる筋：棘上筋，棘下筋，大円筋，小円筋

効果的なスポーツ
　アーチェリー，クリケット，野球，ソフトボール，ボクシング，ゴルフ，テニス，バドミントン，スカッシュ，ボート，カヌー，カヤック，水泳，投てき競技

効果的なスポーツ傷害
　脱臼，亜脱臼，肩鎖関節離開，胸鎖関節離開，インピンジメント症候群，腱板炎，肩関節滑液包炎，凍結肩（癒着性関節包炎）

正しいストレッチングの注意点
　上腕を水平に保つ．

追加するとよいストレッチ
　007

009 肩を抱え込むストレッチ
WRAP AROUND SHOULDER STRETCH

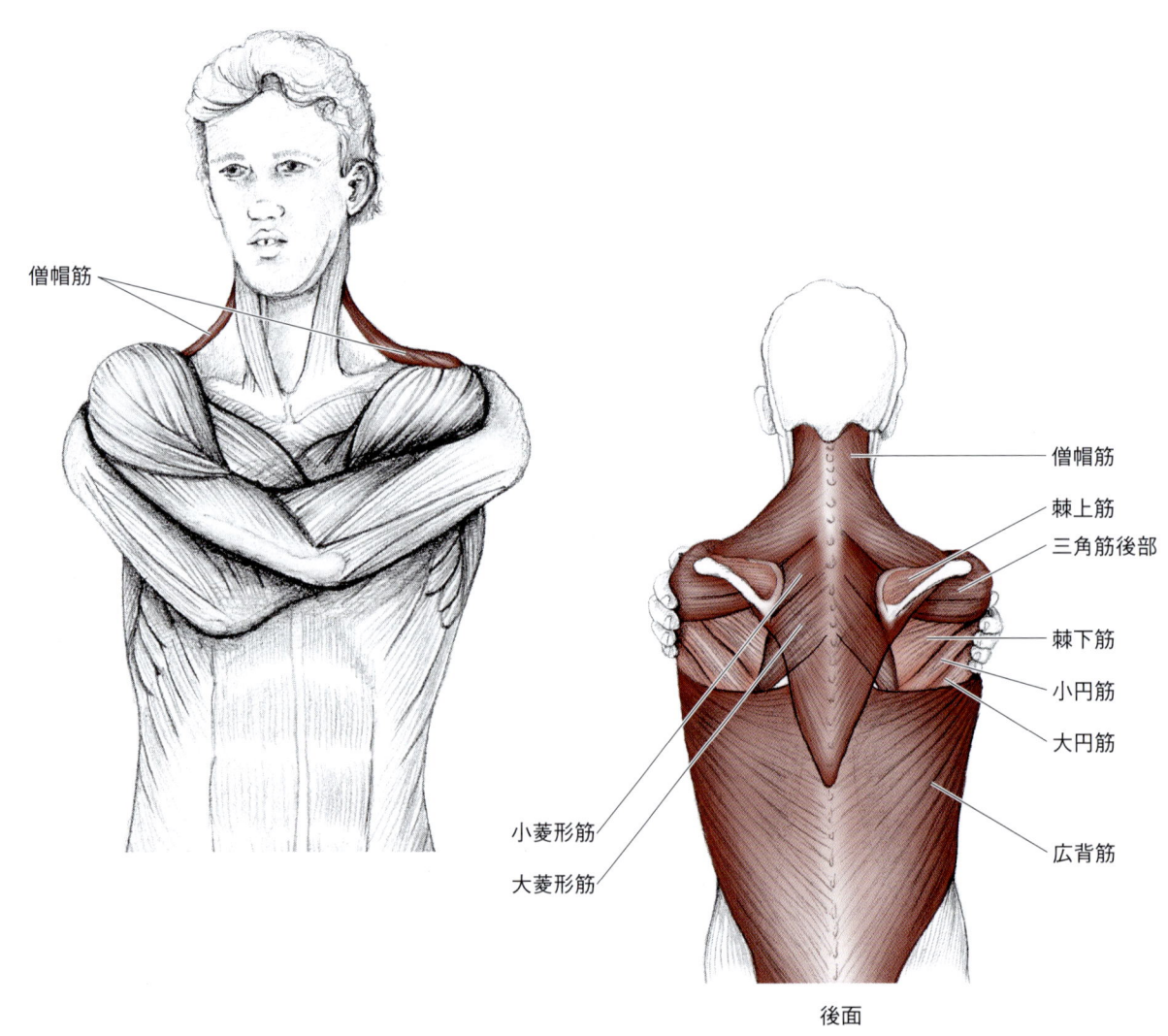

僧帽筋

僧帽筋
棘上筋
三角筋後部
棘下筋
小円筋
大円筋
広背筋

小菱形筋
大菱形筋

後面

方　法
　直立し，自分自身を抱きしめるように，両腕で肩を抱え込む．両肩を後方に引っ張る．

ストレッチされる筋
　主にストレッチされる筋：僧帽筋，菱形筋，広背筋，三角筋後部線維
　次にストレッチされる筋：棘上筋，棘下筋，大円筋，小円筋

効果的なスポーツ
　アーチェリー，クリケット，野球，ソフトボール，ボクシング，ゴルフ，テニス，バドミントン，スカッシュ，ボート，カヌー，カヤック，水泳，投てき競技

効果的なスポーツ傷害
　脱臼，亜脱臼，肩鎖関節離開，胸鎖関節離開，インピンジメント症候群，腱板炎，肩関節滑液包炎，凍結肩（癒着性関節包炎）

よくある問題と正しいストレッチングの注意点
　肩をあまり速く引っ張らないようにする．両肩をゆっくりと後ろに引っ張り，徐々にストレッチしていく．

追加するとよいストレッチ
　010

010 両腕を交差させる肩のストレッチ
CROSS OVER SHOULDER STRETCH

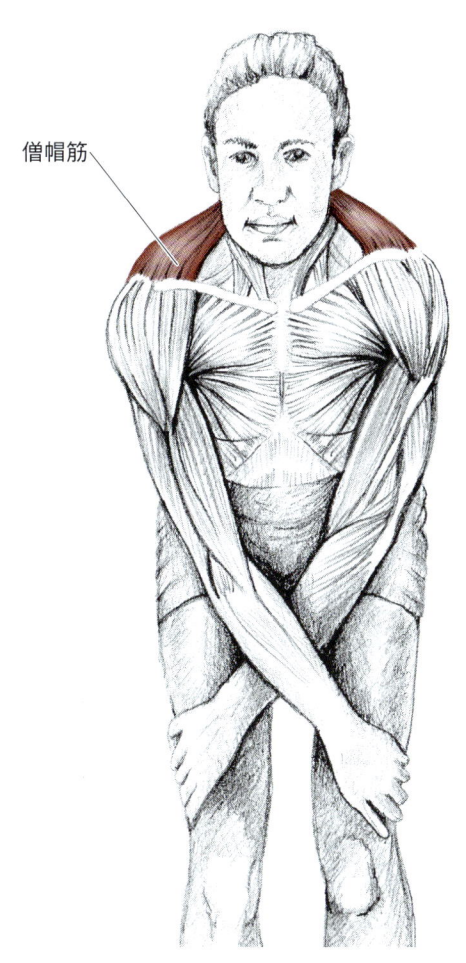

僧帽筋

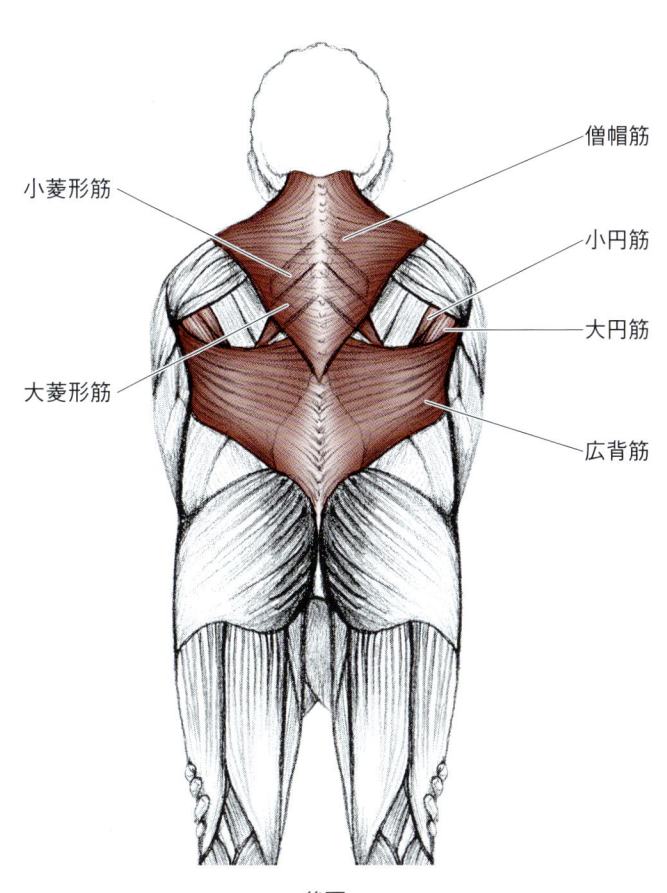

小菱形筋

大菱形筋

僧帽筋

小円筋

大円筋

広背筋

後面

方 法
　両膝を曲げて立つ. 両腕を交差させて反対側の膝の裏をつかむ. 次に上背部と両肩に張りを感じるまで上方へ起き上がっていく.

ストレッチされる筋
　主にストレッチされる筋：僧帽筋, 菱形筋, 広背筋
　次にストレッチされる筋：大円筋, 小円筋

効果的なスポーツ
　アーチェリー, クリケット, 野球, ソフトボール, ボクシング, ゴルフ, テニス, バドミントン, スカッシュ, ボート, カヌー, カヤック, 水泳, 投てき競技

効果的なスポーツ傷害
　脱臼, 亜脱臼, 肩鎖関節離開, 胸鎖関節離開, インピンジメント症候群, 腱板炎, 肩関節滑液包炎, 凍結肩（癒着性関節包炎）

よくある問題と正しいストレッチングの注意点
　両肩を水平に保ち, 一方へ捻ったり, 回したりしないこと.

追加するとよいストレッチ
　006

6

頚部と肩のストレッチ

37

011 逆方向への肩のストレッチ

REVERSE SHOULDER STRETCH

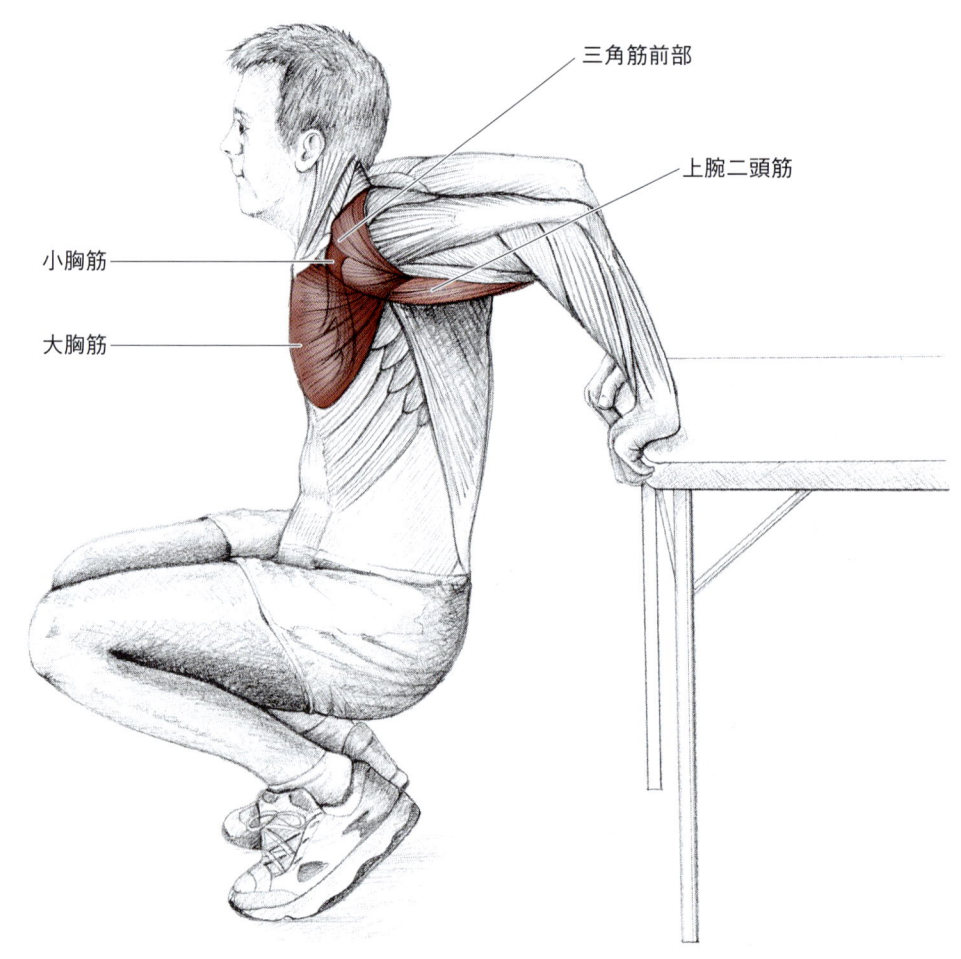

三角筋前部

上腕二頭筋

小胸筋

大胸筋

方　法
背中をテーブルやベンチに向けて直立し，両手をテーブルやベンチの端に置く．身体全体をゆっくりと下げていく．

ストレッチされる筋
主にストレッチされる筋：三角筋前方線維，大胸筋，小胸筋
次にストレッチされる筋：上腕二頭筋

効果的なスポーツ
アーチェリー，クリケット，野球，ソフトボール，ボクシング，ゴルフ，テニス，バドミントン，スカッシュ，ボート，カヌー，カヤック，水泳，投てき競技

効果的なスポーツ傷害
脱臼，亜脱臼，肩鎖関節離開，胸鎖関節離開，インピンジメント症候群，腱板炎，肩関節滑液包炎，凍結肩（癒着性関節包炎），上腕二頭筋断裂，上腕二頭筋腱炎，上腕二頭筋挫傷，胸部挫傷，胸筋付着部の炎症

よくある問題と正しいストレッチングの注意点
両脚を使って身体の下げ具合を調節する．身体を速く下げすぎないようにする.

追加するとよいストレッチ
016

7. 腕と胸部のストレッチ

STRETCHES FOR THE ARMS AND CHEST

012 頭上に手を置く胸部のストレッチ

013 パートナーと行う胸部のストレッチ

014 片腕を水平にする胸部のストレッチ

015 水平にした腕を曲げる胸部のストレッチ

016 背後で手を組む胸部のストレッチ

017 両手を壁に置く胸部のストレッチ

018 上腕三頭筋のストレッチ

019 肘を外側に向ける回旋筋のストレッチ

020 前腕を上に向ける回旋筋のストレッチ

021 前腕を下に向ける回旋筋のストレッチ

022 四つ這いでの前腕のストレッチ

023 手掌を外側に向ける手首のストレッチ

024 手指を下に向ける前腕のストレッチ

025 手指のストレッチ

026 手指を下に向ける手首のストレッチ

027 回旋させる手首のストレッチ

012 頭上に手を置く胸部のストレッチ

ABOVE HEAD CHEST STRETCH

7 腕と胸部のストレッチ

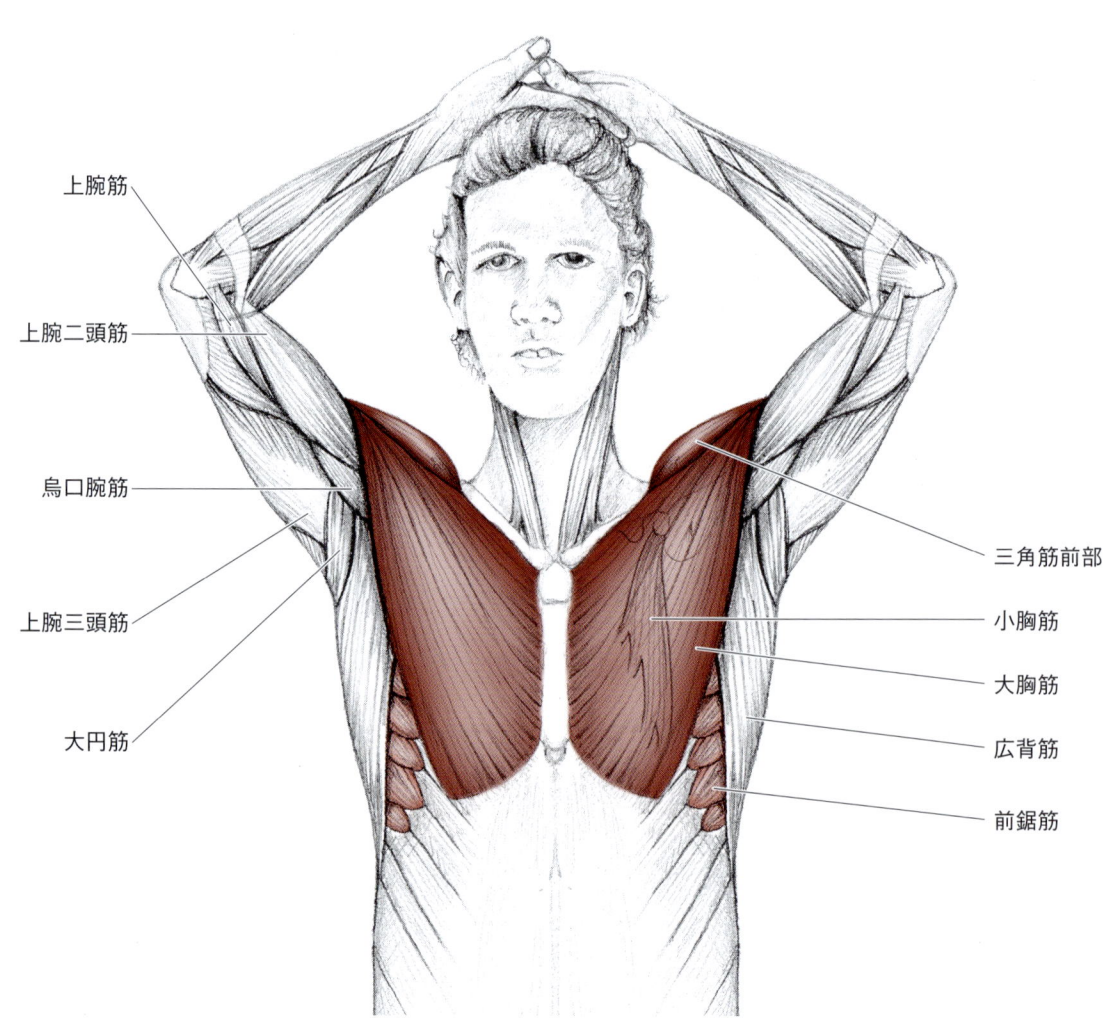

上腕筋

上腕二頭筋

烏口腕筋

上腕三頭筋

大円筋

三角筋前部

小胸筋

大胸筋

広背筋

前鋸筋

方　法

直立し，両手指を組む．両腕を曲げて，組んだ手を頭上に乗せ，両肘と両手を後方に引く．

ストレッチされる筋

主にストレッチされる筋：大胸筋，小胸筋，三角筋前方線維
次にストレッチされる筋：前鋸筋

効果的なスポーツ

バスケットボール，ネットボール，ハイキング，バックパッキング，登山，オリエンテーリング，テニス，バドミントン，スカッシュ，ボート，カヌー，カヤック，水泳，クリケット，野球，投てき競技

効果的なスポーツ傷害

インピンジメント症候群，腱板炎，肩関節滑液包炎，凍結肩（癒着性関節包炎），胸部挫傷，胸筋付着部の炎症

正しいストレッチングの注意点

両手の高さを変えてみる．両手を後頭部まで下げれば三角筋前方に，両手を頭頂部に上げれば胸筋が強調される．

追加するとよいストレッチ

017

013 パートナーと行う胸部のストレッチ

PARTNER ASSISTED CHEST STRETCH

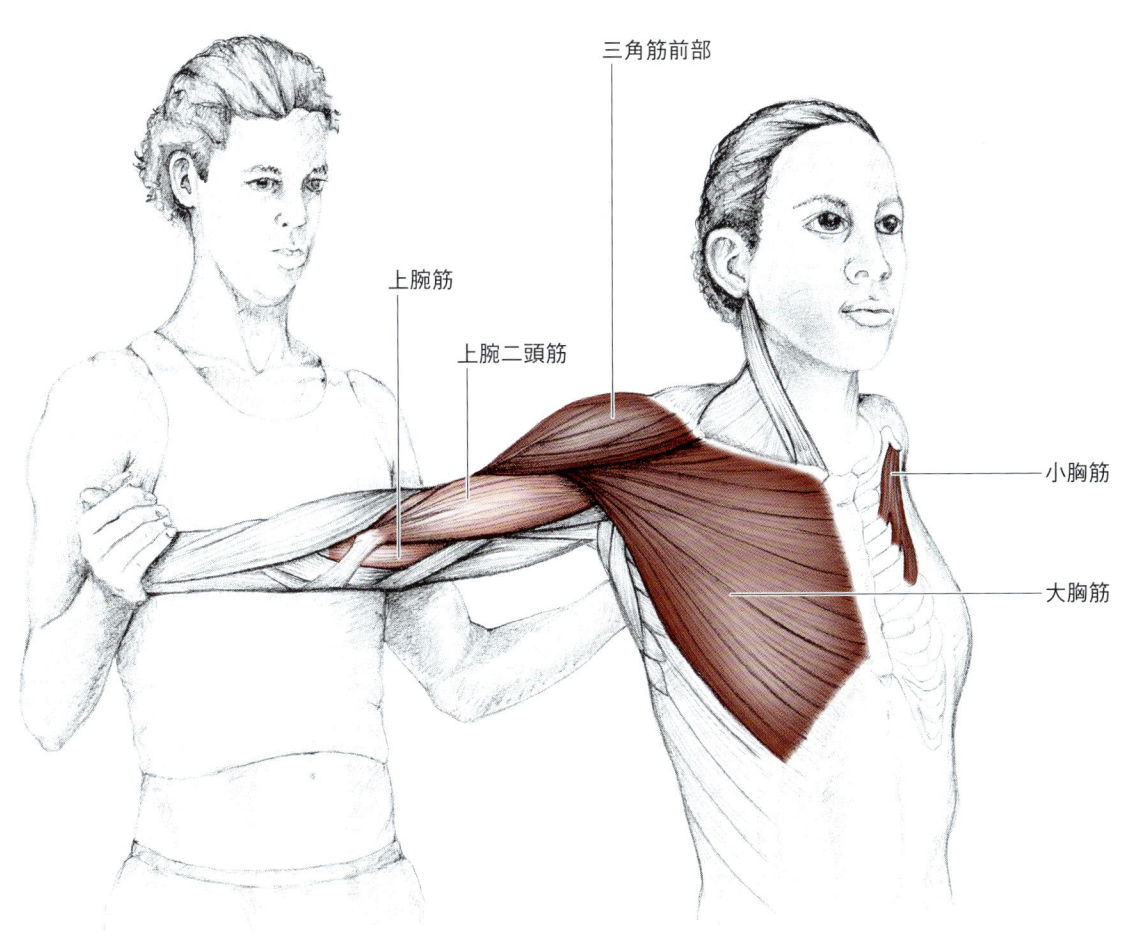

三角筋前部

上腕筋

上腕二頭筋

小胸筋

大胸筋

方　法
　両腕を水平に伸ばす．パートナーに両手をつかんでもらい，両腕をゆっくり後方へ引っ張ってもらう．

ストレッチされる筋
　主にストレッチされる筋：大胸筋，小胸筋，三角筋前方線維
　次にストレッチされる筋：上腕二頭筋，上腕筋

効果的なスポーツ
　バスケットボール，ネットボール，ハイキング，バックパッキング，登山，オリエンテーリング，テニス，バドミントン，スカッシュ，ボート，カヌー，カヤック，水泳，クリケット，野球，投てき競技

効果的なスポーツ傷害
　脱臼，亜脱臼，肩鎖関節離開，胸鎖関節離開，インピンジメント症候群，腱板炎，肩滑液包炎，凍結肩（癒着性関節包炎），上腕二頭筋断裂，上腕二頭筋腱炎，上腕二頭筋挫傷，胸部挫傷，胸筋付着部の炎症

正しいストレッチングの注意点
　両腕を水平に保ち，手掌は外側に向ける．

追加するとよいストレッチ
　014

014 片腕を水平にする胸部のストレッチ

PARALLEL ARM CHEST STRETCH

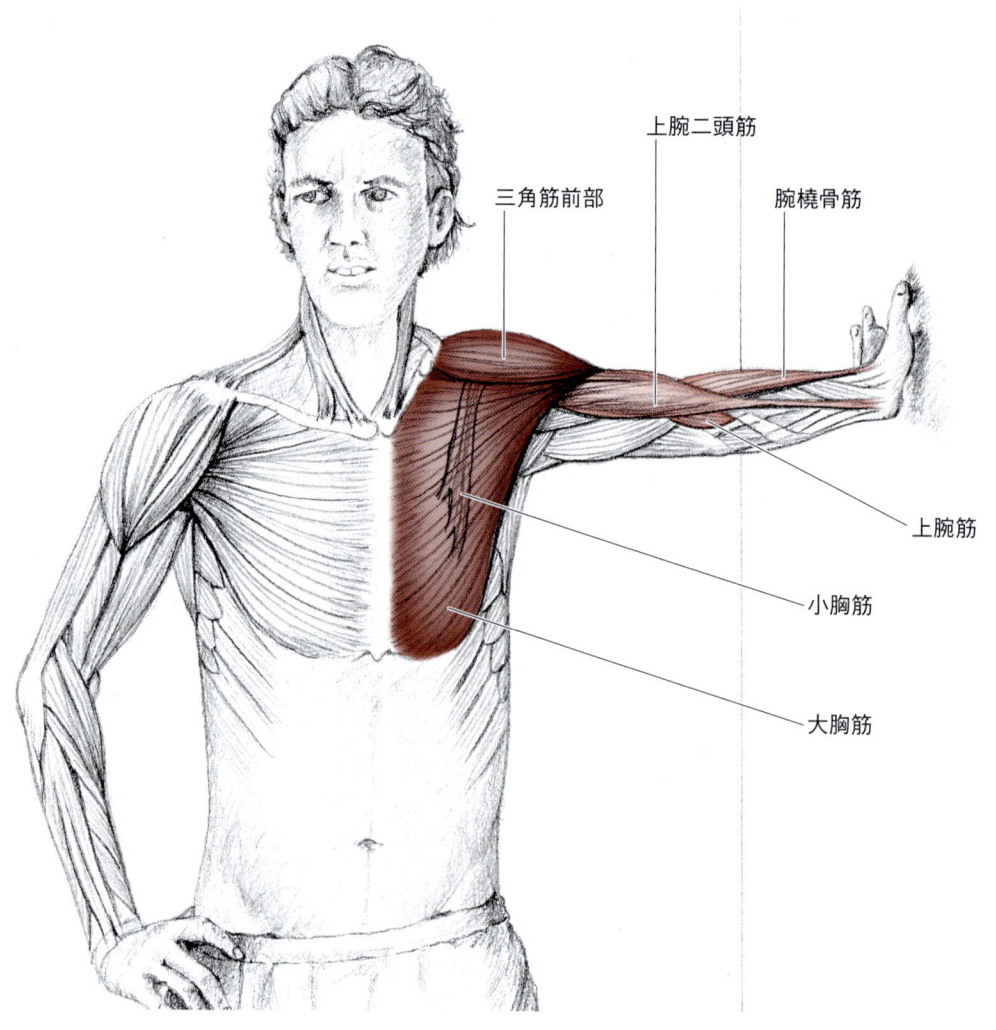

三角筋前部

上腕二頭筋

腕橈骨筋

上腕筋

小胸筋

大胸筋

方 法

立位で，片腕を後方へ水平に伸ばす．固定物につかまり，両肩と身体を，伸ばしている腕から離れる方向に回す．

ストレッチされる筋

主にストレッチされる筋：大胸筋，小胸筋，三角筋前方線維

次にストレッチされる筋：上腕二頭筋，上腕筋，腕橈骨筋

効果的なスポーツ

バスケットボール，ネットボール，ハイキング，バックパッキング，登山，オリエンテーリング，テニス，バドミントン，スカッシュ，ボート，カヌー，カヤック，水泳，クリケット，野球，投てき競技

効果的なスポーツ傷害

脱臼，亜脱臼，肩鎖関節離開，胸鎖関節離開，インピンジメント症候群，腱板炎，肩関節滑液包炎，凍結肩（癒着性関節包炎），上腕二頭筋腱断裂，上腕二頭筋腱炎，上腕二頭筋挫傷，胸部挫傷，胸筋付着部の炎症

正しいストレッチングの注意点

腕を水平に保ち，手指は後方に向ける．

追加するとよいストレッチ

013

015 水平にした腕を曲げる胸部のストレッチ

BENT ARM CHEST STRETCH

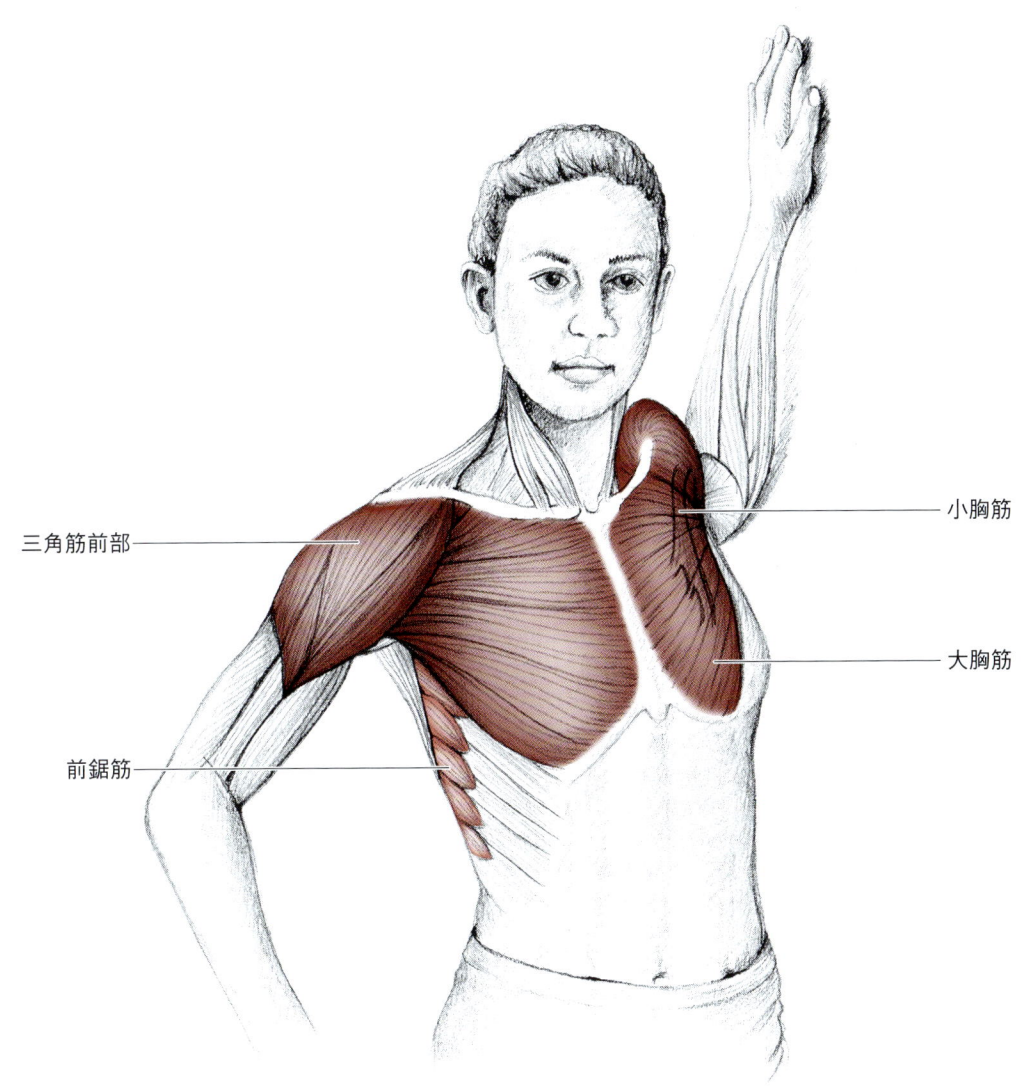

三角筋前部

小胸筋

大胸筋

前鋸筋

方 法
立位で片腕を伸ばし，前腕を地面に対し直角にする．前腕を固定物にあずけ，両肩と身体を，伸ばしている腕から離れる方向に回す．

ストレッチされる筋
主にストレッチされる筋：大胸筋，小胸筋，三角筋前部線維
次にストレッチされる筋：前鋸筋

効果的なスポーツ
バスケットボール，ネットボール，ハイキング，バックパッキング，登山，オリエンテーリング，テニス，バドミントン，スカッシュ，ボート，カヌー，カヤック，水泳，クリケット，野球，投てき競技

効果的なスポーツ傷害
脱臼，亜脱臼，肩鎖関節離開，胸鎖関節離開，インピンジメント症候群，腱板炎，肩滑液包炎，凍結肩（癒着性関節包炎），胸部挫傷，胸筋付着部の炎症

正しいストレッチングの注意点
上腕を水平に保つ．

追加するとよいストレッチ
014

016 背後で手を組む胸部のストレッチ
BEHIND THE BACK CHEST STRETCH

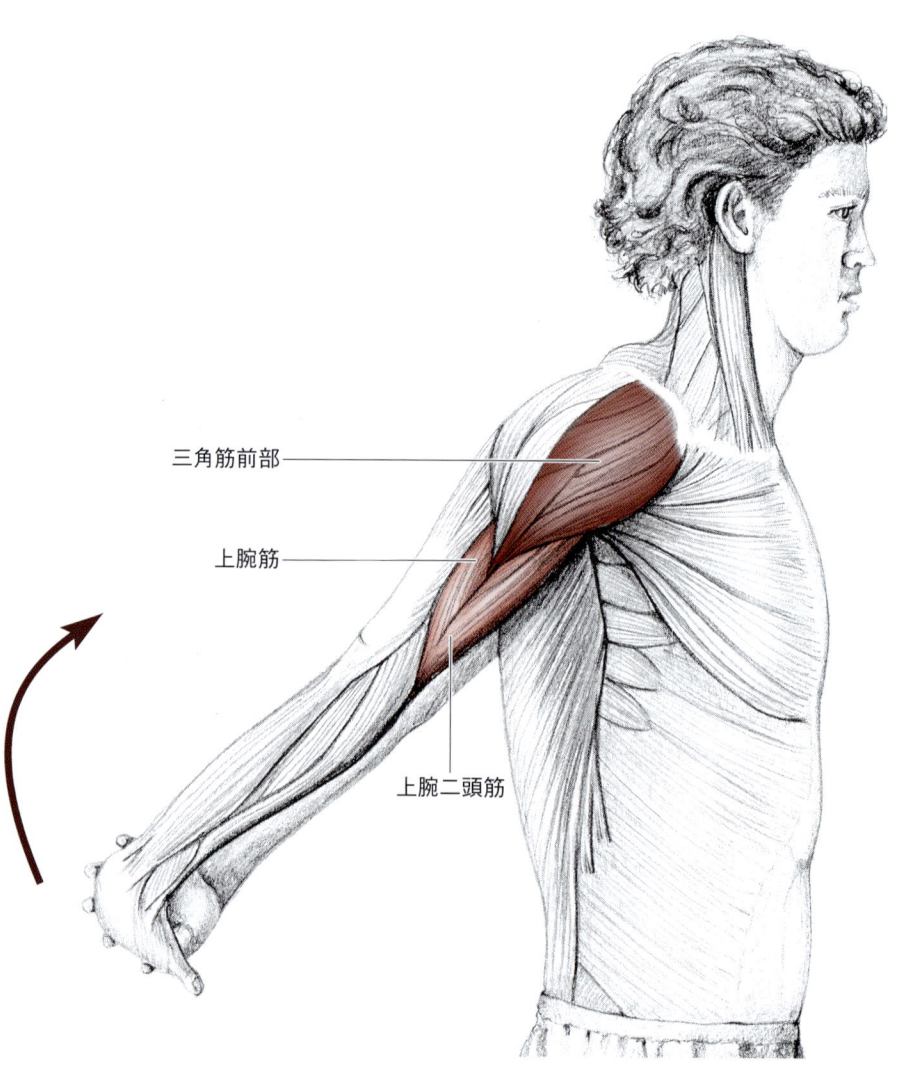

三角筋前部

上腕筋

上腕二頭筋

方　法
　直立し，背後で手を組む．両手をゆっくり上げていく．

ストレッチされる筋
　主にストレッチされる筋：三角筋前部線維
　次にストレッチされる筋：上腕二頭筋，上腕筋

効果的なスポーツ
　バスケットボール，ネットボール，ハイキング，バックパッキング，登山，オリエンテーリング，テニス，バドミントン，スカッシュ，ボート，カヌー，カヤック，水泳，クリケット，野球，投てき競技

効果的なスポーツ傷害
　脱臼，亜脱臼，肩鎖関節離開，胸鎖関節離開，インピンジメント症候群，腱板炎，肩関節滑液包炎，凍結肩（癒着性関節包炎），胸部挫傷，胸筋付着部の炎症

正しいストレッチングの注意点
　手を上げる際に，上体を前傾しないようにする．

追加するとよいストレッチ
　011

017 両手を壁に置く胸部のストレッチ

BENT-OVER CHEST STRETCH

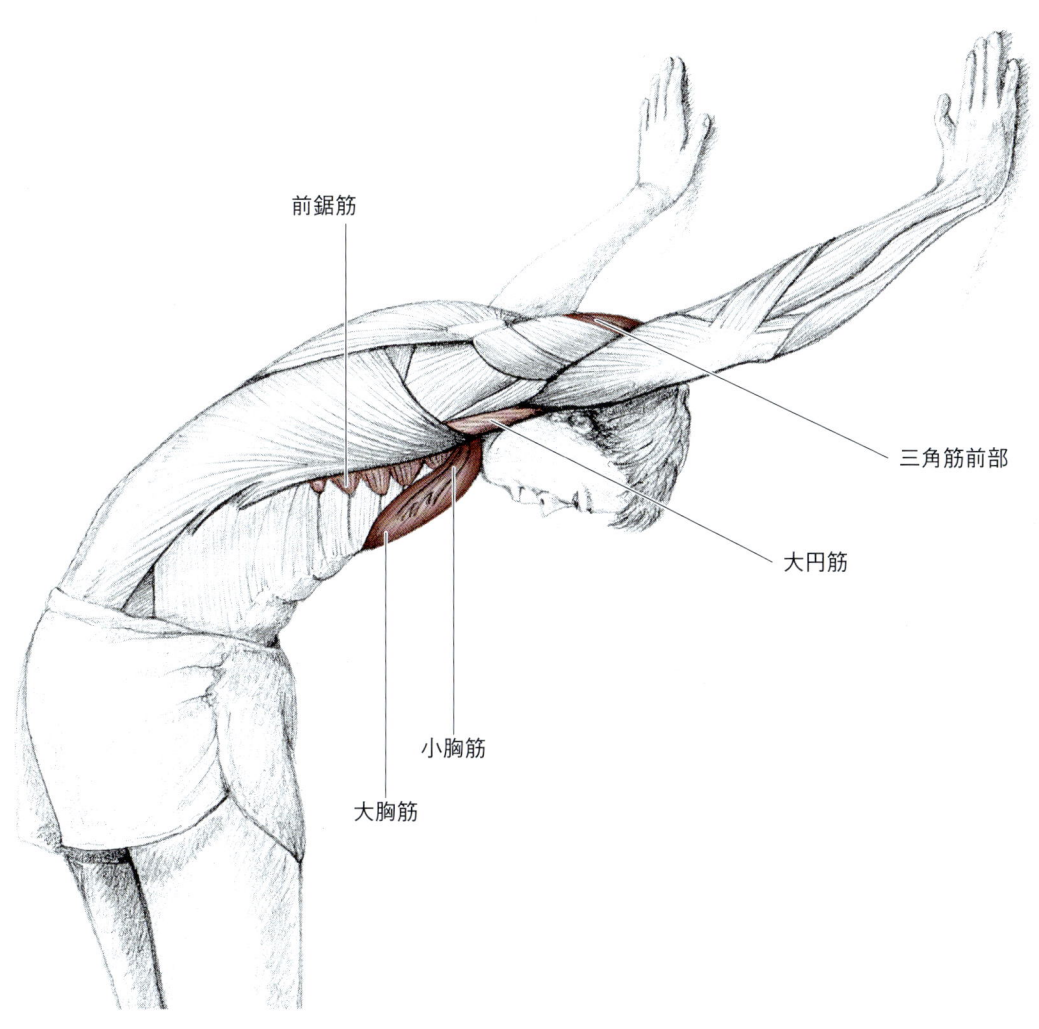

前鋸筋

三角筋前部

大円筋

小胸筋

大胸筋

方　法

壁に向かい，両手を頭部のすぐ上の壁に置く．顎を地面に向けて近づけるように，ゆっくりと両肩を下げていく．

ストレッチされる筋

主にストレッチされる筋：大胸筋，小胸筋，三角筋前部線維

次にストレッチされる筋：前鋸筋，大円筋

効果的なスポーツ

バスケットボール，ネットボール，ハイキング，バックパッキング，登山，オリエンテーリング，テニス，バドミントン，スカッシュ，ボート，カヌー，カヤック，水泳，クリケット，野球，投てき競技

効果的なスポーツ傷害

脱臼，亜脱臼，肩鎖関節離開，胸鎖関節離開，インピンジメント症候群，腱板炎，肩関節滑液包炎，凍結肩（癒着性関節包炎），胸部挫傷，胸筋付着部の炎症

正しいストレッチングの注意点

両腕をまっすぐに保ち，手指は真上に向ける．

追加するとよいストレッチ

012

018

上腕三頭筋のストレッチ

TRICEPS STRETCH

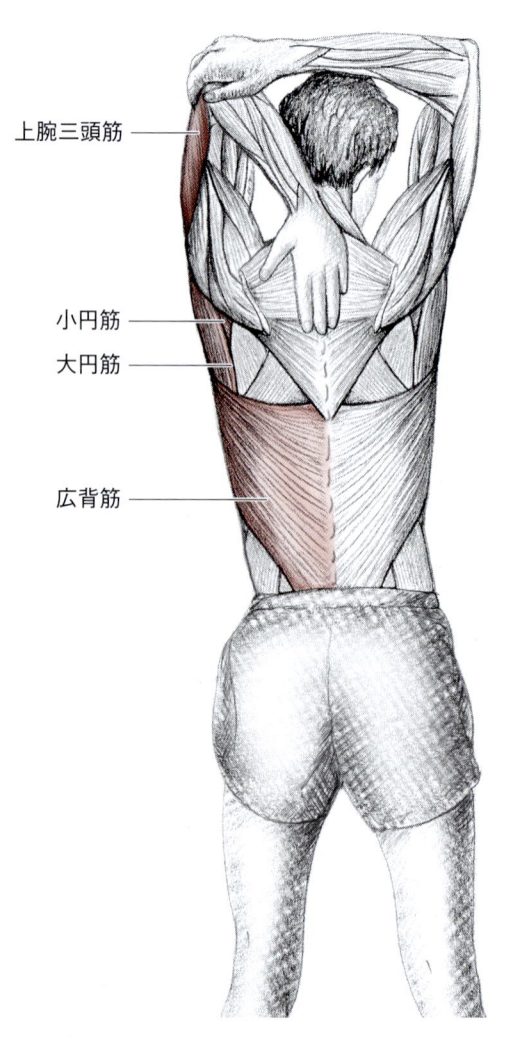

上腕三頭筋

小円筋

大円筋

広背筋

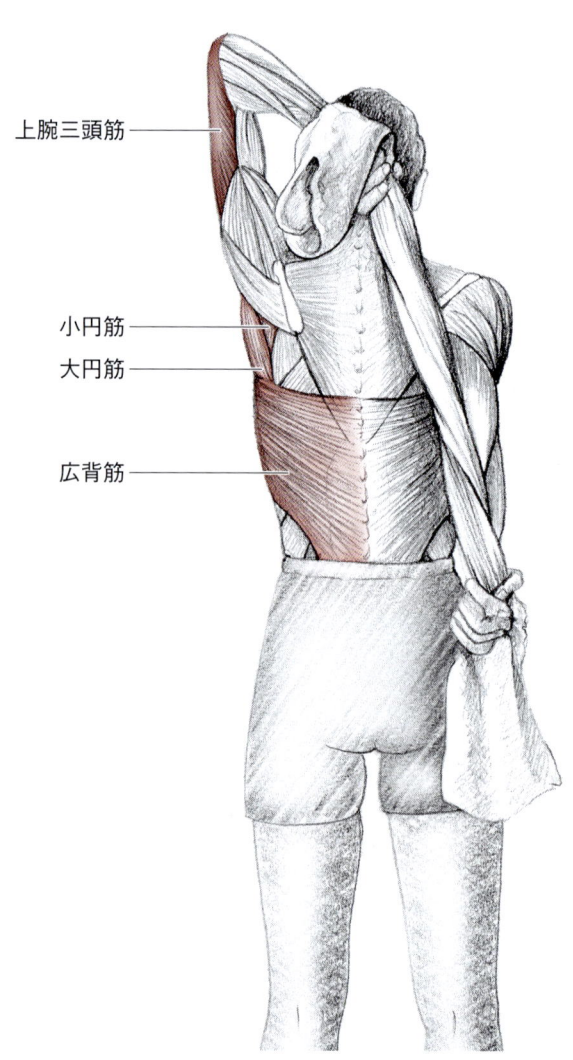

上腕三頭筋

小円筋

大円筋

広背筋

方 法

立位で片手を首の後ろに回し，肘を上へ向ける．他方の手（またはロープやタオル）で上へ向けた肘を下に引っ張る．

ストレッチされる筋

主にストレッチされる筋：上腕三頭筋
次にストレッチされる筋：広背筋，大円筋，小円筋

効果的なスポーツ

バスケットボール，ネットボール，テニス，バドミントン，スカッシュ，ボート，カヌー，カヤック，水泳，クリケット，野球，投てき競技，バレーボール

効果的なスポーツ

肘関節捻挫，肘関節脱臼，肘関節滑液包炎，上腕三頭筋腱断裂

よくある問題と正しいストレッチングの注意点

肩に血流制限が起こるので，このストレッチは長時間行わないこと．

追加するとよいストレッチ

034

019 肘を外側に向ける回旋筋のストレッチ

ELBOW-OUT ROTATOR STRETCH

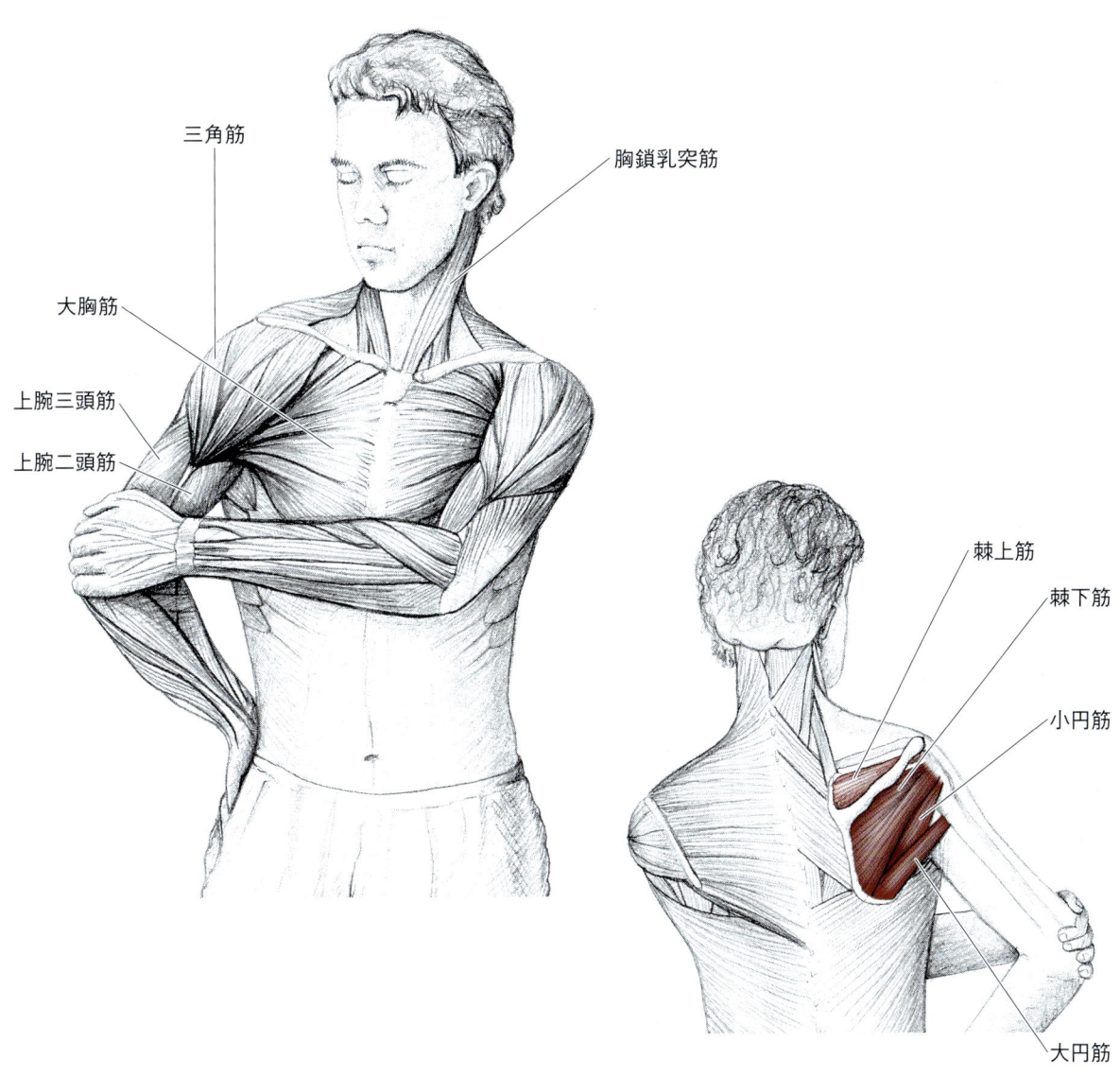

三角筋

胸鎖乳突筋

大胸筋

上腕三頭筋

上腕二頭筋

棘上筋

棘下筋

小円筋

大円筋

方　法
　立位で片手を腰背部に当て，肘を外側に向ける．他方の手を伸ばしてその肘を前方へ優しく引っ張る．

ストレッチされる筋
　主にストレッチされる筋：棘下筋，大円筋，小円筋
　次にストレッチされる筋：棘上筋

効果的なスポーツ
　格闘技，テニス，バドミントン，スカッシュ，ボート，カヌー，カヤック，水泳，クリケット，野球，投てき競技，レスリング

効果的なスポーツ傷害
　脱臼，亜脱臼，肩鎖関節離開，胸鎖関節離開，インピンジメント症候群，腱板炎，肩関節滑液包炎，凍結肩（癒着性関節包炎）

よくある問題と正しいストレッチングの注意点
　肩の腱板筋が非常に硬くなっている人が多い．このストレッチはごくゆっくり始め，常に十分な注意を払いながら行う．

追加するとよいストレッチ
　021

前腕を上に向ける回旋筋のストレッチ

ARM-UP ROTATOR STRETCH

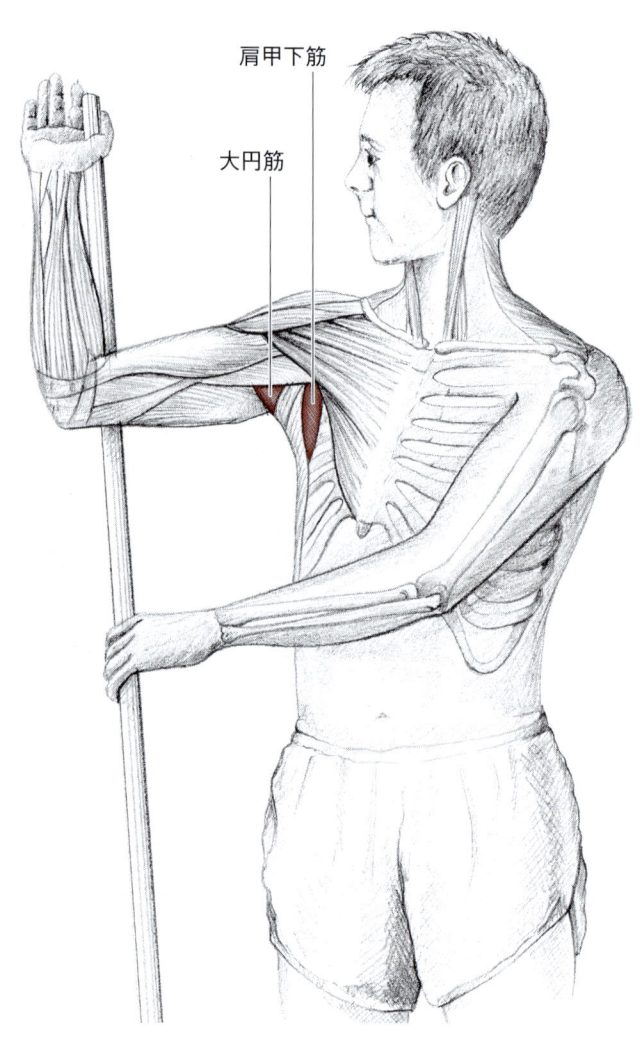

肩甲下筋

大円筋

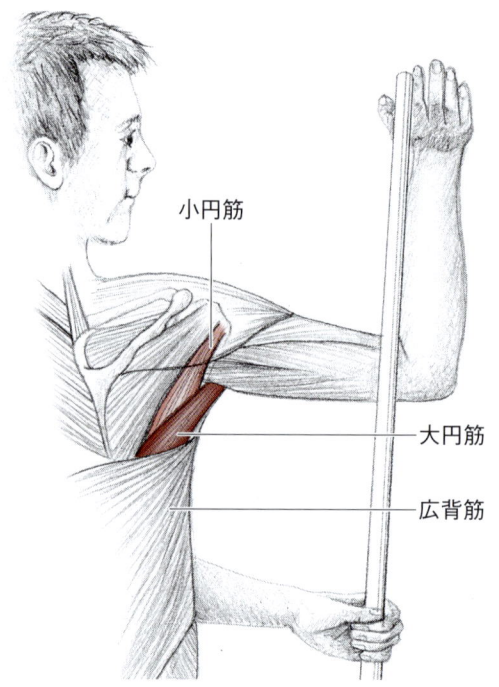

小円筋

大円筋

広背筋

方 法

　立位で片腕を外側に伸ばし，前腕を90°上へ向ける．手でほうきの柄をつかみ，肘の後ろに通す．他方の手でほうきの下部を前方へ引っ張る．

ストレッチされる筋

　主にストレッチされる筋：肩甲下筋，大円筋
　次にストレッチされる筋：小円筋

効果的なスポーツ

　格闘技，テニス，バドミントン，スカッシュ，ボート，カヌー，カヤック，水泳，クリケット，野球，投てき競技，レスリング

効果的なスポーツ傷害

　脱臼，亜脱臼，肩鎖関節離開，胸鎖関節離開，インピンジメント症候群，腱板炎，肩関節滑液包炎，凍結肩（癒着性関節包炎）

よくある問題と正しいストレッチングの注意点

　肩の腱板筋が非常に硬くなっている人が多い．このストレッチはごくゆっくり始め，常に十分な注意を払いながら行う．

追加するとよいストレッチ

　021

021 前腕を下に向ける回旋筋のストレッチ

ARM-DOWN ROTATOR STRETCH

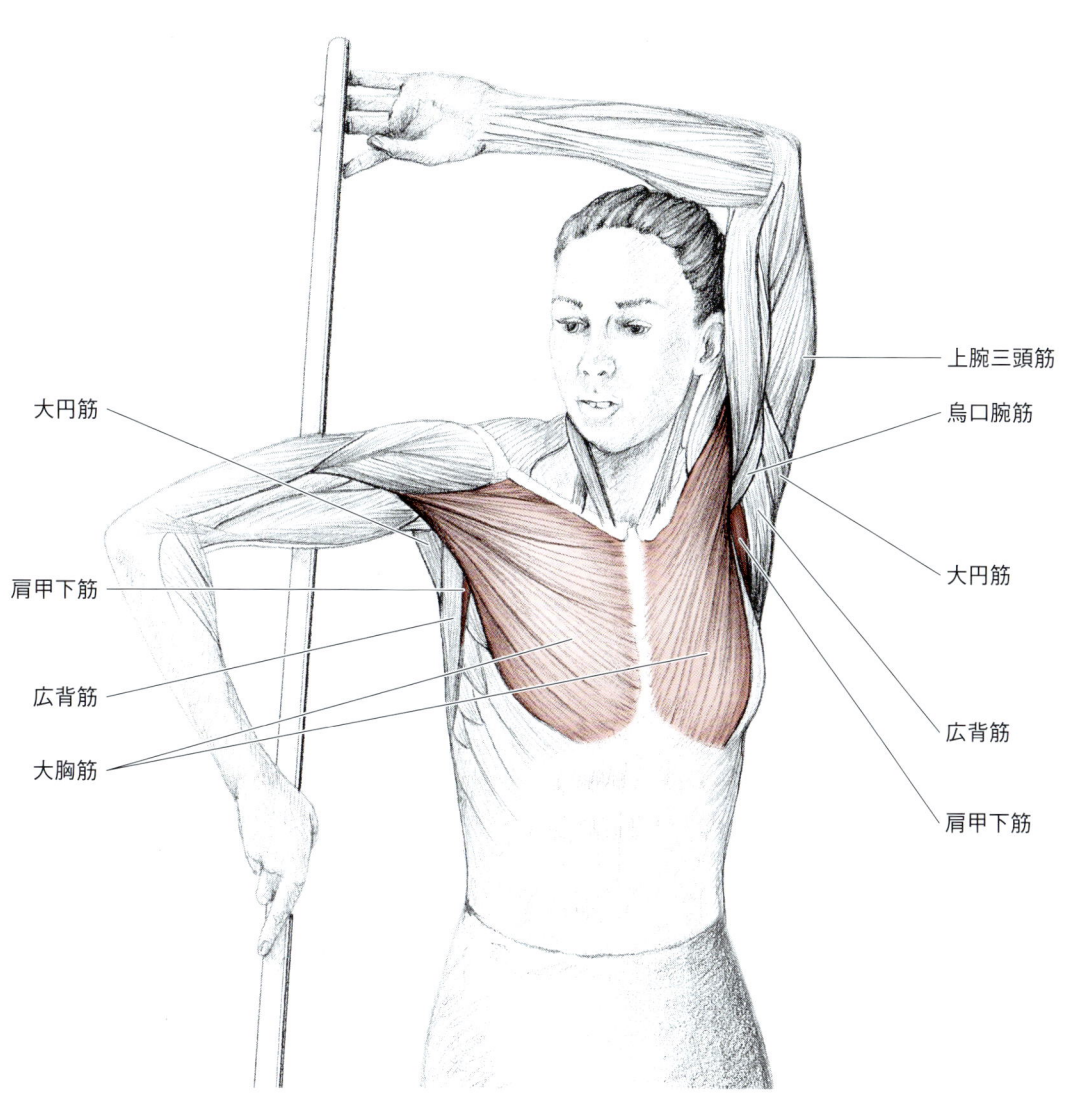

大円筋

肩甲下筋

広背筋

大胸筋

上腕三頭筋

烏口腕筋

大円筋

広背筋

肩甲下筋

7

腕と胸部のストレッチ

方　法
　立位で片腕を外側に伸ばし，前腕を90°下へ向ける．手でほうきの柄をつかみ，肘の後ろに通す．他方の手でほうきの上部を前方へ引っ張る．

ストレッチされる筋
　主にストレッチされる筋：肩甲下筋
　次にストレッチされる筋：大胸筋

効果的なスポーツ
　格闘技，テニス，バドミントン，スカッシュ，ボート，カヌー，カヤック，水泳，クリケット，野球，投てき競技，レスリング

効果的なスポーツ傷害
　脱臼，亜脱臼，肩鎖関節離開，胸鎖関節離開，インピンジメント症候群，腱板炎，肩関節滑液包炎，凍結肩（癒着性関節包炎）

よくある問題と正しいストレッチングの注意点
　肩の腱板筋が非常に硬くなっている人が多い．このストレッチはごくゆっくり始め，常に十分な注意を払いながら行う．

追加するとよいストレッチ
　019

49

022 四つ這いでの前腕のストレッチ

KNEELING FOREARM STRETCH

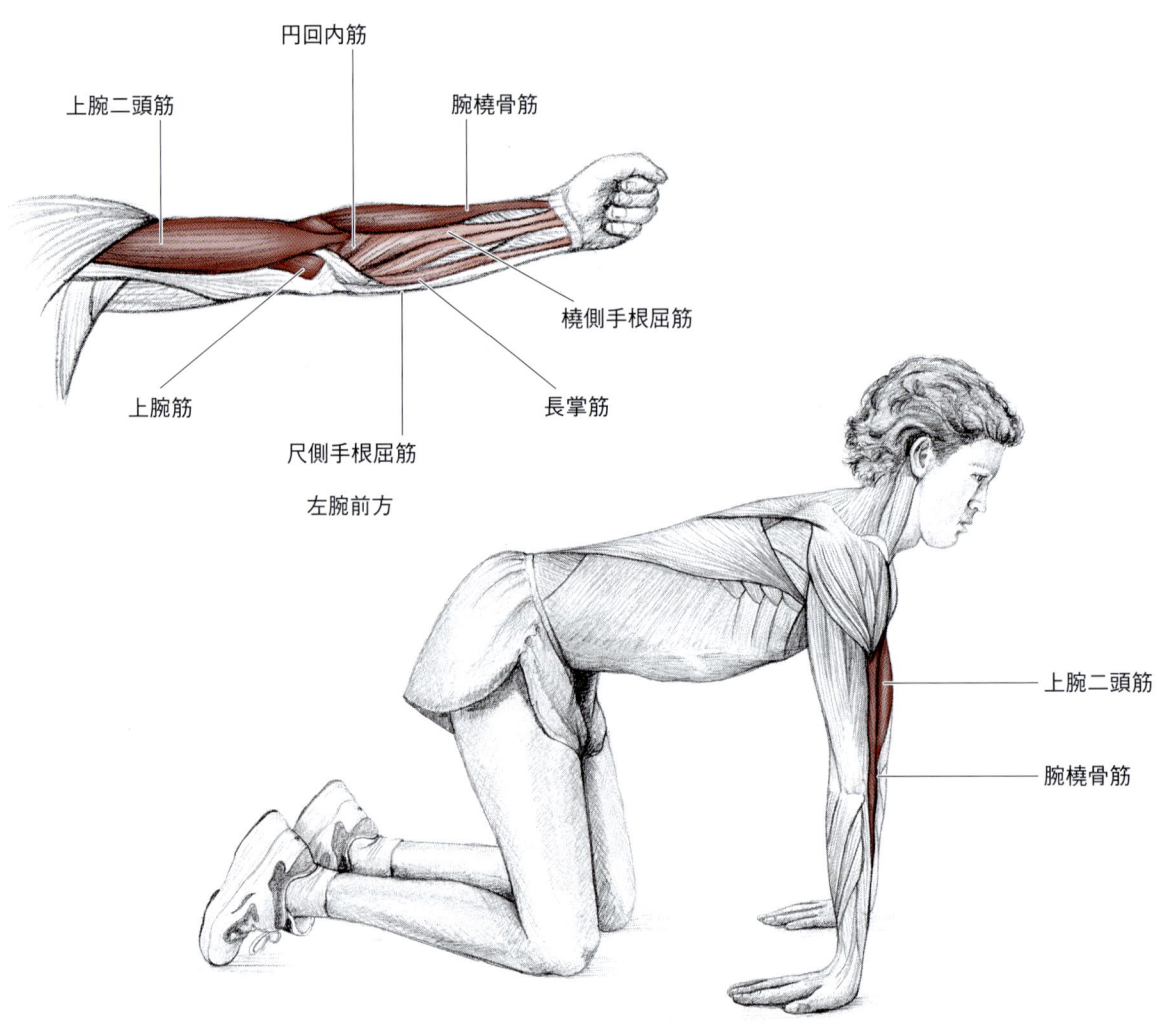

円回内筋

上腕二頭筋

腕橈骨筋

橈側手根屈筋

上腕筋

尺側手根屈筋

長掌筋

左腕前方

上腕二頭筋

腕橈骨筋

方　法

　四つ這いになって，前腕を前方に，両手を後方に向けて，ゆっくりと後方へ動く．

ストレッチされる筋

　主にストレッチされる筋：上腕二頭筋，上腕筋，腕橈骨筋

　次にストレッチされる筋：円回内筋，橈側手根屈筋，尺側手根屈筋，長掌筋

効果的なスポーツ

　バスケットボール，ネットボール，クリケット，野球，ソフトボール，アイスホッケー，フィールドホッケー，格闘技，テニス，バドミントン，スカッシュ，ボート，カヌー，カヤック，水泳，投てき競技，バレーボール，レスリング

効果的なスポーツ傷害

　上腕二頭筋腱断裂，上腕二頭筋腱炎，上腕二頭筋挫傷，肘関節挫傷，肘関節脱臼，肘関節滑液包炎，テニス肘，ゴルフ肘，投球障害肘

よくある問題と正しいストレッチングの注意点

　どの筋が最も硬いかによって，張りが上腕に強く感じられたり，前腕に強く感じられたりする．ストレッチをやりやすくするには，両手を両膝のほうへ動かす．

追加するとよいストレッチ

　023

023 手掌を外側に向ける手首のストレッチ
PALMS-OUT WRIST STRETCH

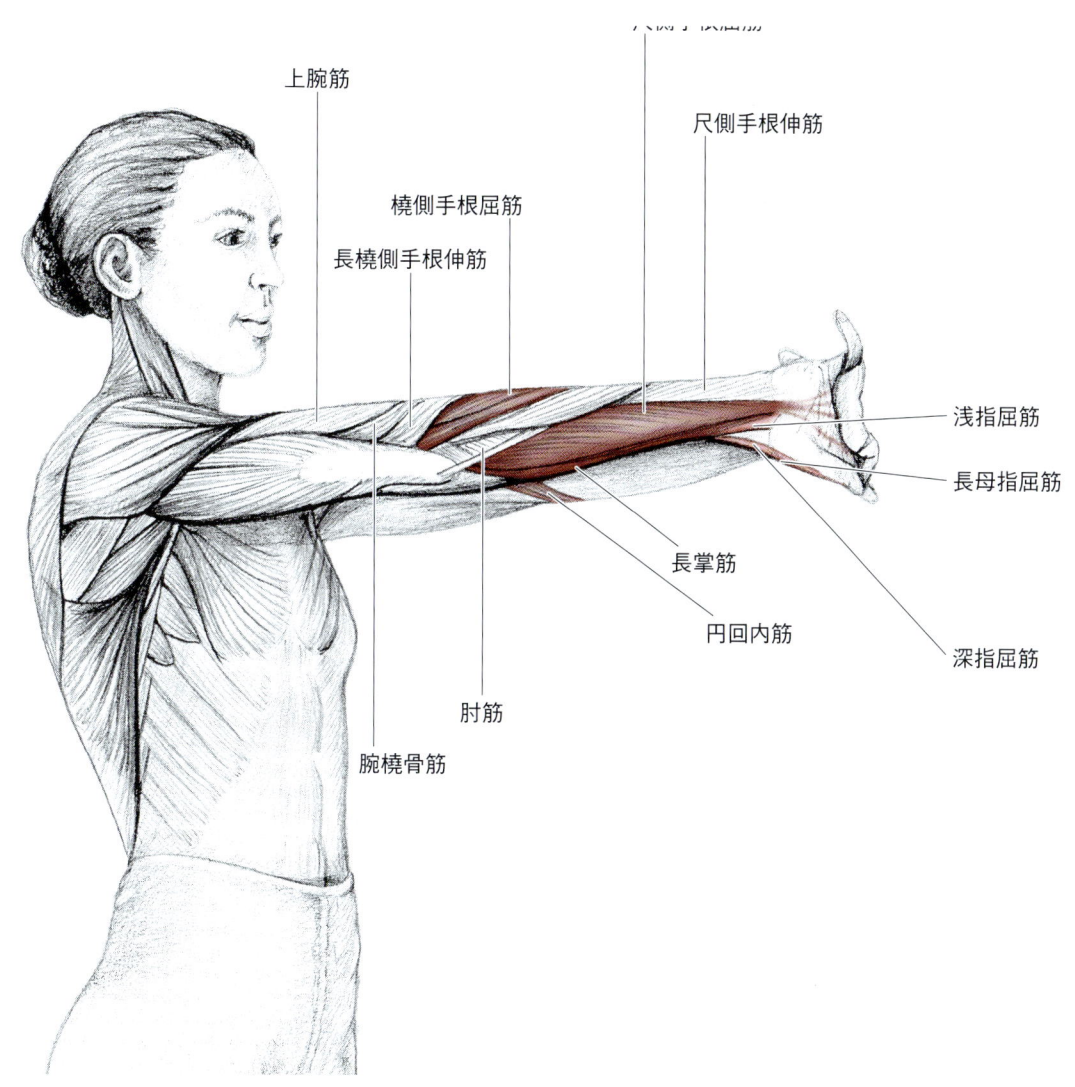

上腕筋

尺側手根伸筋

橈側手根屈筋

長橈側手根伸筋

浅指屈筋

長母指屈筋

長掌筋

円回内筋

深指屈筋

肘筋

腕橈骨筋

方　法
　胸の前で手指を組み，両腕を伸ばして，手掌を外側へ向ける．

ストレッチされる筋
　主にストレッチされる筋：円回内筋，橈側手根屈筋，尺側手根屈筋，長掌筋
　次にストレッチされる筋：浅指屈筋，深指屈筋，長母指屈筋

効果的なスポーツ
　バスケットボール，ネットボール，クリケット，野球，ソフトボール，アイスホッケー，フィールドホッケー，格闘技，テニス，バドミントン，スカッシュ，ボート，カヌー，カヤック，水泳，投てき競技，バレーボール，レスリング

効果的なスポーツ傷害
　テニス肘，ゴルフ肘，投球障害肘，手関節捻挫，手関節脱臼，手関節腱炎，手根管症候群，尺骨管症候群

よくある問題と正しいストレッチングの注意点
　前腕，手首，手指は多数の小さな筋，腱，靱帯から構成されている．力のかけ方が強すぎたり，速すぎたりして，この部位をオーバーストレッチしないようにする．

追加するとよいストレッチ
　024

51

024 手指を下に向ける前腕のストレッチ

FINGERS-DOWN FOREARM STRETCH

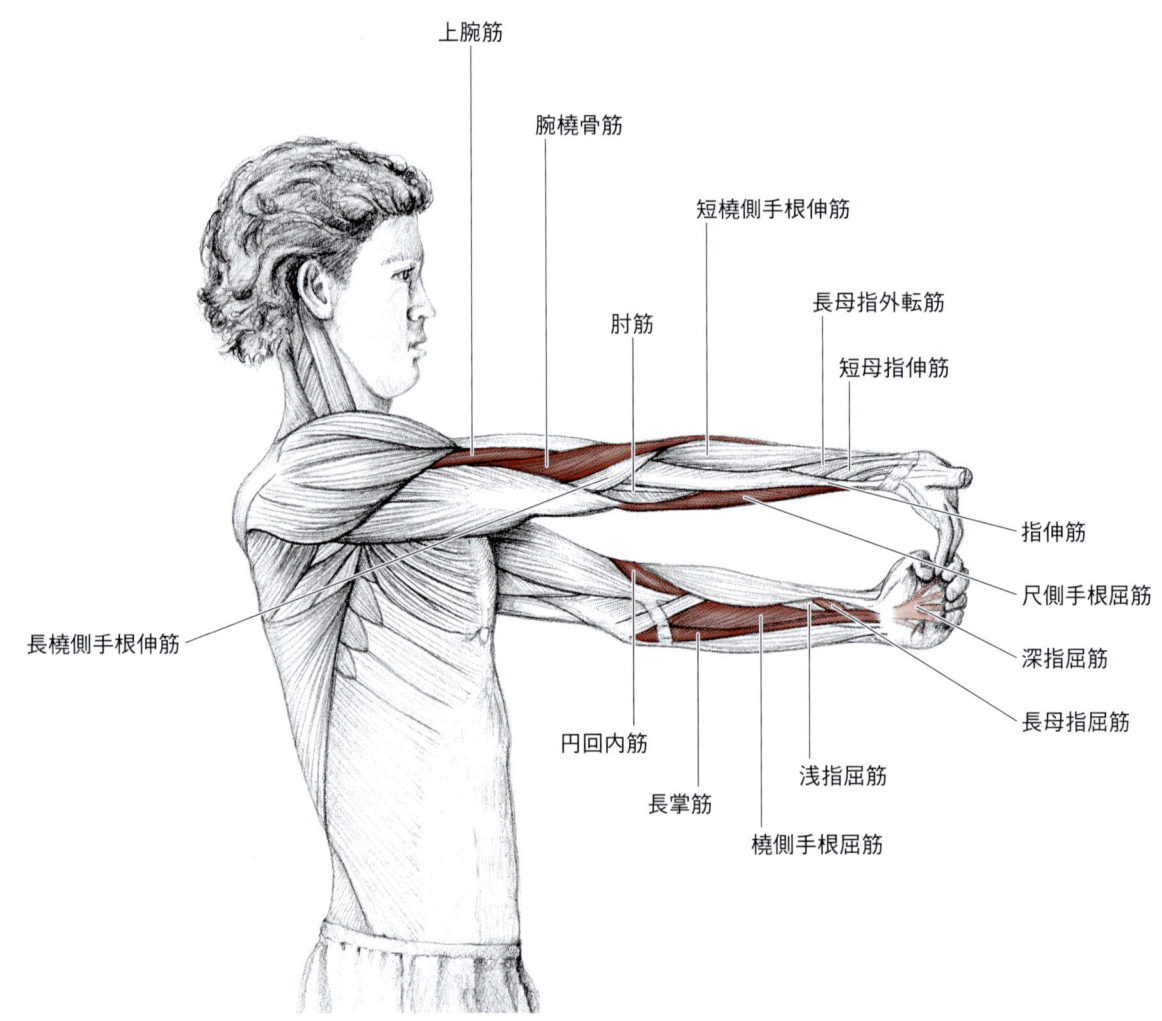

上腕筋
腕橈骨筋
短橈側手根伸筋
長母指外転筋
短母指伸筋
肘筋
指伸筋
尺側手根屈筋
深指屈筋
長母指屈筋
長橈側手根伸筋
円回内筋
浅指屈筋
長掌筋
橈側手根屈筋

方法

手指をつかみ，手掌を外方へ向ける．その腕を伸ばし，他方の手で手指を後方へ引っ張る．

ストレッチされる筋

主にストレッチされる筋：上腕筋，腕橈骨筋，円回内筋，橈側手根屈筋，尺側手根屈筋，長掌筋
次にストレッチされる筋：浅指屈筋，深指屈筋，長母指屈筋

効果的なスポーツ

バスケットボール，ネットボール，クリケット，野球，ソフトボール，アイスホッケー，フィールドホッケー，格闘技，テニス，バドミントン，スカッシュ，ボート，カヌー，カヤック，水泳，投てき競技，バレーボール，レスリング

効果的なスポーツ傷害

テニス肘，ゴルフ肘，投球障害肘，手関節捻挫，手関節脱臼，手関節腱炎，手根管症候群，尺骨管症候群

よくある問題と正しいストレッチングの注意点

前腕，手首，手指は多数の小さな筋，腱，靱帯から構成されている．力のかけ方が強すぎたり，速すぎたりして，この部位をオーバーストレッチしないようにする．

追加するとよいストレッチ

022

7

腕と胸部のストレッチ

025 手指のストレッチ

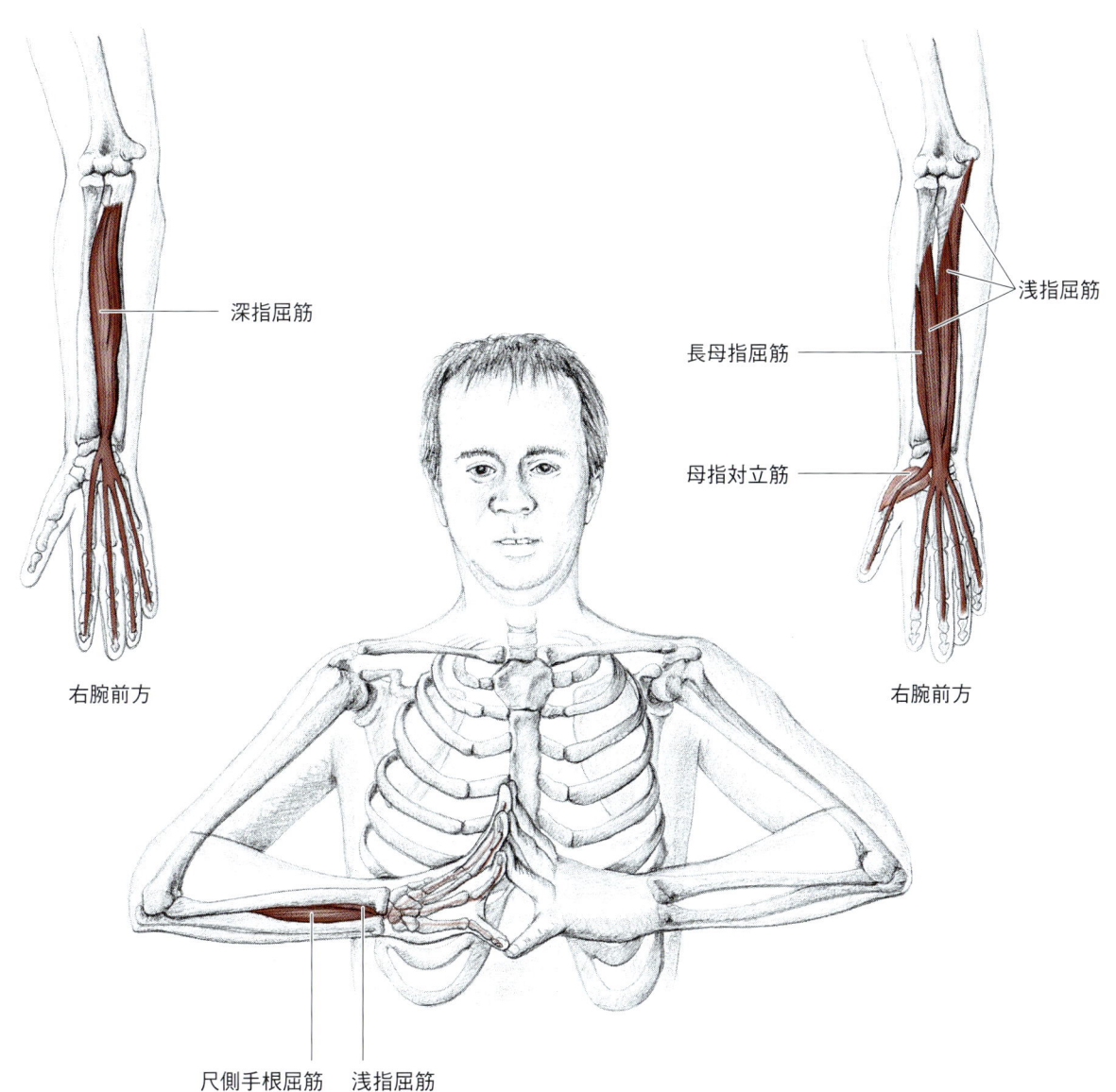

深指屈筋

右腕前方

浅指屈筋

長母指屈筋

母指対立筋

右腕前方

尺側手根屈筋　　浅指屈筋

7

腕と胸部のストレッチ

方　法
両手指の先端を合わせ，手掌を互いに押しつける.

ストレッチされる筋
主にストレッチされる筋：浅指屈筋，深指屈筋,
長母指屈筋
次にストレッチされる筋：母指対立筋

効果的なスポーツ
バスケットボール，ネットボール，クリケット,
野球，ソフトボール，アイスホッケー，フィールド
ホッケー，格闘技，テニス，バドミントン，スカッ
シュ，ボート，カヌー，カヤック，水泳，投てき競
技，バレーボール，レスリング

効果的なスポーツ傷害
テニス肘，ゴルフ肘，投球障害肘，手関節捻挫,
手関節脱臼，手関節腱炎，手根管症候群，尺骨管症
候群

よくある問題と正しいストレッチングの注意点
前腕，手首，手指は多数の小さな筋，腱，靱帯か
ら構成されている．力のかけ方が強すぎたり，速す
ぎたりして，この部位をオーバーストレッチしない
ようにする.

追加するとよいストレッチ
024

026 手指を下に向ける手首のストレッチ
FINGERS-DOWN WRIST STRETCH

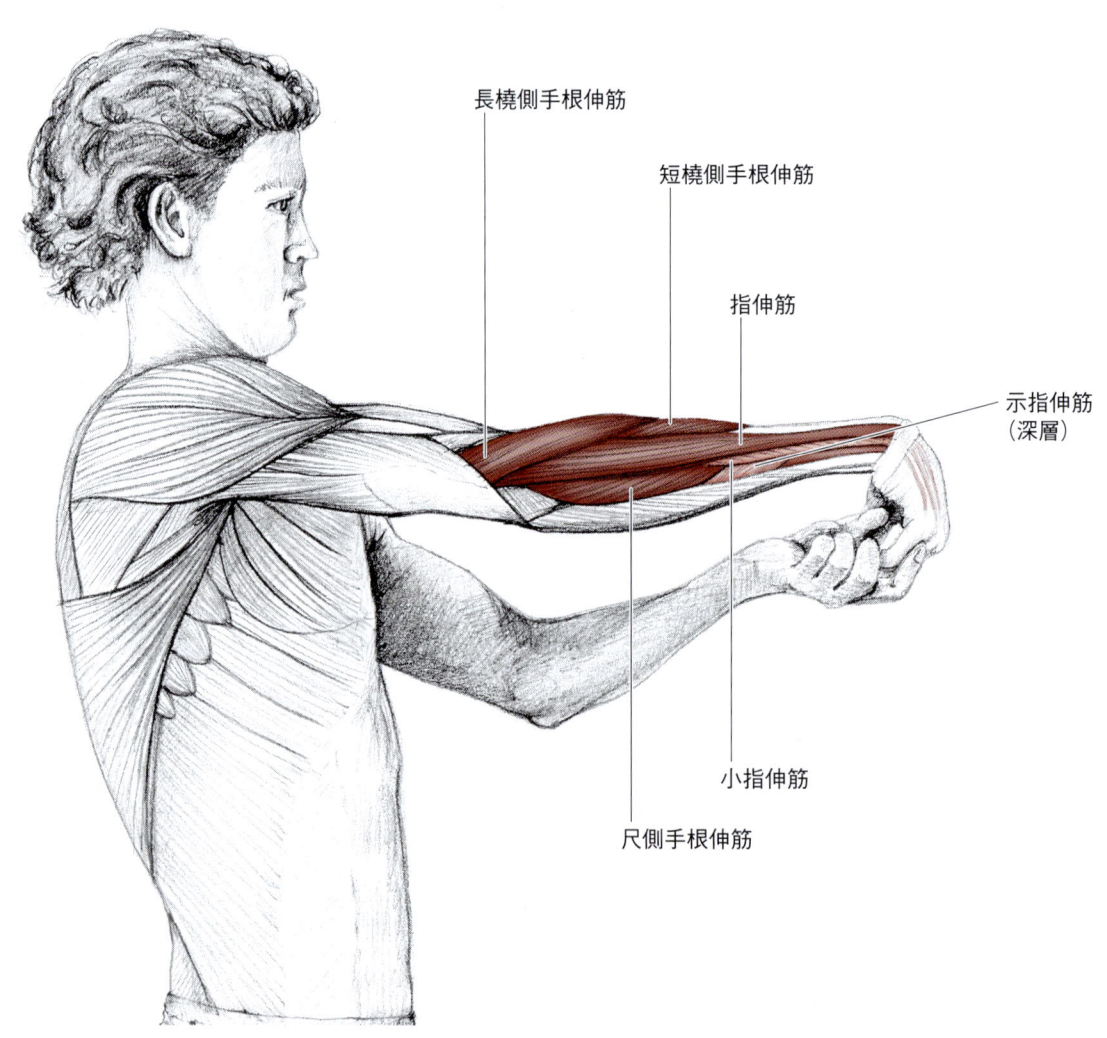

長橈側手根伸筋

短橈側手根伸筋

指伸筋

示指伸筋
（深層）

小指伸筋

尺側手根伸筋

方 法
腕を伸ばし，手指をつかむ．つかんだ手指を身体に向けて引っ張る．

ストレッチされる筋
主にストレッチされる筋：尺側手根伸筋，長橈側手根伸筋，短橈側手根伸筋，指伸筋
次にストレッチされる筋：小指伸筋，示指伸筋

効果的なスポーツ
バスケットボール，ネットボール，クリケット，野球，ソフトボール，アイスホッケー，フィールドホッケー，格闘技，テニス，バドミントン，スカッシュ，ボート，カヌー，カヤック，水泳，投てき競技，バレーボール，レスリング

効果的なスポーツ傷害
テニス肘，ゴルフ肘，投球障害肘，手関節捻挫，手関節脱臼，手関節腱炎，手根管症候群，尺骨管症候群

よくある問題と正しいストレッチングの注意点
前腕，手首，手指は多数の小さな筋，腱，靱帯から構成されている．力のかけ方が強すぎたり，速すぎたりして，この部位をオーバーストレッチしないようにする．

追加するとよいストレッチ
027

027 回旋させる手首のストレッチ
ROTATING WRIST STRETCH

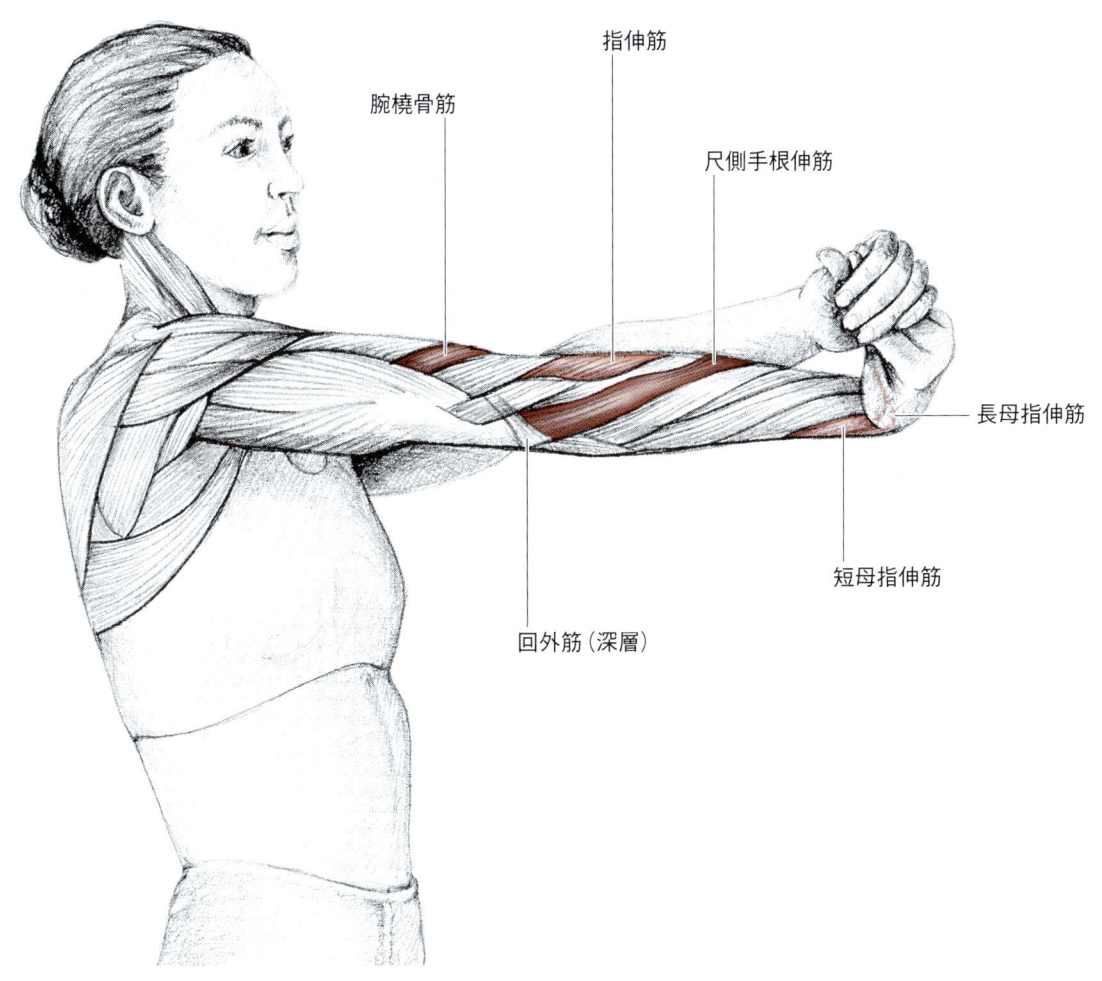

指伸筋

腕橈骨筋

尺側手根伸筋

長母指伸筋

短母指伸筋

回外筋（深層）

方 法
一方の腕を前方に水平に伸ばす．手首を下から外側へ向けて回旋させ，他方の手でさらに手を上方へ回旋させる．

ストレッチされる筋
主にストレッチされる筋：腕橈骨筋，尺側手根伸筋，回外筋
次にストレッチされる筋：指伸筋，長母指伸筋，短母指伸筋

効果的なスポーツ
バスケットボール，ネットボール，クリケット，野球，ソフトボール，アイスホッケー，フィールドホッケー，格闘技，テニス，バドミントン，スカッシュ，ボート，カヌー，カヤック，水泳，投てき競技，バレーボール，レスリング

効果的なスポーツ傷害
テニス肘，ゴルフ肘，投球障害肘，手関節捻挫，手関節脱臼，手関節腱炎，手根管症候群，尺骨管症候群

よくある問題と正しいストレッチングの注意点
前腕，手首，手指は多数の小さな筋，腱，靱帯から構成されている．力のかけ方が強すぎたり，速すぎたりして，この部位をオーバーストレッチしないようにする．

追加するとよいストレッチ
026

8. 腹部のストレッチ

STRETCHES FOR THE STOMACH

028 肘立て位での腹部のストレッチ

029 手を突いて上体を反らす腹部のストレッチ

030 手を突いた状態で回旋させる腹部のストレッチ

031 身体を後屈させる腹部のストレッチ

028 肘立て位での腹部のストレッチ

ON ELBOWS STOMACH STRETCH

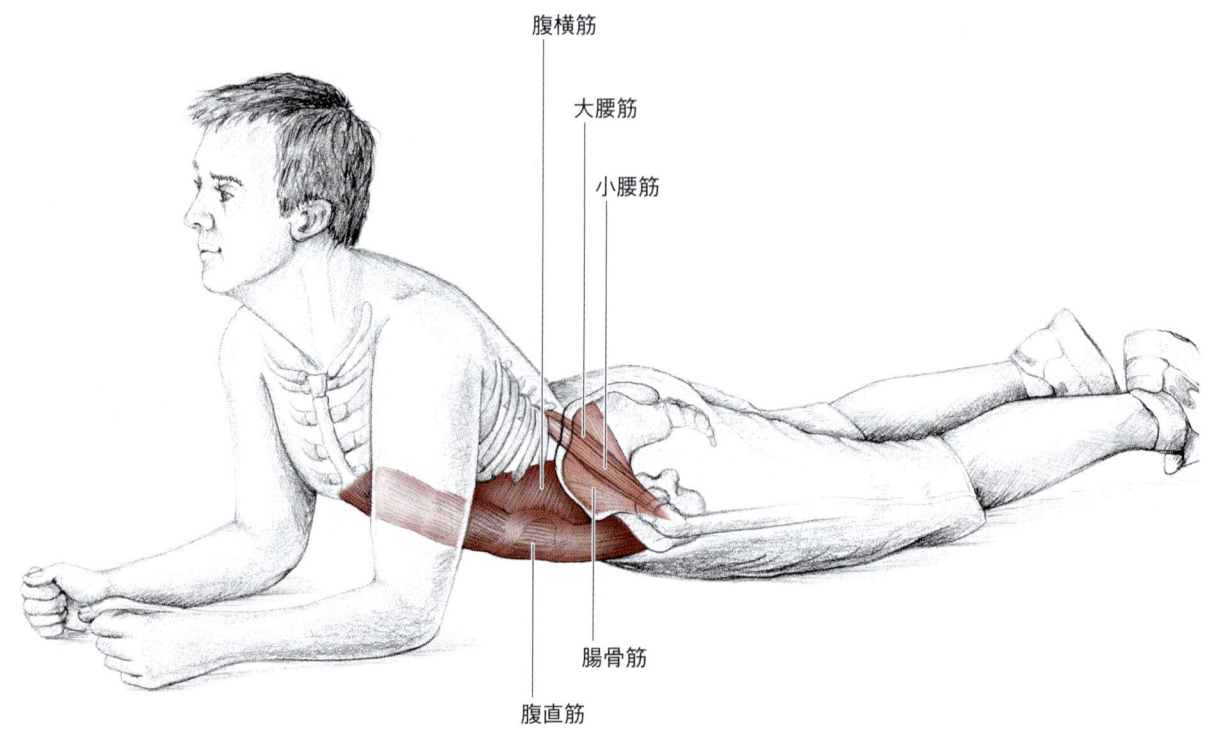

腹横筋

大腰筋

小腰筋

腸骨筋

腹直筋

方　法
　うつぶせになり，両手を両肩の近くに持ってくる．股関節を地面につけたまま，前方を向き，肘を突いて身体を起こす．

ストレッチされる筋
　主にストレッチされる筋：腹横筋，腹直筋
　次にストレッチされる筋：大腰筋，小腰筋，腸骨筋

効果的なスポーツ
　バスケットボール，ネットボール，クリケット，野球，ソフトボール，ボクシング，ゴルフ，ハイキング，バックパッキング，登山，オリエンテーリング，アイスホッケー，フィールドホッケー，アイススケート，ローラースケート，インラインスケート，格闘技，ボート，カヌー，カヤック，ランニング，トラック競技，クロスカントリー，アメリカンフットボール，サッカー，ラグビー，スキー，水上スキー，サーフィン，ウォーキング，競歩，レスリング

効果的なスポーツ傷害
　腹筋挫傷

よくある問題と正しいストレッチングの注意点
　座りがちな生活を送っている人（会社員，運転手など）は，身体の前面の筋が極端に硬く柔軟性に欠けていることが多い．初めてこのストレッチを行う際は注意し，繰り返す場合は，間に十分な休息をとること．

追加するとよいストレッチ
　030

029 手を突いて上体を反らす腹部のストレッチ

RISING STOMACH STRETCH

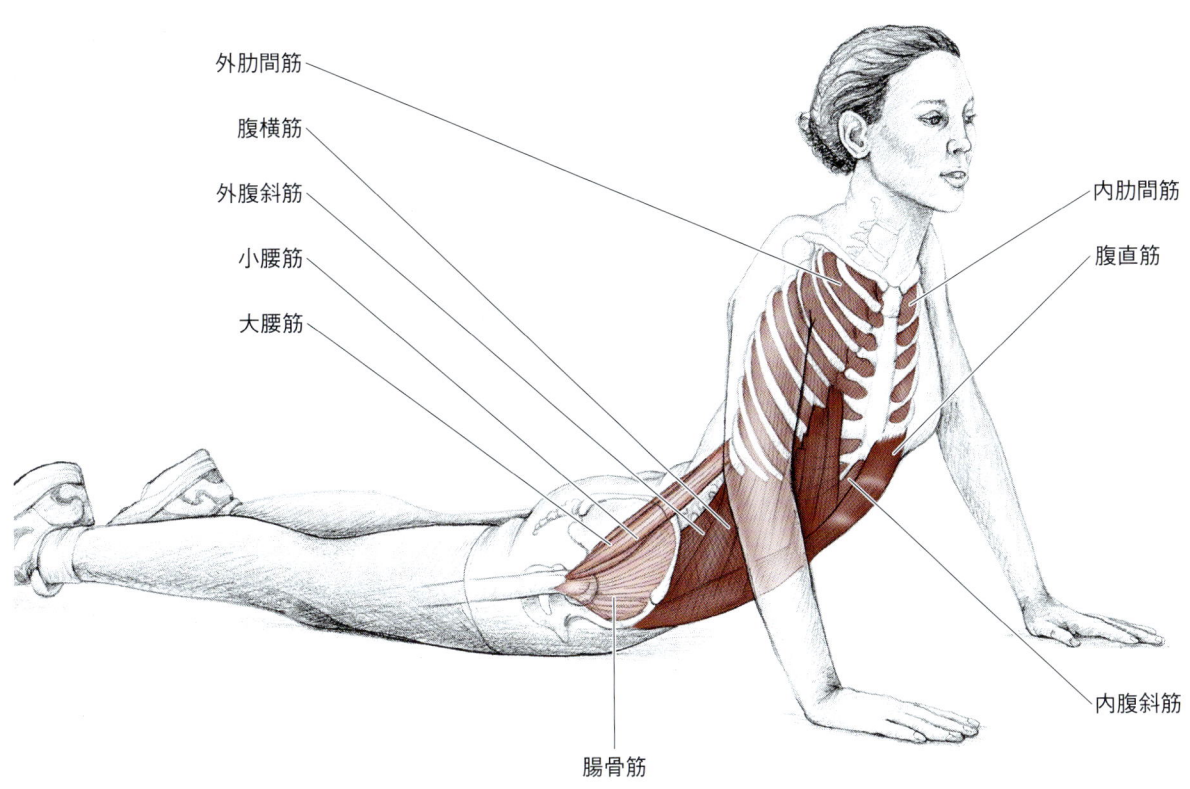

外肋間筋

腹横筋

外腹斜筋

小腰筋

大腰筋

内肋間筋

腹直筋

内腹斜筋

腸骨筋

方　法
うつぶせになり，両手を両肩の近くに持ってくる．股関節を地面につけたまま前方を向き，両腕を伸ばすことで身体を起こす．

ストレッチされる筋
主にストレッチされる筋：外肋間筋，内肋間筋，外腹斜筋，内腹斜筋，腹横筋，腹直筋
次にストレッチされる筋：大腰筋，小腰筋，腸骨筋

効果的なスポーツ
バスケットボール，ネットボール，クリケット，野球，ソフトボール，ボクシング，ゴルフ，ハイキング，バックパッキング，登山，オリエンテーリング，アイスホッケー，フィールドホッケー，アイススケート，ローラースケート，インラインスケート，格闘技，ボート，カヌー，カヤック，ランニング，トラック競技，クロスカントリー，アメリカンフットボール，サッカー，ラグビー，スキー，水上スキー，サーフィン，ウォーキング，競歩，レスリング

効果的なスポーツ傷害
腹筋挫傷，股関節屈筋挫傷，腸腰筋腱炎

よくある問題と正しいストレッチングの注意点
座りがちな生活を送っている人（会社員，運転手など）は，身体の前面の筋が極端に硬く柔軟性に欠けていることが多い．初めてこのストレッチを行う際は注意し，繰り返す場合は，間に十分な休息をとること．

追加するとよいストレッチ
030

030 手を突いた状態で回旋させる腹部のストレッチ

ROTATING STOMACH STRETCH

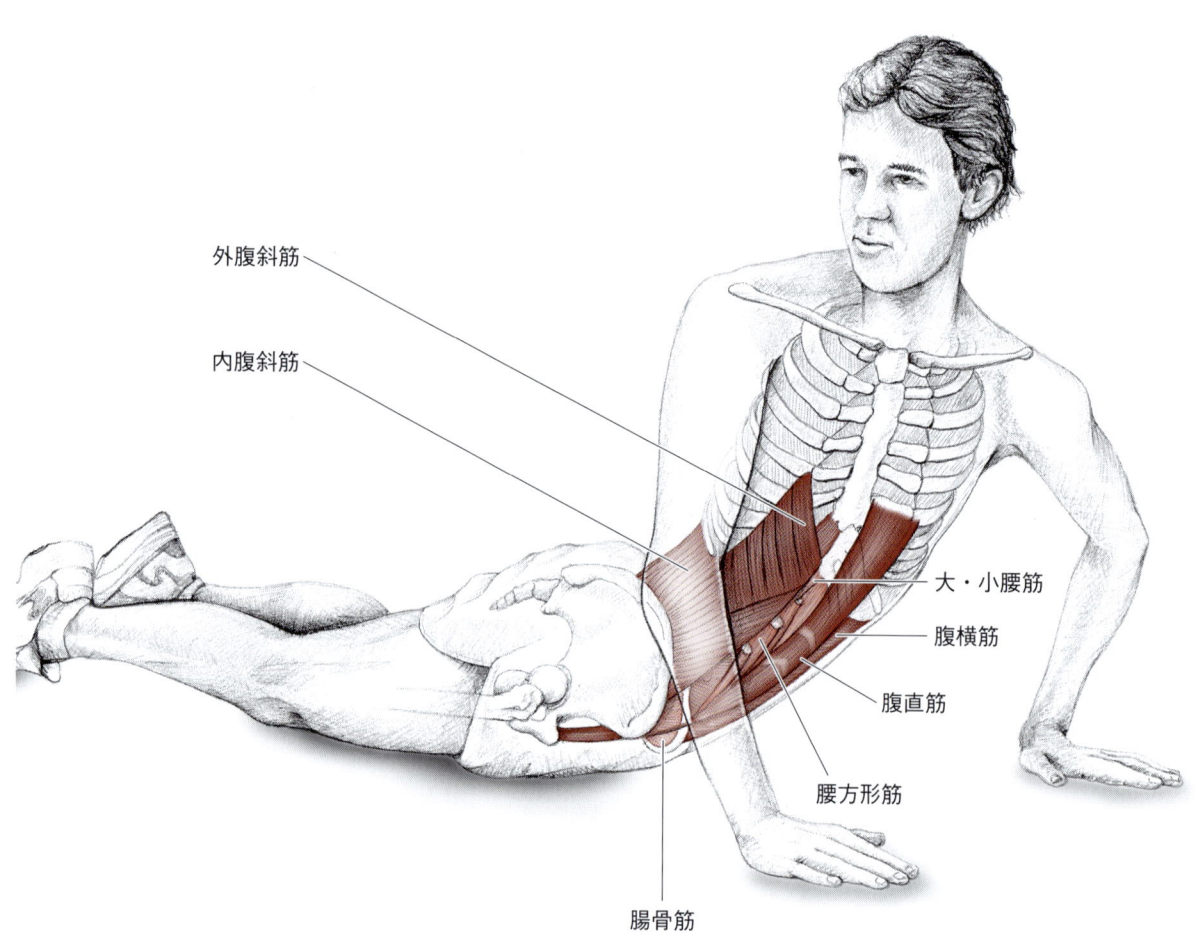

外腹斜筋

内腹斜筋

大・小腰筋

腹横筋

腹直筋

腰方形筋

腸骨筋

方　法

　うつぶせになり，両手を両肩に近づける．股関節を地面につけたまま前方を向き，両腕を伸ばして身体を起こす．次に一方の腕をゆっくり曲げ，同じ側の肩を地面に向かって回旋させる．

ストレッチされる筋

　主にストレッチされる筋：外腹斜筋，内腹斜筋，腹横筋，腹直筋
　次にストレッチされる筋：腰方形筋，大腰筋，小腰筋，腸骨筋

効果的なスポーツ

　バスケットボール，ネットボール，クリケット，野球，ソフトボール，ボクシング，ゴルフ，ハイキング，バックパッキング，登山，オリエンテーリング，アイスホッケー，フィールドホッケー，アイススケート，ローラースケート，インラインスケート，格闘技，ボート，カヌー，カヤック，ランニング，トラック競技，クロスカントリー，アメリカンフットボール，サッカー，ラグビー，スキー，水上スキー，サーフィン，ウォーキング，競歩，レスリング

効果的なスポーツ傷害

　腹筋挫傷，股関節屈筋挫傷，腸腰筋腱炎

よくある問題と正しいストレッチングの注意点

　座りがちな生活を送っている人（会社員，運転手など）は，身体の前面の筋が極端に硬く柔軟性に欠けていることが多い．初めてこのストレッチを行う際は注意し，繰り返す場合は，間に十分な休息をとること．

追加するとよいストレッチ

031

031 身体を後屈させる腹部のストレッチ

BACK BENDING STOMACH STRETCH

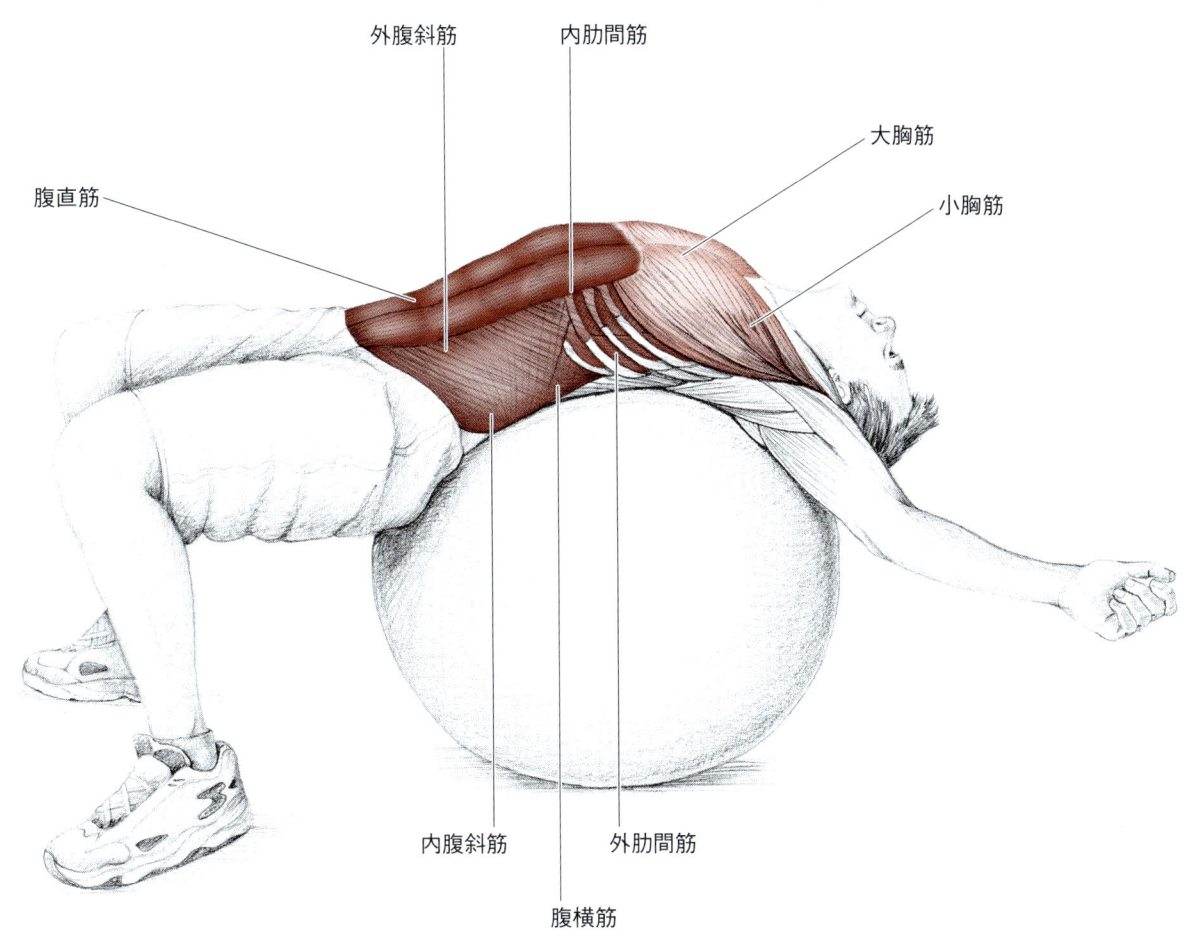

外腹斜筋

内肋間筋

大胸筋

小胸筋

腹直筋

内腹斜筋

外肋間筋

腹横筋

方　法

スイスボールに座り，後ろに寄りかかりながらボールを前方へゆっくりと転がす．背中と両肩の重みをボール上にあずけ，両腕は両側に垂らす．

ストレッチされる筋

主にストレッチされる筋：外肋間筋，内肋間筋，外腹斜筋，内腹斜筋，腹横筋，腹直筋

次にストレッチされる筋：大腰筋，小腰筋

効果的なスポーツ

バスケットボール，ネットボール，クリケット，野球，ソフトボール，ボクシング，ゴルフ，ハイキング，バックパッキング，登山，オリエンテーリング，アイスホッケー，フィールドホッケー，アイススケート，ローラースケート，インラインスケート，格闘技，ボート，カヌー，カヤック，ランニング，トラック競技，クロスカントリー，アメリカンフットボール，サッカー，ラグビー，スキー，水上スキー，サーフィン，ウォーキング，競歩，レスリング

効果的なスポーツ傷害

腹筋挫傷，胸部挫傷，胸筋付着部の炎症

よくある問題と正しいストレッチングの注意点

座りがちな生活を送っている人（会社員，運転手など）は，身体の前面の筋が極端に硬く柔軟性に欠けていることが多い．初めてこのストレッチを行う際は注意し，繰り返す場合は，間に十分な休息をとること．

追加するとよいストレッチ

029

9. 背部と側部のストレッチ（上部，中部，下部）

STRETCHES FOR THE BACK AND SIDES
(UPPER, MIDDLE, AND LOWER)

032 両腕を前に伸ばす上背部のストレッチ

033 仰向けでの全身のストレッチ

034 上方へ伸ばした両腕を交差させる背中のストレッチ

035 座位で上体を屈める背中のストレッチ

036 座位で手を側方へ伸ばすストレッチ

037 立位で片膝を胸に引きつけるストレッチ

038 仰向けで片膝を胸に引きつけるストレッチ

039 仰向けで両膝を胸に引きつけるストレッチ

040 正座位で両手を前方に伸ばすストレッチ

041 四つ這いで背中を弓なりにするストレッチ

042 四つ這いで背中を回旋させるストレッチ

043 立位で背中を回旋させるストレッチ

044 立位で手を上方へ伸ばし，背中を回旋させるストレッチ

045 仰向けで両脚を交差させるストレッチ

046 仰向けで両膝を倒すストレッチ

047 座位で片膝を立て，回旋させるストレッチ

048 四つ這いで片手を後ろへ伸ばすストレッチ

049 立位での側方へのストレッチ

050 座位での側方へのストレッチ

032 両腕を前に伸ばす上背部のストレッチ

REACHING UPPER BACK STRETCH

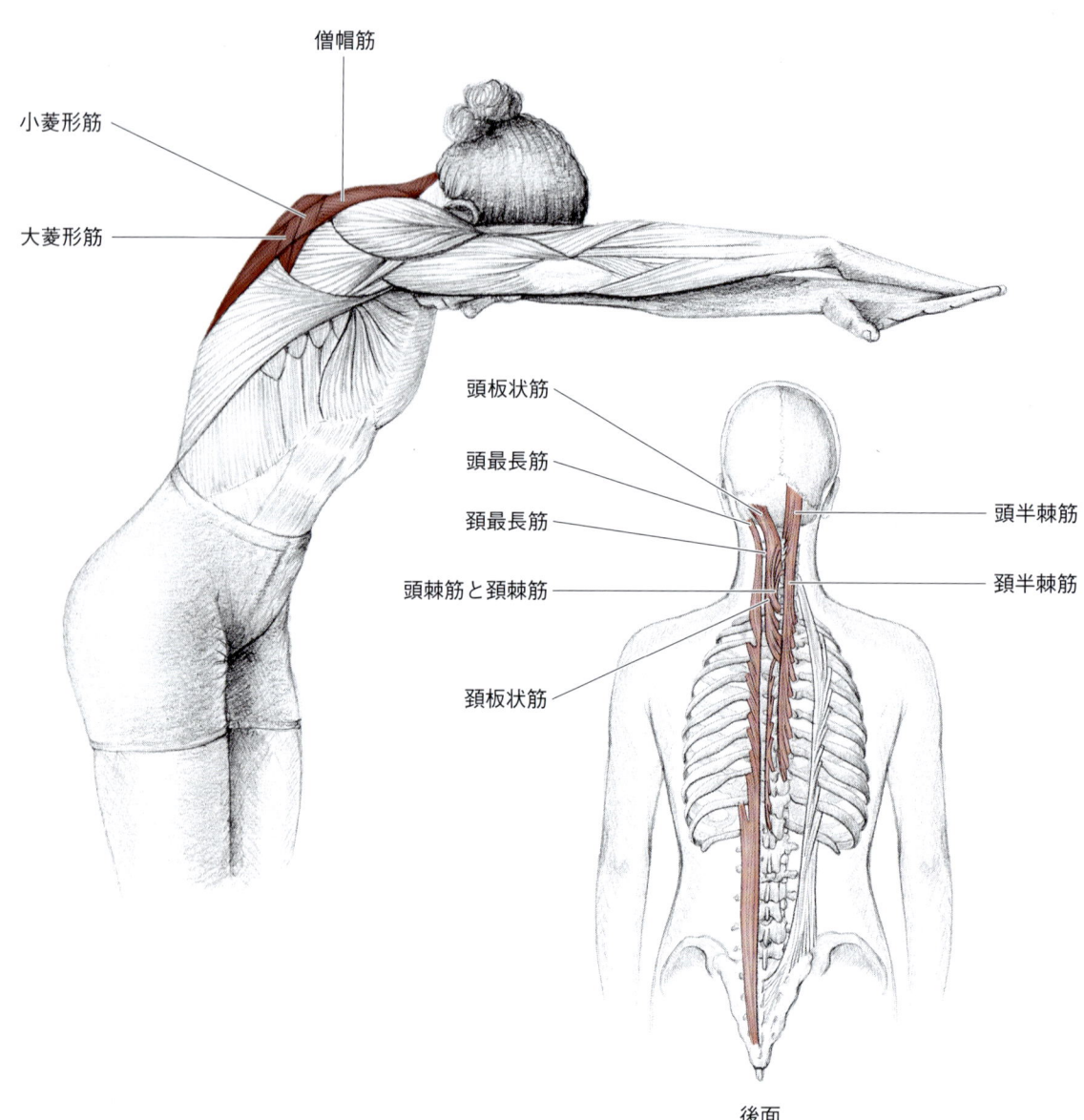

僧帽筋

小菱形筋

大菱形筋

頭板状筋

頭最長筋

頸最長筋

頭棘筋と頸棘筋

頸板状筋

頭半棘筋

頸半棘筋

後面

方 法

立位で両腕を前方へ伸ばし，交差させる．両手をできるだけ前方へ押し出し，頭は前方へ倒す．

ストレッチされる筋

主にストレッチされる筋：僧帽筋，菱形筋

次にストレッチされる筋：頭半棘筋，頸半棘筋，頭棘筋，頸棘筋，頭最長筋，頸最長筋，頭板状筋，頸板状筋

効果的なスポーツ

アーチェリー，ボクシング，サイクリング，ゴルフ，テニス，バトミントン，スカッシュ，ボート，カヌー，カヤック，スキー，水上スキー，水泳

効果的なスポーツ傷害

頸部の筋挫傷，むち打ち（頸部捻挫），頸神経伸張症候群，斜頸（急性期），上背部の筋挫傷，上背部の靱帯損傷

正しいストレッチングの注意点

両手を前方へ伸ばすことと，左右の肩甲骨を離すことを意識する．

追加するとよいストレッチ

035

64

033 仰向けでの全身のストレッチ

LYING WHOLE BODY STRETCH

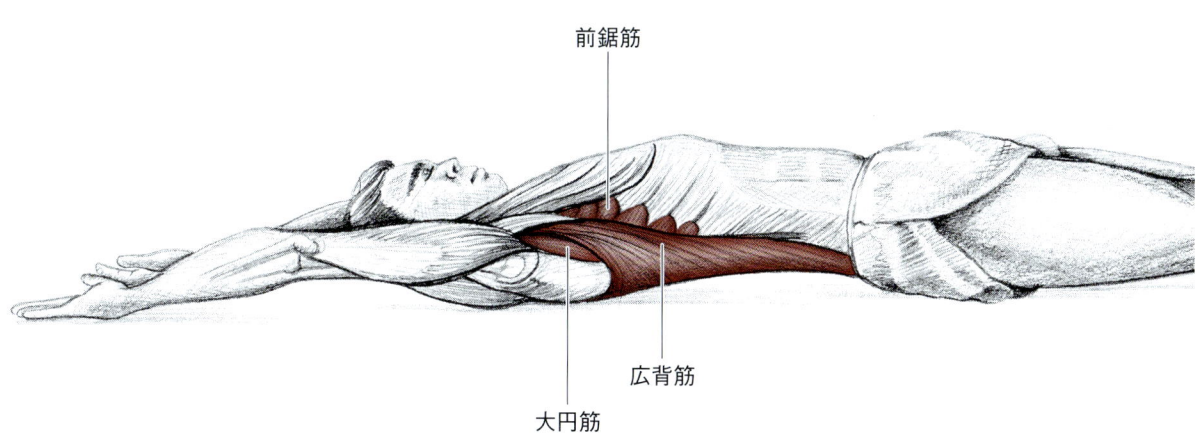

前鋸筋

広背筋

大円筋

方 法

仰向けになり，両腕を上へ伸ばす．つま先を上げ，身体をできるだけ伸ばす．

ストレッチされる筋

主にストレッチされる筋：前鋸筋，広背筋
次にストレッチされる筋：大円筋

効果的なスポーツ

バスケットボール，ネットボール，水泳，バレーボール

効果的なスポーツ傷害

背部の筋挫傷，背部の靱帯損傷

正しいストレッチングの注意点

つま先ではなく，踵で押すことで両脚を伸ばすように意識する．

追加するとよいストレッチ

034

034 上方へ伸ばした両腕を交差させる背中のストレッチ

REACH-UP BACK STRETCH

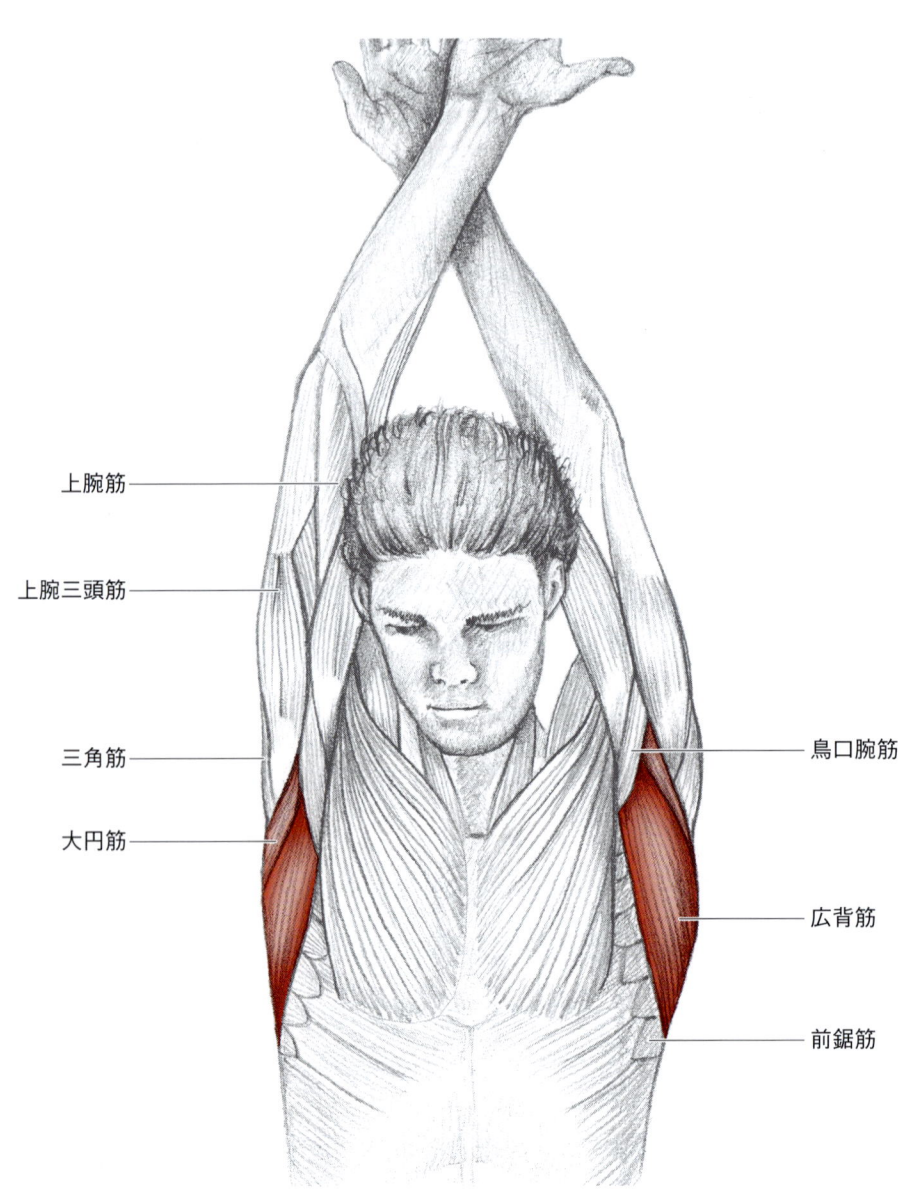

上腕筋

上腕三頭筋

三角筋

大円筋

鳥口腕筋

広背筋

前鋸筋

方　法

立位で両腕を交差させて，頭上に上げる．手をできるだけ上へ伸ばす.

ストレッチされる筋

主にストレッチされる筋：広背筋
次にストレッチされる筋：大円筋

効果的なスポーツ

バスケットボール，ネットボール，水泳，バレーボール

効果的なスポーツ傷害

頚部の筋挫傷，むち打ち（頚部捻挫），頚神経伸張症候群，斜頚（急性期），上背部の筋挫傷，上背部の靱帯損傷

正しいストレッチングの注意点

頭部に触らずに両腕をまっすぐ上へ伸ばせるよう，頭部は前方へ落とす.

追加するとよいストレッチ

033

035 座位で上体を屈める背中のストレッチ
SITTING BENT-OVER BACK STRETCH

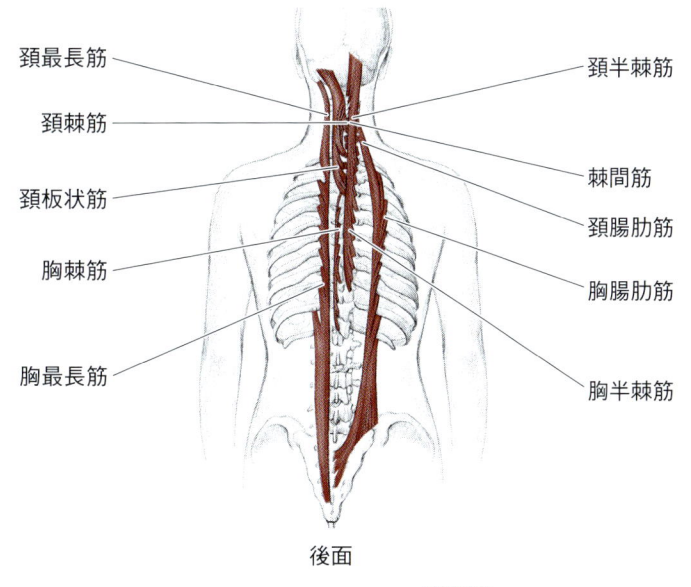

頚最長筋　　頚半棘筋
頚棘筋　　棘間筋
頚板状筋　　頚腸肋筋
胸棘筋　　胸腸肋筋
胸最長筋　　胸半棘筋

後面

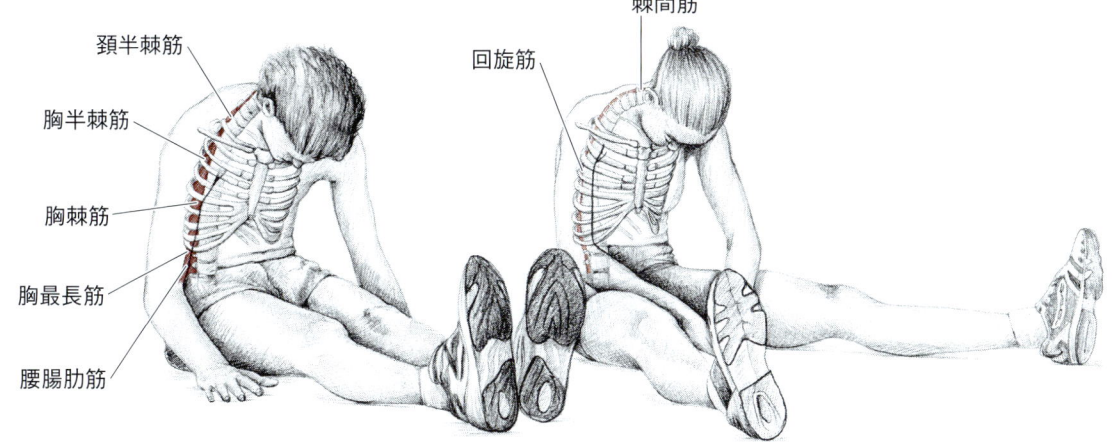

棘間筋
頚半棘筋　　回旋筋
胸半棘筋
胸棘筋
胸最長筋
腰腸肋筋

方　法
　座位になり，両脚は前方へ伸ばすか，45°に広げる．つま先を上に向けたままにし，両腕は身体の横か大腿の上に置く．背部と頚部をリラックスさせ，頭部と胸部を前方へ倒す．

ストレッチされる筋
　主にストレッチされる筋：頚半棘筋，胸半棘筋，頚棘筋，胸棘筋，頚最長筋，胸最長筋，頚板状筋，頚腸肋筋，胸腸肋筋
　次にストレッチされる筋：棘間筋，回旋筋

効果的なスポーツ
　クリケット，野球，ソフトボール，アメリカンフットボール，ラグビー，サイクリング，ゴルフ，ハイキング，バックパッキング，登山，オリエンテーリング，アイスホッケー，フィールドホッケー，テニス，バトミントン，スカッシュ，ボート，カヌー，カヤック，水泳

効果的なスポーツ傷害
　頚部の筋挫傷，むち打ち（頚部捻挫），頚神経伸張症候群，斜頚（急性期），背部の筋挫傷，背部の靭帯損傷

よくある問題と正しいストレッチングの注意点
　このストレッチでは，最も硬い部位で最初に張りが感じられる．頚部と上背部に最も緊張を感じる人もいれば，腰部とハムストリングスに最も緊張を感じる人もいる．このストレッチを行うことで，どの部分の柔軟性を高めるべきかがよくわかる．

追加するとよいストレッチ
　032

036 座位で手を側方へ伸ばすストレッチ

SITTING SIDE REACH STRETCH

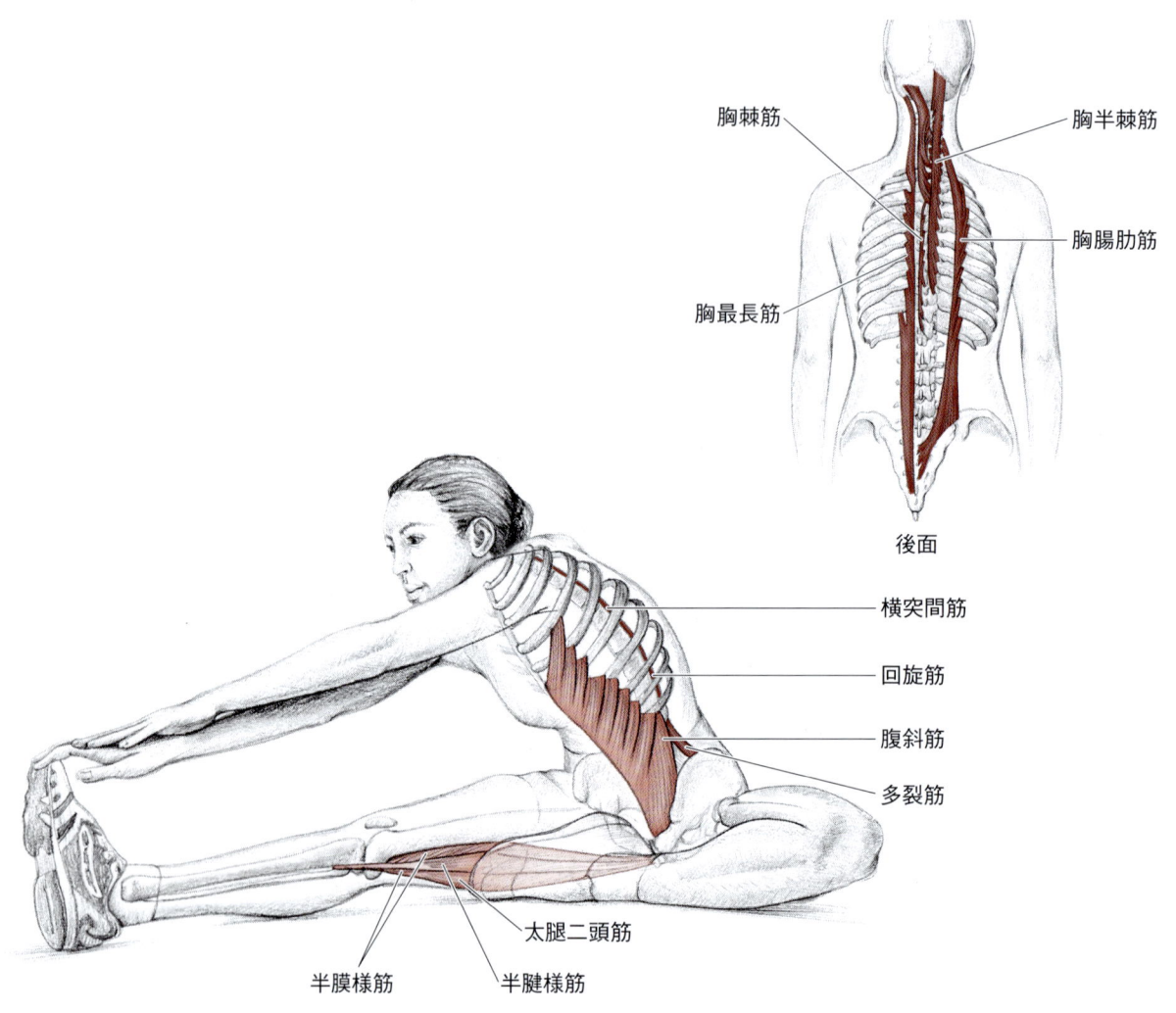

胸棘筋

胸半棘筋

胸腸肋筋

胸最長筋

後面

横突間筋

回旋筋

腹斜筋

多裂筋

太腿二頭筋

半膜様筋

半腱様筋

方　法

　座位になり，一方の脚を側方へ伸ばし，つま先を上へ向ける．次に他方の足をその脚の膝近くに持ってきて，頭部を前方へ倒す．つま先の裏側に向かって両手を伸ばす．

ストレッチされる筋

　主にストレッチされる筋：胸半棘筋，胸棘筋，胸最長筋，胸腸肋筋，腰腸肋筋，横突間筋，回旋筋，多裂筋

　次にストレッチされる筋：腹斜筋，半膜様筋，半腱様筋，大腿二頭筋

効果的なスポーツ

　クリケット，野球，ソフトボール，ボクシング，アメリカンフットボール，ラグビー，サイクリング，ゴルフ，ハイキング，バックパッキング，登山，オ

リエンテーリング，アイスホッケー，フィールドホッケー，テニス，バトミントン，スカッシュ，ボート，カヌー，カヤック，水泳，ランニング，ウォーキング，競歩

効果的なスポーツ傷害

　頚部の筋挫傷，むち打ち（頚部捻挫），頚神経伸張症候群，斜頚（急性期），背部の筋挫傷，背部の靱帯損傷

正しいストレッチングの注意点

　つま先に触れられるかどうかは重要でない．つま先の裏側へ向けて手を伸ばすだけで十分である．

追加するとよいストレッチ

　049

037 立位で片膝を胸に引きつける ストレッチ

STANDING KNEE-TO-CHEST STRETCH

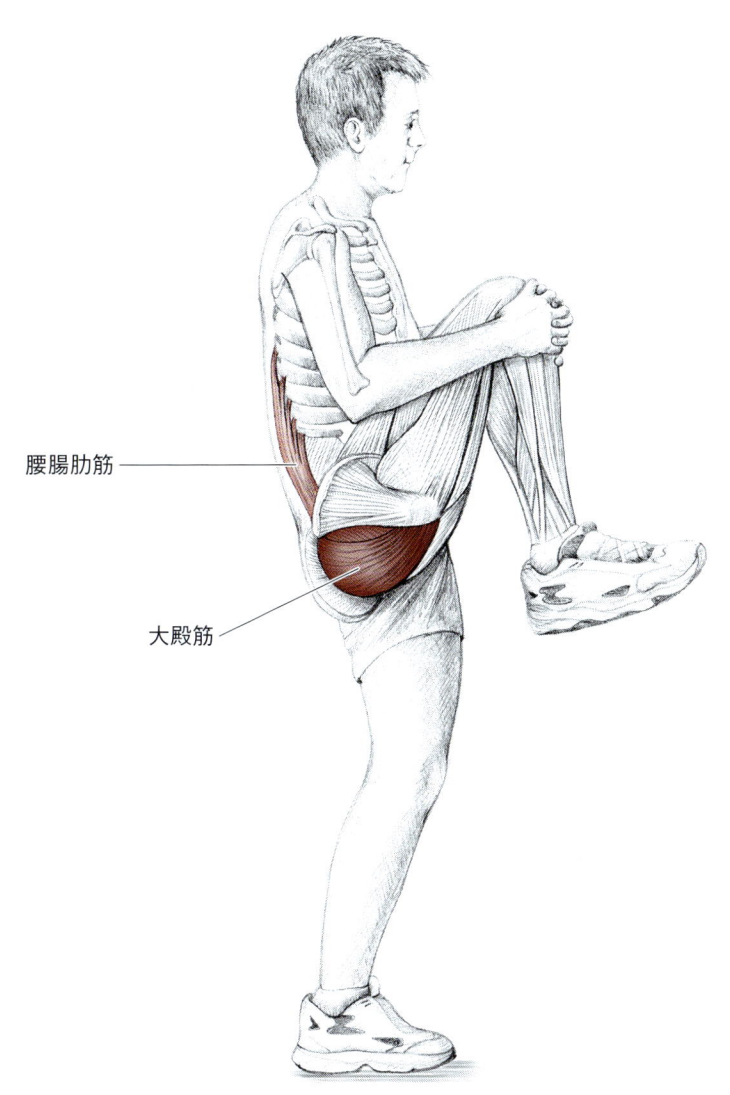

腰腸肋筋

大殿筋

方 法
立位のまま，両手で片膝を胸に引きつける.

ストレッチされる筋
主にストレッチされる筋：大殿筋
次にストレッチされる筋：腰腸肋筋

効果的なスポーツ
バスケットボール，ネットボール，サイクリング，ハイキング，バックパッキング，登山，オリエンテーリング，アイスホッケー，フィールドホッケー，アイススケート，ローラースケート，インラインスケート，格闘技，ランニング，トラック競技，クロスカントリー，アメリカンフットボール，サッカー，ラグビー，スキー，水上スキー，サーフィン，ウォーキング，競歩

効果的なスポーツ傷害
腰部の筋挫傷，腰部の靱帯損傷，ハムストリングス挫傷

正しいストレッチングの注意点
このストレッチを行う時は，確実に安定したバランスをとるか，転ばないように何かに寄りかかること.

追加するとよいストレッチ
038

038 仰向けで片膝を胸に引きつけるストレッチ

LYING KNEE-TO-CHEST STRETCH

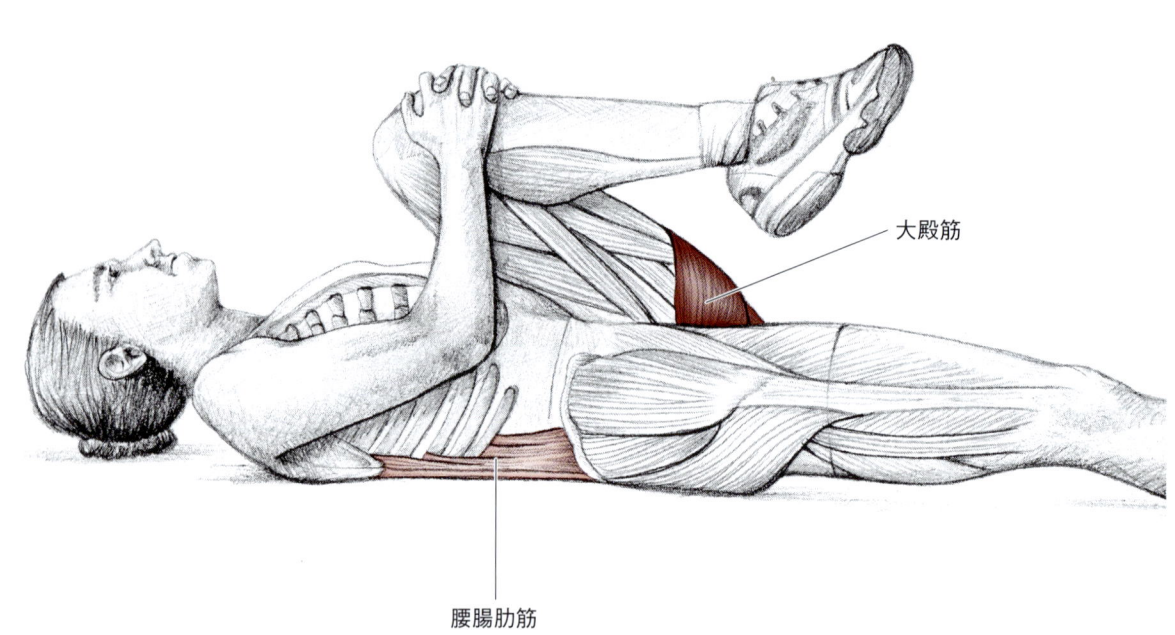

大殿筋

腰腸肋筋

方 法
　仰向けになり，一方の脚は地面につけたままにする．両手で，他方の膝を胸に引きつける．

ストレッチされる筋
　主にストレッチされる筋：大殿筋
　次にストレッチされる筋：腰腸肋筋

効果的なスポーツ
　バスケットボール，ネットボール，サイクリング，ハイキング，バックパッキング，登山，オリエンテーリング，アイスホッケー，フィールドホッケー，アイススケート，ローラースケート，インラインスケート，格闘技，ランニング，トラック競技，クロ

スカントリー，アメリカンフットボール，サッカー，ラグビー，スキー，水上スキー，サーフィン，ウォーキング，競歩

効果的なスポーツ傷害
　腰部の筋挫傷，腰部の靱帯損傷，ハムストリングス挫傷

正しいストレッチングの注意点
　背中，頭部，頸部は地面につけ，頭が地面から離れないようにする．

追加するとよいストレッチ
　039

039 仰向けで両膝を胸に引きつける ストレッチ

LYING DOUBLE KNEE-TO-CHEST STRETCH

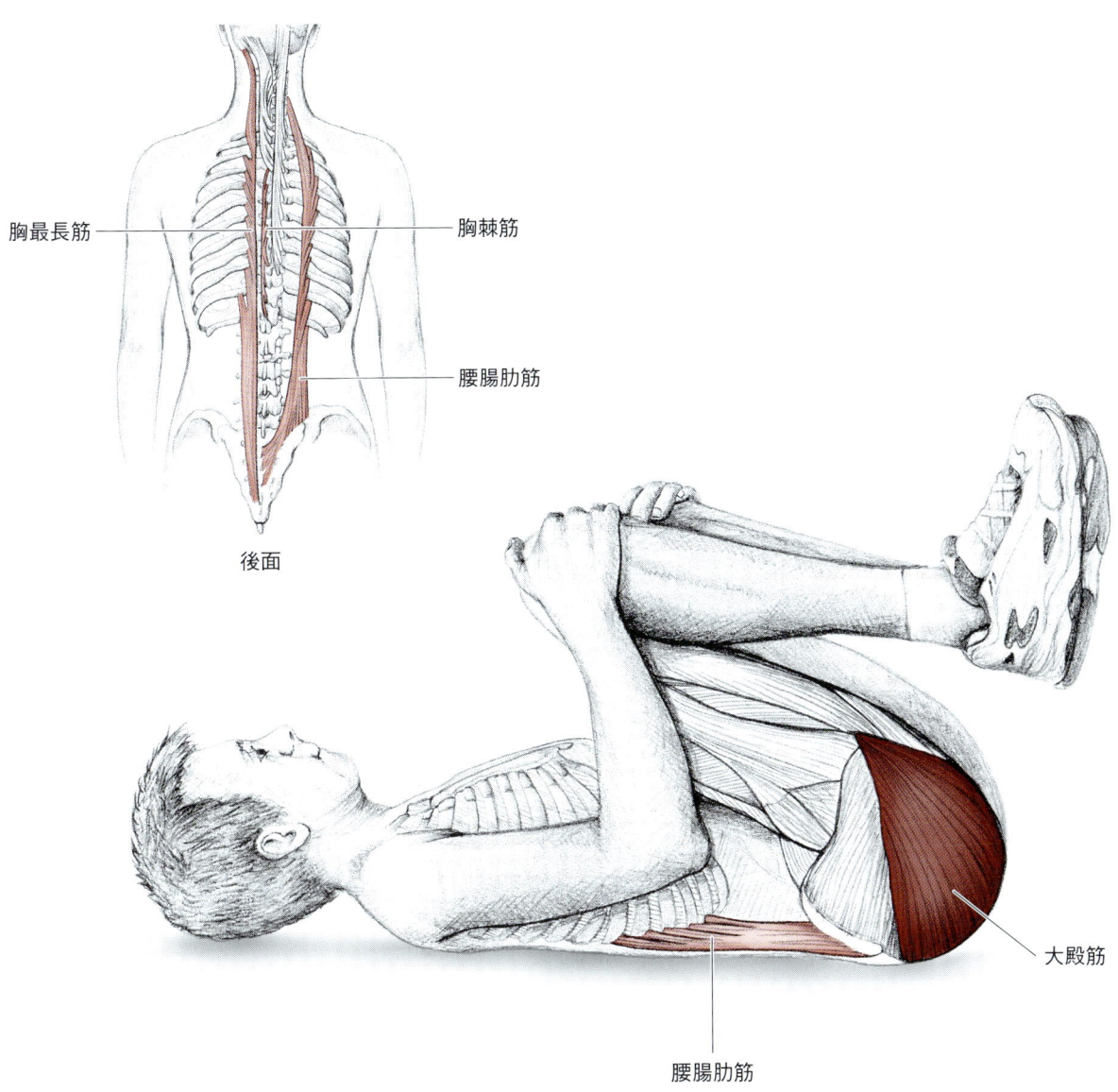

胸最長筋

胸棘筋

腰腸肋筋

後面

大殿筋

腰腸肋筋

方 法
仰向けになり，両手で両膝を胸に引きつける．

ストレッチされる筋
主にストレッチされる筋：大殿筋
次にストレッチされる筋：腰腸肋筋，胸棘筋，胸最長筋

効果的なスポーツ
バスケットボール，ネットボール，サイクリング，ハイキング，バックパッキング，登山，オリエンテーリング，アイスホッケー，フィールドホッケー，アイススケート，ローラースケート，インラインスケート，格闘技，ランニング，トラック競技，クロスカントリー，アメリカンフットボール，サッカー，ラグビー，スキー，水上スキー，サーフィン，競歩

効果的なスポーツ傷害
腰部の筋挫傷，腰部の靱帯損傷，ハムストリングス挫傷

正しいストレッチングの注意点
背中，頭部，頚部は地面につけ，頭が地面から離れないようにする．

追加するとよいストレッチ
037

71

040 正座位で両手を前方に伸ばす ストレッチ

KNEELING REACH FORWARD STRETCH

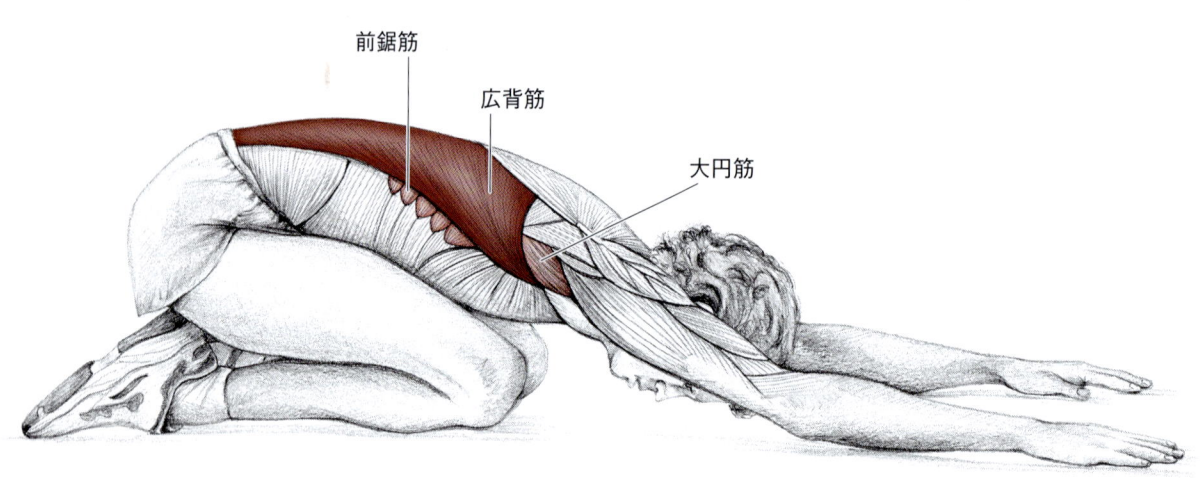

前鋸筋

広背筋

大円筋

方 法

　地面にひざまずき，両手を前方へ伸ばす．頭部は前に落とし，殿部を両足へ押しつける．

ストレッチされる筋

　主にストレッチされる筋：広背筋
　次にストレッチされる筋：大円筋，前鋸筋

効果的なスポーツ

　バスケットボール，ネットボール，水泳，バレーボール

効果的なスポーツ傷害

　腰部の筋挫傷，腰部の靱帯損傷

正しいストレッチングの注意点

　手と手指を使って両腕を前へ動かし，さらに伸長させる．その際，殿部が両足から持ち上がらないようにする．

追加するとよいストレッチ

　033

041 四つ這いで背中を弓なりにする ストレッチ

KNEELING BACK ARCH STRETCH

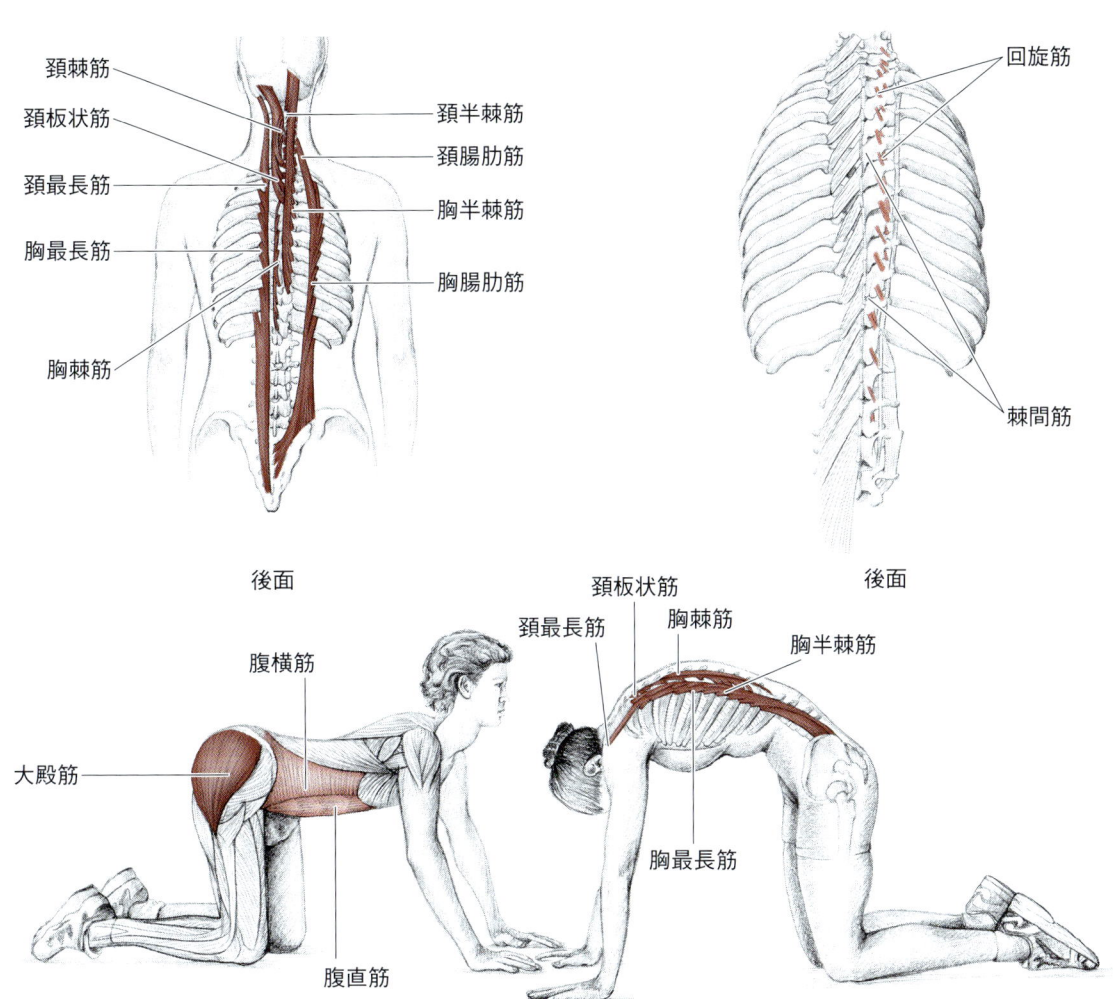

頚棘筋
頚板状筋
頚最長筋
胸最長筋
胸棘筋

頚半棘筋
頚腸肋筋
胸半棘筋
胸腸肋筋

回旋筋
棘間筋

後面

後面

腹横筋
大殿筋
腹直筋

頚板状筋
頚最長筋
胸棘筋
胸半棘筋
胸最長筋

方　法
　四つ這いになる．前を向き，背部を下方に落とす．次に頭部を前方へ下げ，背中を上方へ弓なりにする．

ストレッチされる筋
背部を反らせた時
　主にストレッチされる筋：大殿筋
　次にストレッチされる筋：腹横筋，腹直筋
背部を弓なりにした時
　主にストレッチされる筋：頚半棘筋，胸半棘筋，頚棘筋，胸棘筋，頚最長筋，胸最長筋，頚板状筋，頚腸肋筋，胸腸肋筋
　次にストレッチされる筋：棘間筋，回旋筋

効果的なスポーツ
　クリケット，野球，ソフトボール，サイクリング，ゴルフ，ハイキング，バックパッキング，登山，オ

リエンテーリング，アイスホッケー，フィールドホッケー，テニス，バトミントン，スカッシュ，ボート，カヌー，カヤック，水泳，ランニング，トラック競技，クロスカントリー，アメリカンフットボール，サッカー，ラグビー，ウォーキング，競歩

効果的なスポーツ傷害
　頚部の筋挫傷，むち打ち（頚部捻挫），頚神経伸張症候群，斜頚（急性期），背部の筋挫傷，背部の靱帯損傷

正しいストレッチングの注意点
　このストレッチはゆっくりと慎重に行い，両膝と両手で均等に体重を支える．

追加するとよいストレッチ
　035，031

042 四つ這いで背中を回旋させるストレッチ

KNEELING BACK ROTATION STRETCH

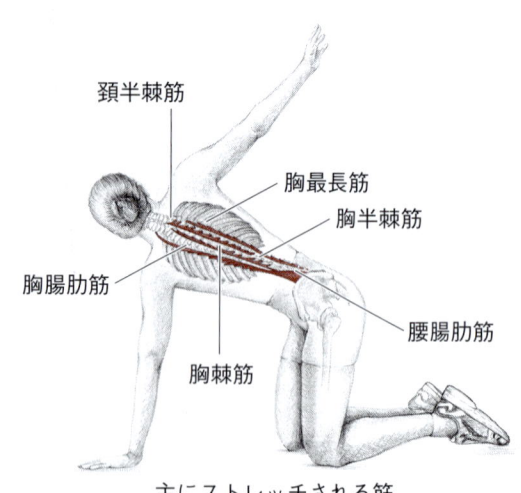

頚半棘筋
胸最長筋
胸半棘筋
胸腸肋筋
腰腸肋筋
胸棘筋

主にストレッチされる筋

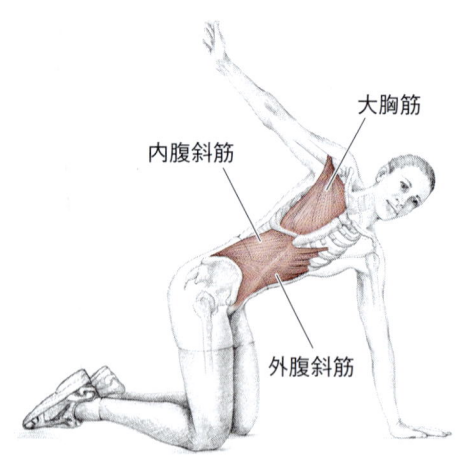

大胸筋
内腹斜筋
外腹斜筋

次にストレッチされる筋

後頚部横突間筋
棘間筋
回旋筋
胸部横突間筋
多裂筋
腰部内側横突間筋
腰部外側横突間筋

後面

方　法

　四つ這いになって，一方の腕を上げる．次に上を見上げながら，両肩と背中の中ほどを回旋させる．

ストレッチされる筋

　主にストレッチされる筋：胸半棘筋，胸棘筋，胸最長筋，胸腸肋筋，腰腸肋筋，多裂筋，回旋筋，横突間筋，棘間筋

　次にストレッチされる筋：外腹斜筋，内腹斜筋，大胸筋

効果的なスポーツ

　アーチェリー，バスケットボール，ネットボール，クリケット，野球，ソフトボール，ボクシング，サイクリング，ゴルフ，ハイキング，バックパッキング，登山，オリエンテーリング，アイスホッケー，フィールドホッケー，アイススケート，ローラースケート，インラインスケート，格闘技，テニス，バ

トミントン，スカッシュ，ボート，カヌー，カヤック，ランニング，トラック競技，クロスカントリー，アメリカンフットボール，サッカー，ラグビー，スキー，水上スキー，サーフィン，水泳，陸上競技，ウォーキング，競歩，レスリング

効果的なスポーツ傷害

　背部の筋挫傷，背部の靱帯損傷，腹筋挫傷（腹斜筋）

正しいストレッチングの注意点

　腕を真上に向けた状態を保ち，視線でその手を追うようにする．こうすることで，頚部をさらに伸長させるのに役立つ．

追加するとよいストレッチ

　043

043 立位で背中を回旋させるストレッチ
STANDING BACK ROTATION STRETCH

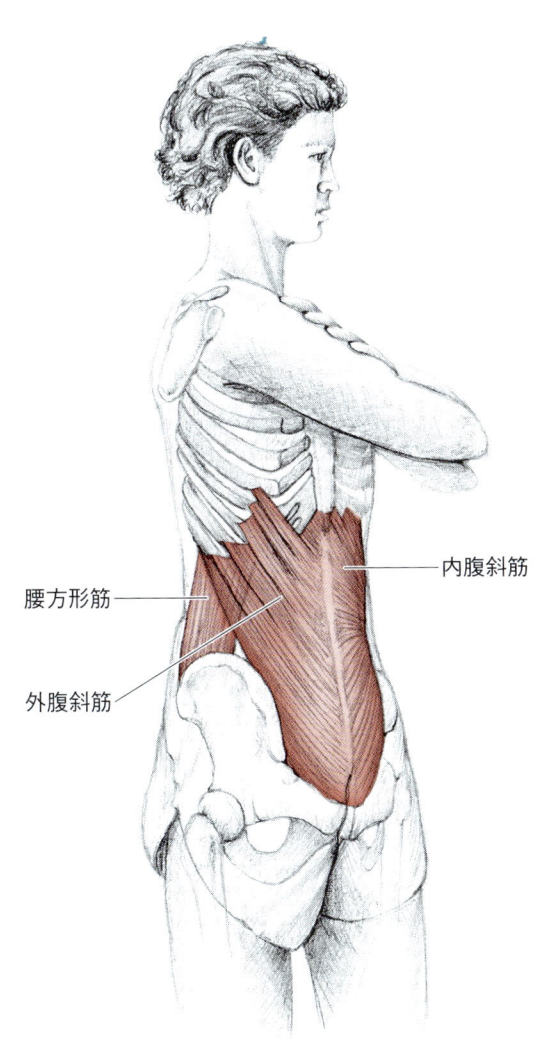

腰方形筋

内腹斜筋

外腹斜筋

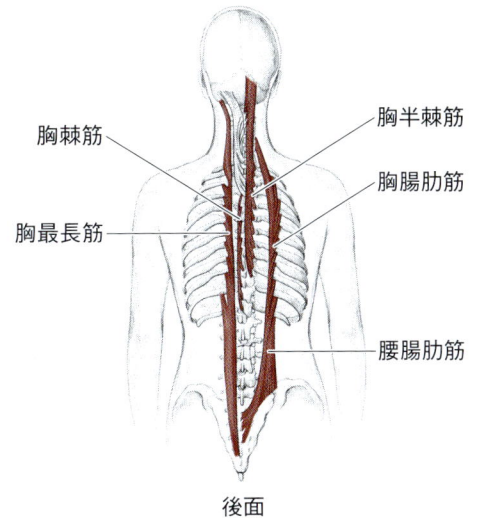

胸棘筋

胸最長筋

胸半棘筋

胸腸肋筋

腰腸肋筋

後面

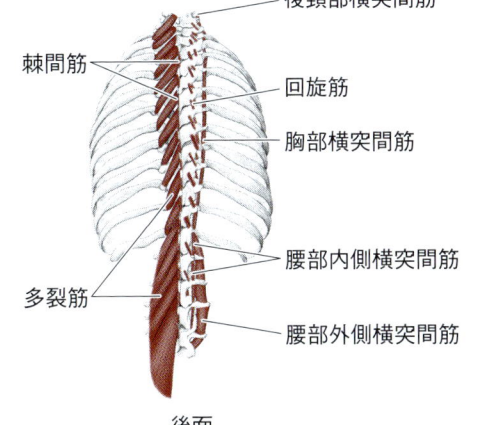

後頚部横突間筋

棘間筋

回旋筋

胸部横突間筋

腰部内側横突間筋

多裂筋

腰部外側横突間筋

後面

（縦書き右側）背中と側部のストレッチ（上部、中部、下部）

9

方 法
　両足を肩幅に広げて立つ．背中と両肩を垂直に保ち，両手を胸の前で交差させる．両肩を片側へゆっくりと回旋させる．

ストレッチされる筋
　主にストレッチされる筋：胸半棘筋，胸棘筋，胸最長筋，胸腸肋筋，腰腸肋筋，多裂筋，回旋筋，横突間筋，棘間筋
　次にストレッチされる筋：腰方形筋，外腹斜筋，内腹斜筋

効果的なスポーツ
　アーチェリー，バスケットボール，ネットボール，クリケット，野球，ソフトボール，ボクシング，アメリカンフットボール，ラグビー，サイクリング，ゴルフ，ハイキング，バックパッキング，登山，オリエンテーリング，アイスホッケー，フィールド
ホッケー，アイススケート，ローラースケート，インラインスケート，格闘技，テニス，バトミントン，スカッシュ，ボート，カヌー，カヤック，水上スキー，サーフィン，水泳，ランニング，トラック競技，クロスカントリー，サッカー，スキー，陸上競技，ウォーキング，競歩，レスリング

効果的なスポーツ傷害
　背部の筋挫傷，背部の靱帯損傷，腹筋挫傷（腹斜筋）

正しいストレッチングの注意点
　ストレッチをさらに強める場合は，両手で体幹上部を引っ張ってさらに回す．

追加するとよいストレッチ
　045

044 立位で手を上方へ伸ばし，背中を回旋させるストレッチ

STANDING REACH-UP BACK ROTATION STRETCH

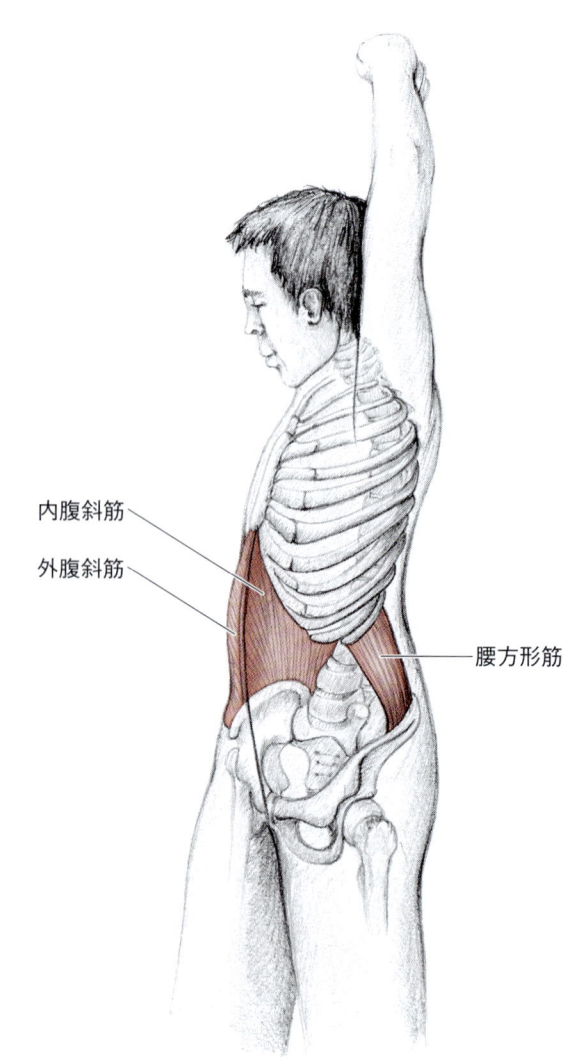

内腹斜筋
外腹斜筋
腰方形筋

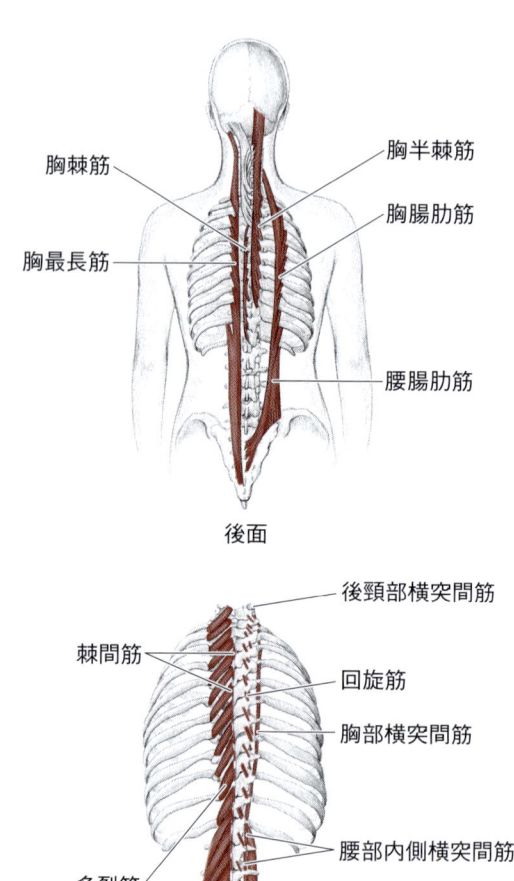

胸棘筋
胸最長筋
胸半棘筋
胸腸肋筋
腰腸肋筋

後面

棘間筋
多裂筋
後頸部横突間筋
回旋筋
胸部横突間筋
腰部内側横突間筋
腰部外側横突間筋

後面

方　法

両足を肩幅に広げて立つ．背中と両肩を垂直に保ったまま，両手を頭上に上げる．両肩を片側へゆっくりと回旋させる．

ストレッチされる筋

主にストレッチされる筋：胸半棘筋，胸棘筋，胸最長筋，胸腸肋筋，腰腸肋筋，多裂筋，回旋筋，横突間筋，棘間筋

次にストレッチされる筋：腰方形筋，内腹斜筋，外腹斜筋

効果的なスポーツ

アーチェリー，バスケットボール，ネットボール，クリケット，野球，ソフトボール，ボクシング，アメリカンフットボール，ラグビー，サイクリング，ゴルフ，ハイキング，バックパッキング，登山，オリエンテーリング，アイスホッケー，フィールド
ホッケー，アイススケート，ローラースケート，インラインスケート，格闘技，テニス，バトミントン，スカッシュ，ボート，カヌー，カヤック，ランニング，トラック競技，クロスカントリー，スキー，水上スキー，サーフィン，水泳，陸上競技，ウォーキング，競歩，レスリング

効果的なスポーツ傷害

背部の筋挫傷，背部の靱帯損傷，腹筋挫傷（腹斜筋）

よくある問題と正しいストレッチングの注意点

腹斜筋を強調する場合は，背中を少し反らす．腰痛がある場合はこのストレッチは行わないこと．

追加するとよいストレッチ

042

045 仰向けで両脚を交差させるストレッチ

LYING LEG CROSS-OVER STRETCH

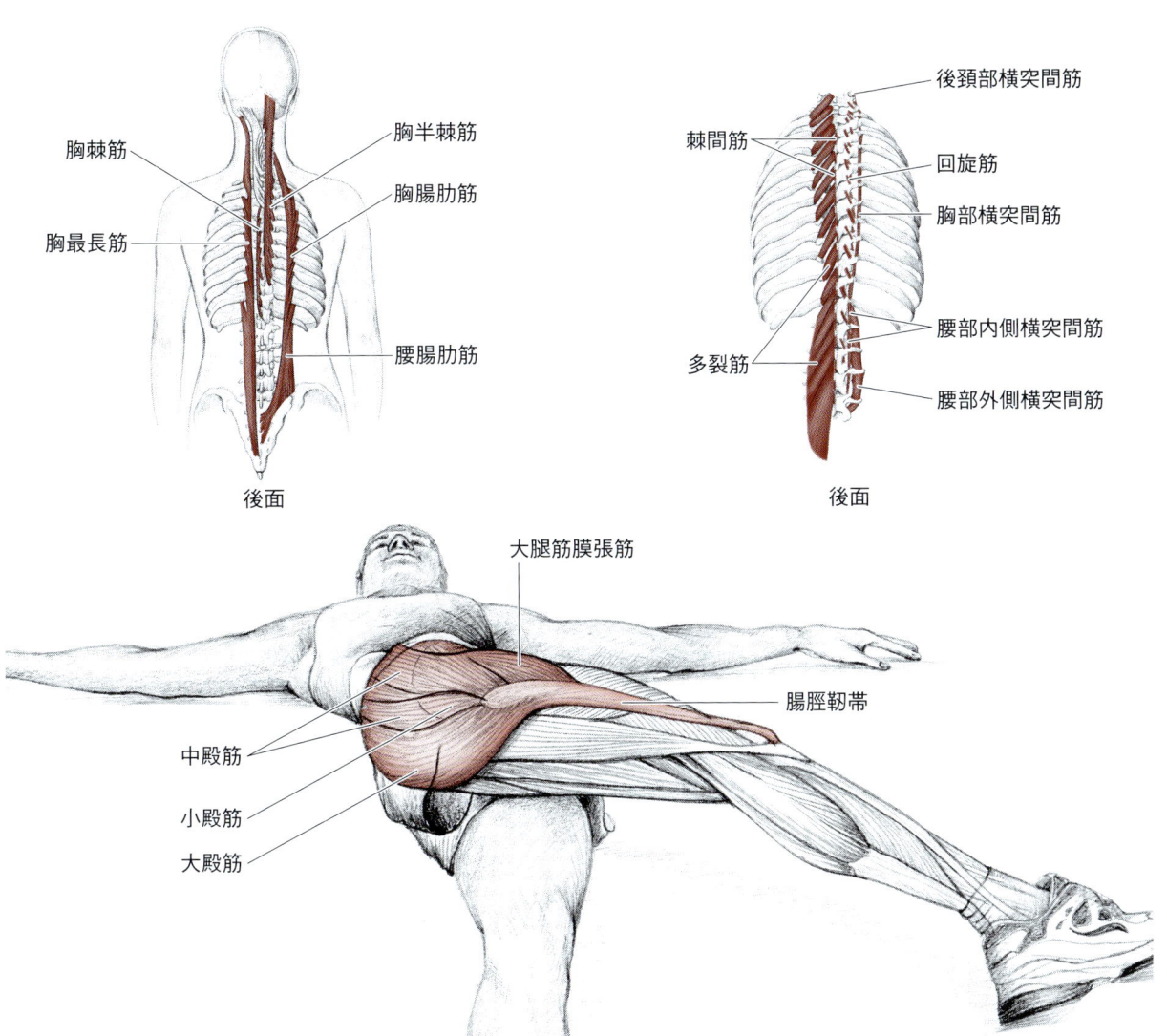

胸棘筋
胸半棘筋
胸最長筋
胸腸肋筋
腰腸肋筋
後面

後頚部横突間筋
棘間筋
回旋筋
胸部横突間筋
腰部内側横突間筋
多裂筋
腰部外側横突間筋
後面

大腿筋膜張筋
腸脛靭帯
中殿筋
小殿筋
大殿筋

方 法

仰向けになり，一方の脚を他方の脚の上で交差させる．両腕を外側へ広げ，両脚はまっすぐ伸ばした状態を保つ．上の脚で，背部と股関節を回旋させる．

ストレッチされる筋

主にストレッチされる筋：胸半棘筋，胸棘筋，胸最長筋，胸腸肋筋，腰腸肋筋，多裂筋，回旋筋，横突間筋，棘間筋

次にストレッチされる筋：大殿筋，中殿筋，小殿筋，大腿筋膜張筋

効果的なスポーツ

サイクリング，ハイキング，バックパッキング，登山，オリエンテーリング，アイスホッケー，フィールドホッケー，アイススケート，ローラースケート，インラインスケート，格闘技，ランニング，トラック競技，クロスカントリー，アメリカンフットボール，サッカー，ラグビー，スキー，水上スキー，サーフィン，ウォーキング，競歩，レスリング

効果的なスポーツ傷害

腰部の筋挫傷，腰部の靭帯損傷，腸脛靭帯炎

正しいストレッチングの注意点

ストレッチを行っている間は両肩を地面につけ，浮かないようにする．脚を勢いで側方へ放り投げず，脚の重みだけでほとんどのストレッチングが生じるようにする．

追加するとよいストレッチ

046

046 仰向けで両膝を倒すストレッチ

LYING KNEE ROLL-OVER STRETCH

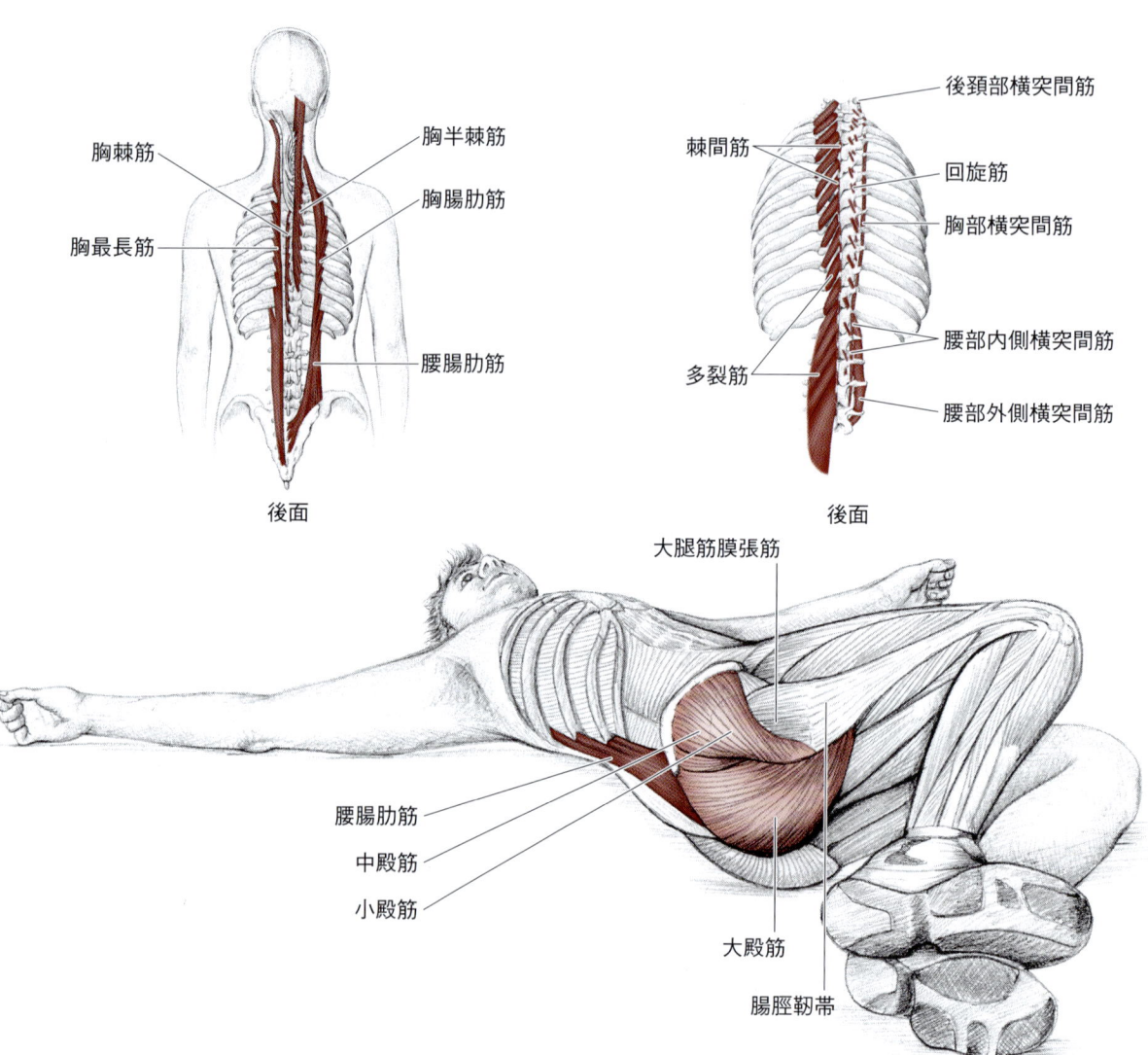

胸棘筋　胸半棘筋　胸腸肋筋　胸最長筋　腰腸肋筋　後面

棘間筋　後頚部横突間筋　回旋筋　胸部横突間筋　腰部内側横突間筋　腰部外側横突間筋　多裂筋　後面

大腿筋膜張筋　腰腸肋筋　中殿筋　小殿筋　大殿筋　腸脛靱帯

方　法

　仰向けになり，両膝を揃えて少し持ち上げる．両腕を外側に広げた状態で，両膝を使って背中と股関節を回旋させる．

ストレッチされる筋

　主にストレッチされる筋：胸半棘筋，胸棘筋，胸最長筋，胸腸肋筋，腰腸肋筋，多裂筋，回旋筋，横突間筋，棘間筋

　次にストレッチされる筋：大殿筋，中殿筋，小殿筋

効果的なスポーツ

　サイクリング，ハイキング，バックパッキング，登山，オリエンテーリング，アイスホッケー，フィールドホッケー，アイススケート，ローラース

ケート，インラインスケート，格闘技，ランニング，トラック競技，クロスカントリー，アメリカンフットボール，サッカー，ラグビー，スキー，水上スキー，サーフィン，ウォーキング，競歩，レスリング

効果的なスポーツ傷害

　腰部の筋挫傷，腰部の靱帯損傷，腸脛靱帯炎

正しいストレッチングの注意点

　ストレッチを行っている間は両肩を地面につけ，浮かないようにする．脚を勢いで側方へ放り投げず，脚の重みだけでほとんどのストレッチングが生じるようにする．

追加するとよいストレッチ

　043

047 座位で片膝を立て，回旋させるストレッチ

SITTING KNEE-UP ROTATION STRETCH

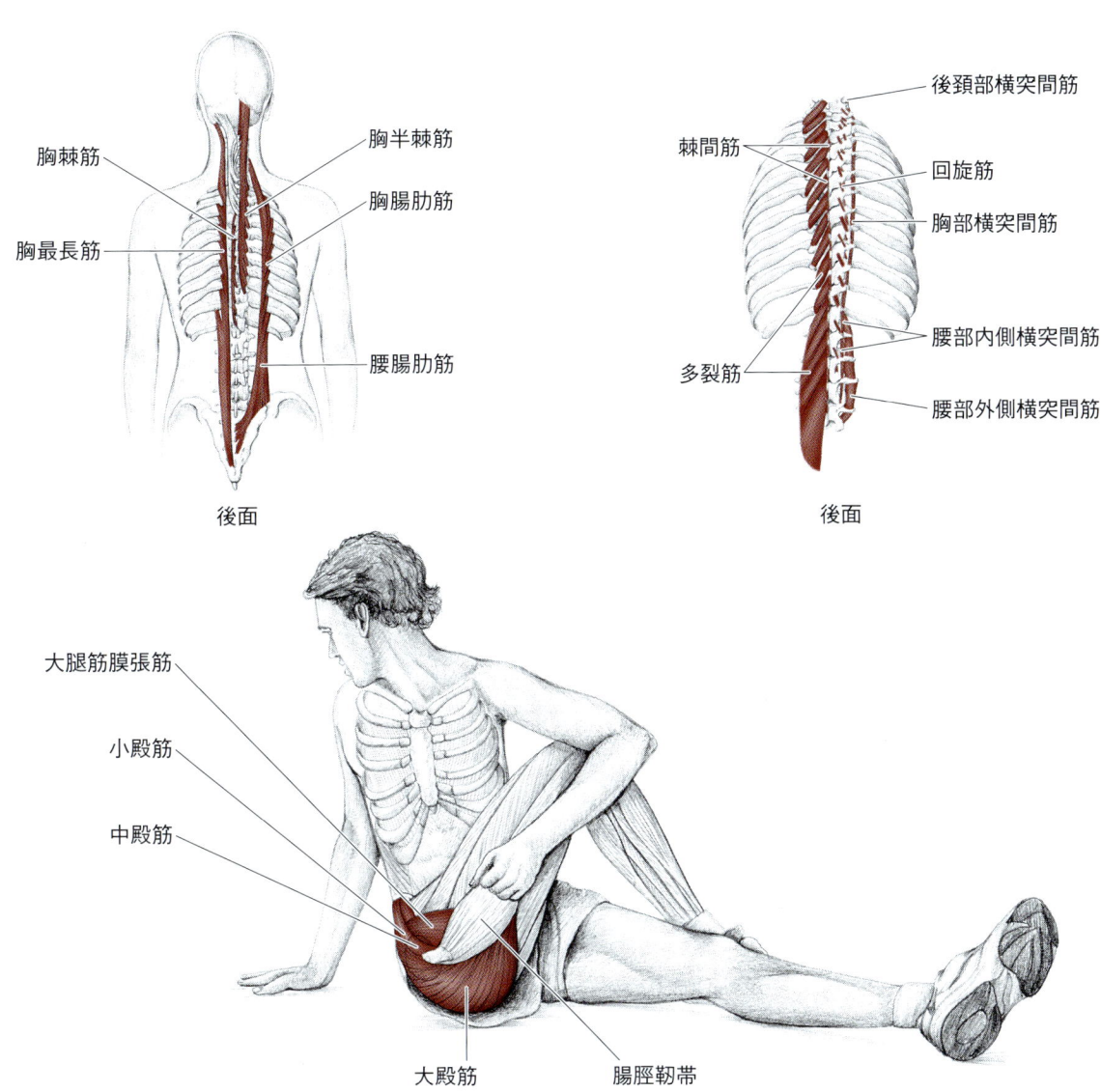

胸棘筋
胸最長筋
胸半棘筋
胸腸肋筋
腰腸肋筋
後面

後頚部横突間筋
棘間筋
回旋筋
胸部横突間筋
腰部内側横突間筋
多裂筋
腰部外側横突間筋
後面

大腿筋膜張筋
小殿筋
中殿筋
大殿筋
腸脛靱帯

方 法

　座位になり，一方の脚を伸ばし，他方の脚を膝の上で交差させる．両肩を回し，立てた膝の上に反対側の腕を乗せて，両肩と背中の回旋を促す．

ストレッチされる筋

　主にストレッチされる筋：大殿筋，中殿筋，小殿筋，大腿筋膜張筋

　次にストレッチされる筋：胸半棘筋，胸棘筋，胸最長筋，胸腸肋筋，腰腸肋筋，多裂筋，回旋筋，横突間筋，棘間筋

効果的なスポーツ

　サイクリング，ハイキング，バックパッキング，登山，オリエンテーリング，アイスホッケー，フィールドホッケー，アイススケート，ローラース

ケート，インラインスケート，格闘技，ランニング，トラック競技，クロスカントリー，アメリカンフットボール，サッカー，ラグビー，スキー，水上スキー，ウォーキング，競歩，レスリング

効果的なスポーツ傷害

　腰部の筋挫傷，腰部の靱帯損傷，腹筋挫傷（腹斜筋），腸脛靱帯炎

正しいストレッチングの注意点

　両股関節はまっすぐに保ち，腰部を回旋させるように意識する．

追加するとよいストレッチ

　045

048 四つ這いで片手を後ろへ伸ばすストレッチ

KNEELING REACH–AROUND STRETCH

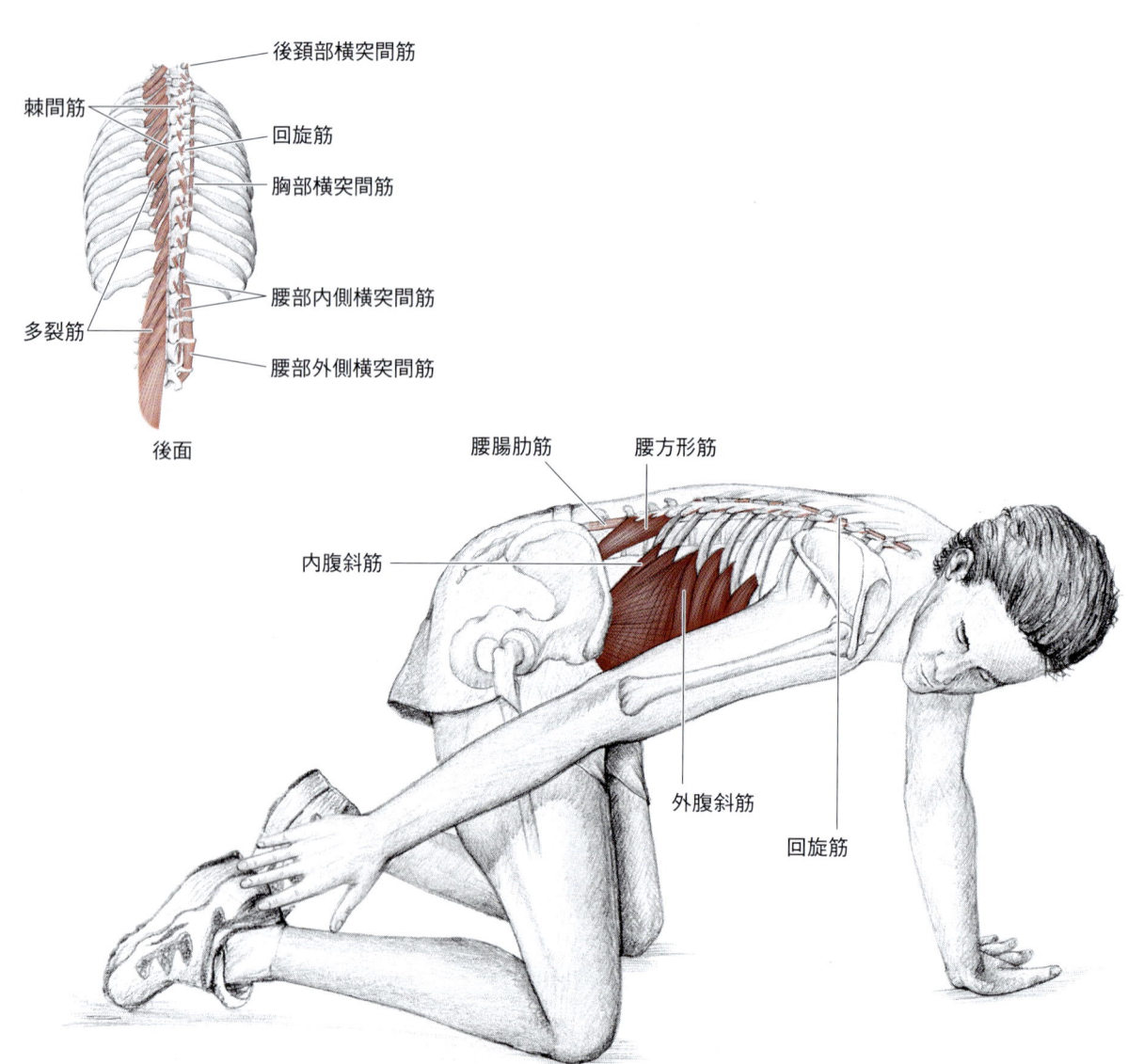

後頚部横突間筋

棘間筋

回旋筋

胸部横突間筋

腰部内側横突間筋

多裂筋

腰部外側横突間筋

後面

腰腸肋筋　腰方形筋

内腹斜筋

外腹斜筋

回旋筋

方　法

　四つ這いになり，一方の手を足首のほうへ伸ばす．背中は地面と平行に保つ．

ストレッチされる筋

　主にストレッチされる筋：腰方形筋，内腹斜筋，外腹斜筋
　次にストレッチされる筋：腰腸肋筋，横突間筋，回旋筋，多裂筋

効果的なスポーツ

　クリケット，野球，ソフトボール，ボクシング，アメリカンフットボール，ラグビー，ハイキング，バックパッキング，登山，オリエンテーリング，ア

イスホッケー，フィールドホッケー，格闘技，ボート，カヌー，カヤック，サーフィン，レスリング

効果的なスポーツ傷害

　腰部の筋挫傷，腰部の靱帯損傷，腹筋挫傷（腹斜筋）

正しいストレッチングの注意点

　大腿を垂直（直立）に保ち，背中をまっすぐにして地面と平行にする．両膝と突いた手に均等に体重がかかるようバランスをとる．

追加するとよいストレッチ

　050

049 立位での側方へのストレッチ

STANDING LATERAL SIDE STRETCH

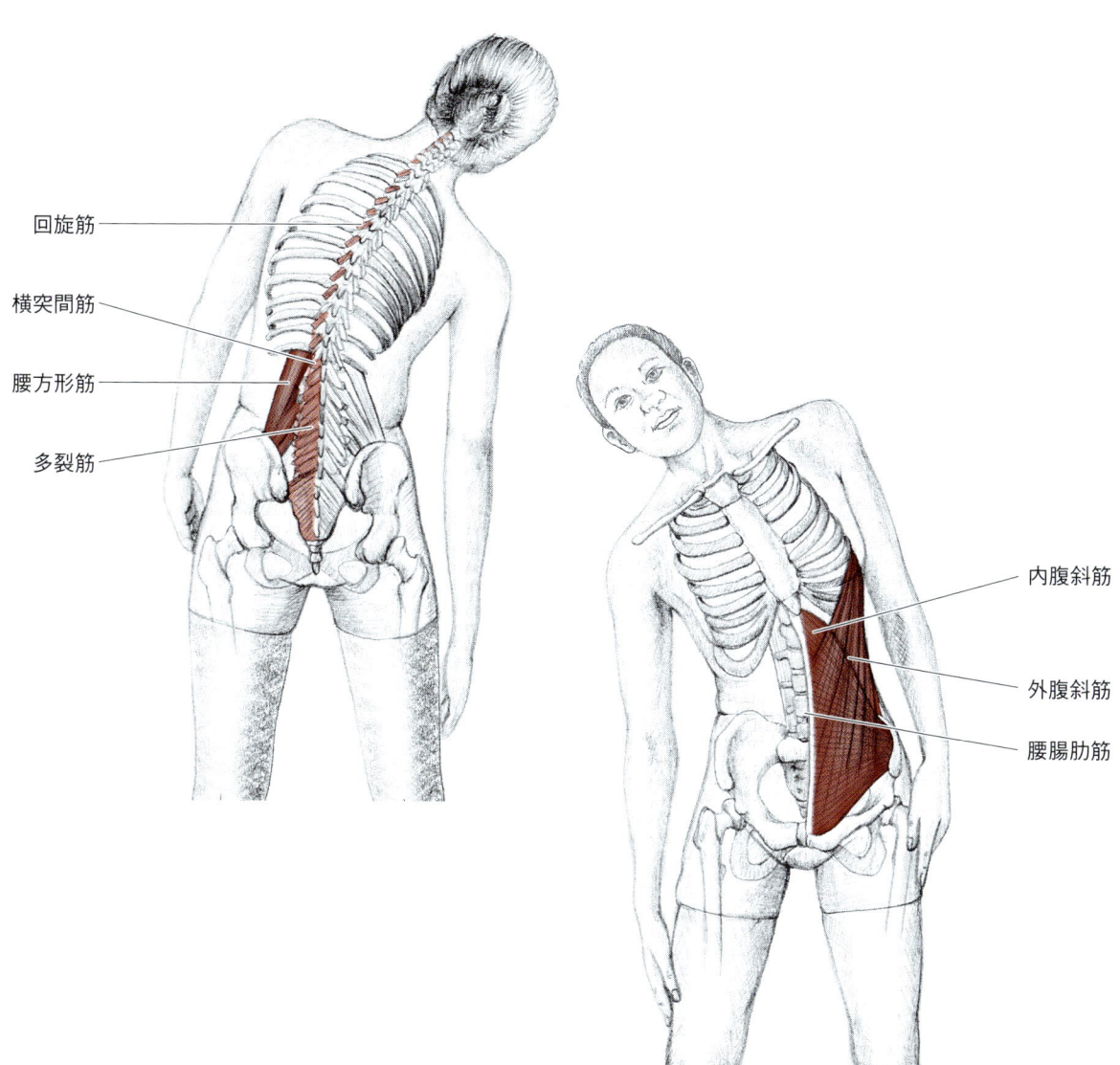

回旋筋

横突間筋

腰方形筋

多裂筋

内腹斜筋

外腹斜筋

腰腸肋筋

方　法
　両足を肩幅に広げて立ち，前を見る．身体を垂直に保ち，左右にゆっくり曲げる．手を脚に向かって下げるが，身体は前屈させない．

ストレッチされる筋
　主にストレッチされる筋：腰方形筋，内腹斜筋，外腹斜筋
　次にストレッチされる筋：腰腸肋筋，横突間筋，回旋筋，多裂筋

効果的なスポーツ
　クリケット，野球，ソフトボール，ボクシング，アメリカンフットボール，ラグビー，ハイキング，バックパッキング，登山，オリエンテーリング，アイスホッケー，フィールドホッケー，格闘技，ボート，カヌー，カヤック，サーフィン，レスリング

効果的なスポーツ傷害
　腰部の筋挫傷，腰部の靱帯損傷，腹筋挫傷（腹斜筋）

よくある問題と正しいストレッチングの注意点
　上体を前方や後方に傾けないこと．上半身を垂直に保つよう意識する．

追加するとよいストレッチ
　050

050 座位での側方へのストレッチ

SITTING LATERAL SIDE STRETCH

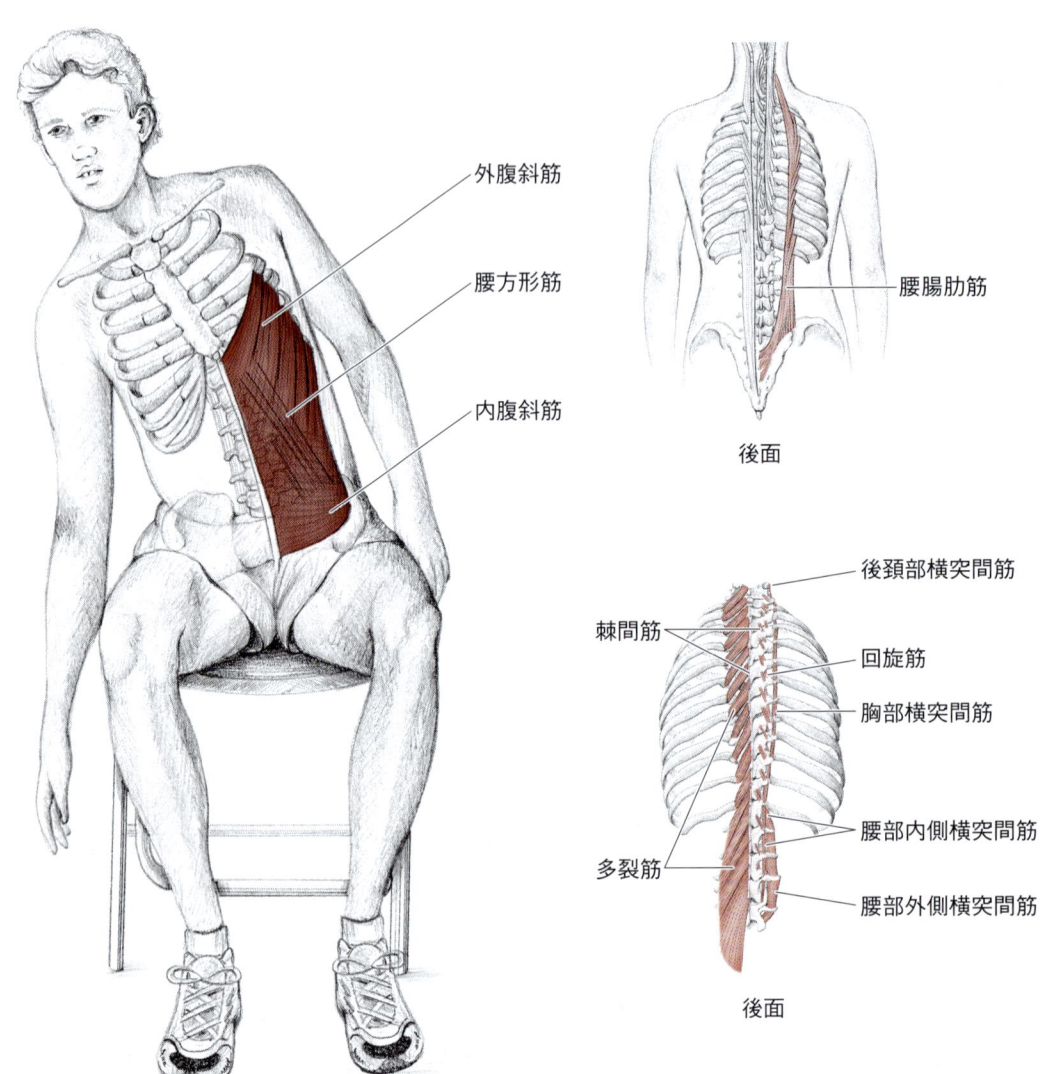

外腹斜筋

腰方形筋

内腹斜筋

腰腸肋筋

後面

後頚部横突間筋

棘間筋

回旋筋

胸部横突間筋

腰部内側横突間筋

多裂筋

腰部外側横突間筋

後面

方　法
　椅子に座って，両足を地面にぴったりとつける．まっすぐ前方を見て身体を垂直に保つ．片手を地面に向けて伸ばしながら，身体を左右にゆっくり曲げる．身体は前屈させない．

ストレッチされる筋
　主にストレッチされる筋：腰方形筋，内腹斜筋，外腹斜筋
　次にストレッチされる筋：腰腸肋筋，横突間筋，回旋筋，多裂筋

効果的なスポーツ
　クリケット，野球，ソフトボール，ボクシング，アメリカンフットボール，ラグビー，ハイキング，バックパッキング，登山，オリエンテーリング，アイスホッケー，フィールドホッケー，格闘技，ボート，カヌー，カヤック，サーフィン，レスリング

効果的なスポーツ傷害
　腰部の筋挫傷，腰部の靱帯損傷，腹筋挫傷（腹斜筋）

正しいストレッチングの注意点
　身体を前方や後方に傾けないこと．上半身を垂直に保つよう意識する．

追加するとよいストレッチ
　036

82

10. 股関節と殿部のストレッチ

STRETCHES FOR THE HIPS AND BUTTOCKS

051 仰向けで交差させた片膝を引き下げるストレッチ

052 うつ伏せで片脚を折りたたむ股関節のストレッチ

053 立位で片脚を折りたたむ股関節のストレッチ

054 立位で片脚を膝に乗せる殿部のストレッチ

055 座位で回旋する股関節のストレッチ

056 立位で回旋する股関節のストレッチ

057 座位で両脚を交差させ，両手を前方へ伸ばすストレッチ

058 座位で両足を合わせ，両手を前方へ伸ばすストレッチ

059 座位で片膝を胸につける殿部のストレッチ

060 座位で片足を胸につける殿部のストレッチ

061 仰向けで交差させた片膝を引き上げるストレッチ

062 座位で片脚を大腿部に乗せる殿部のストレッチ

063 仰向けで片脚を大腿部に乗せる殿部のストレッチ

051 仰向けで交差させた片膝を引き下げるストレッチ

LYING CROSS-OVER KNEE PULL-DOWN STRETCH

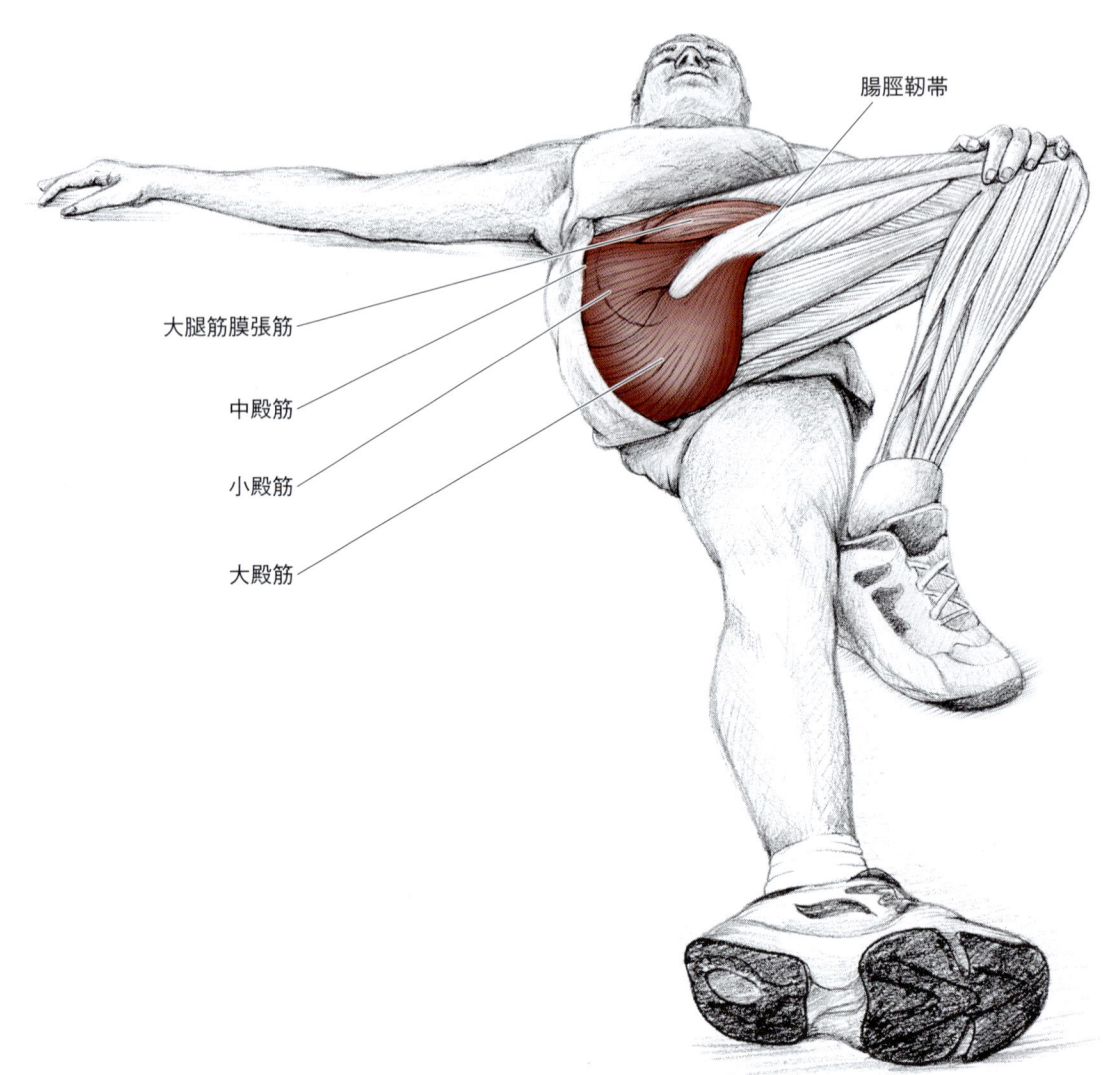

腸脛靭帯

大腿筋膜張筋

中殿筋

小殿筋

大殿筋

方　法

　仰向けになり，一方の脚を他方の脚の上で交差させる．足を反対の脚の膝まで上げ，上げた膝を反対側の腕で地面に向けて引き下げる．

ストレッチされる筋

　主にストレッチされる筋：中殿筋，小殿筋
　次にストレッチされる筋：大腿筋膜張筋

効果的なスポーツ

　サイクリング，ハイキング，バックパッキング，登山，オリエンテーリング，アイスホッケー，フィールドホッケー，アイススケート，ローラースケート，インラインスケート，格闘技，ランニング，トラック競技，クロスカントリー，アメリカンフットボール，サッカー，ラグビー，スキー，水上スキー，ウォーキング，競歩

効果的なスポーツ傷害

　腰部の筋挫傷，腰部の靭帯損傷，腸脛靭帯炎

正しいストレッチングの注意点

　両肩を地面につけた状態を保ち，上げた膝は，胸のほうへは上げず，地面へ引き下げるように意識する．

追加するとよいストレッチ

　059

052 うつ伏せで片脚を折りたたむ
股関節のストレッチ

LYING LEG TUCK HIP STRETCH

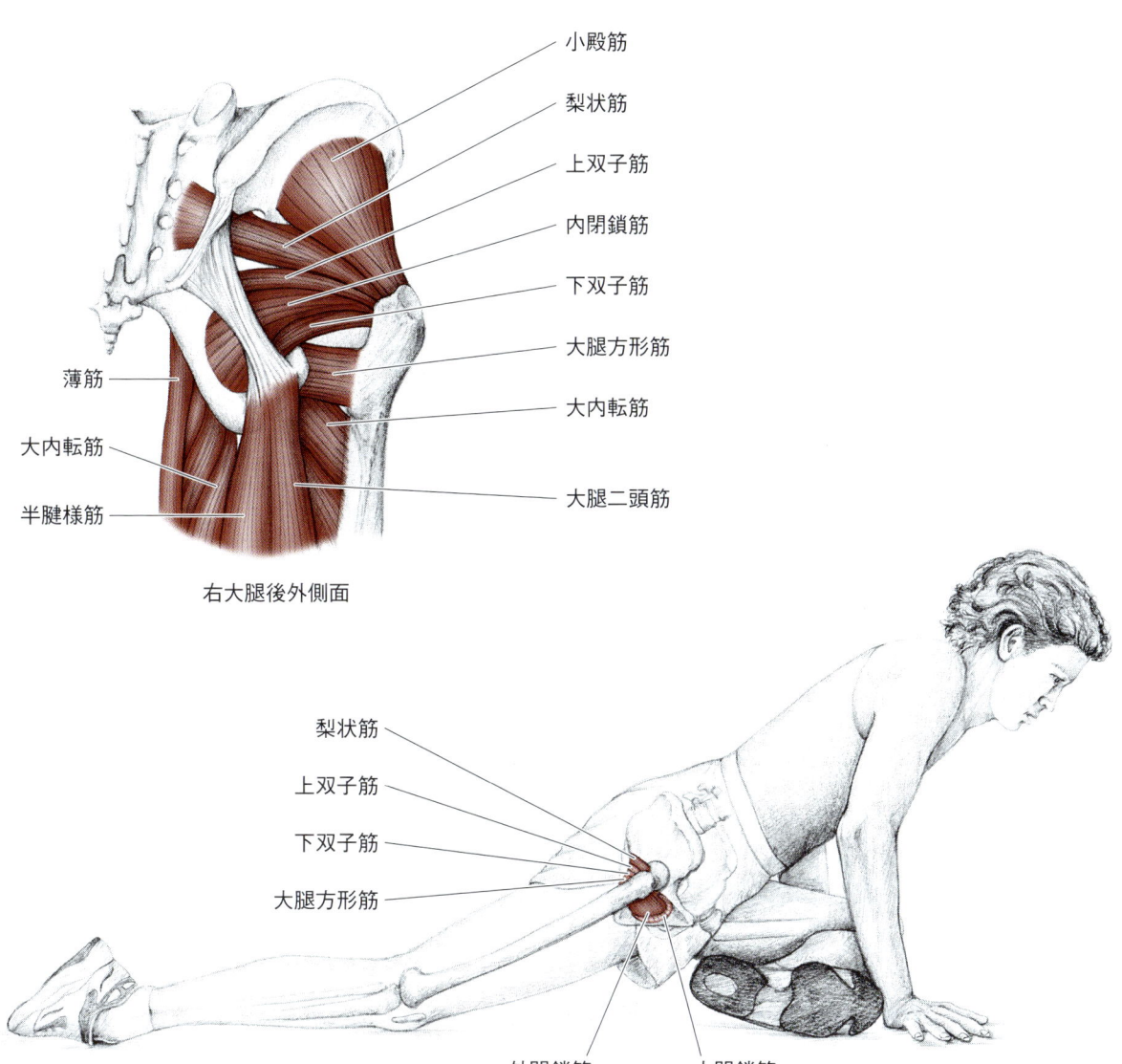

小殿筋
梨状筋
上双子筋
内閉鎖筋
下双子筋
大腿方形筋
大内転筋
大腿二頭筋

薄筋
大内転筋
半腱様筋

右大腿後外側面

梨状筋
上双子筋
下双子筋
大腿方形筋

外閉鎖筋　　内閉鎖筋

方　法
　うつ伏せになり，一方の脚を腹部の下で曲げる. 身体をゆっくり地面に向けて傾ける.

ストレッチされる筋
　主にストレッチされる筋：梨状筋
　次にストレッチされる筋：上双子筋，下双子筋, 内閉鎖筋，外閉鎖筋，大腿方形筋

効果的なスポーツ
　サイクリング，ハイキング，バックパッキング, 登山，オリエンテーリング，アイスホッケー, フィールドホッケー，アイススケート，ローラース ケート，インラインスケート，格闘技，ランニング,

トラック競技，クロスカントリー，アメリカンフッ トボール，サッカー，ラグビー，スキー，水上ス キー，ウォーキング，競歩

効果的なスポーツ傷害
　梨状筋症候群，弾発股症候群，大転子滑液包炎

よくある問題と正しいストレッチングの注意点
　この姿勢は，とるのが若干むずかしい場合もある ので，しっかり支え，両手を使ってバランスをとる ようにする.

追加するとよいストレッチ
　054

053 立位で片脚を折りたたむ 股関節のストレッチ

STANDING LEG TUCK HIP STRETCH

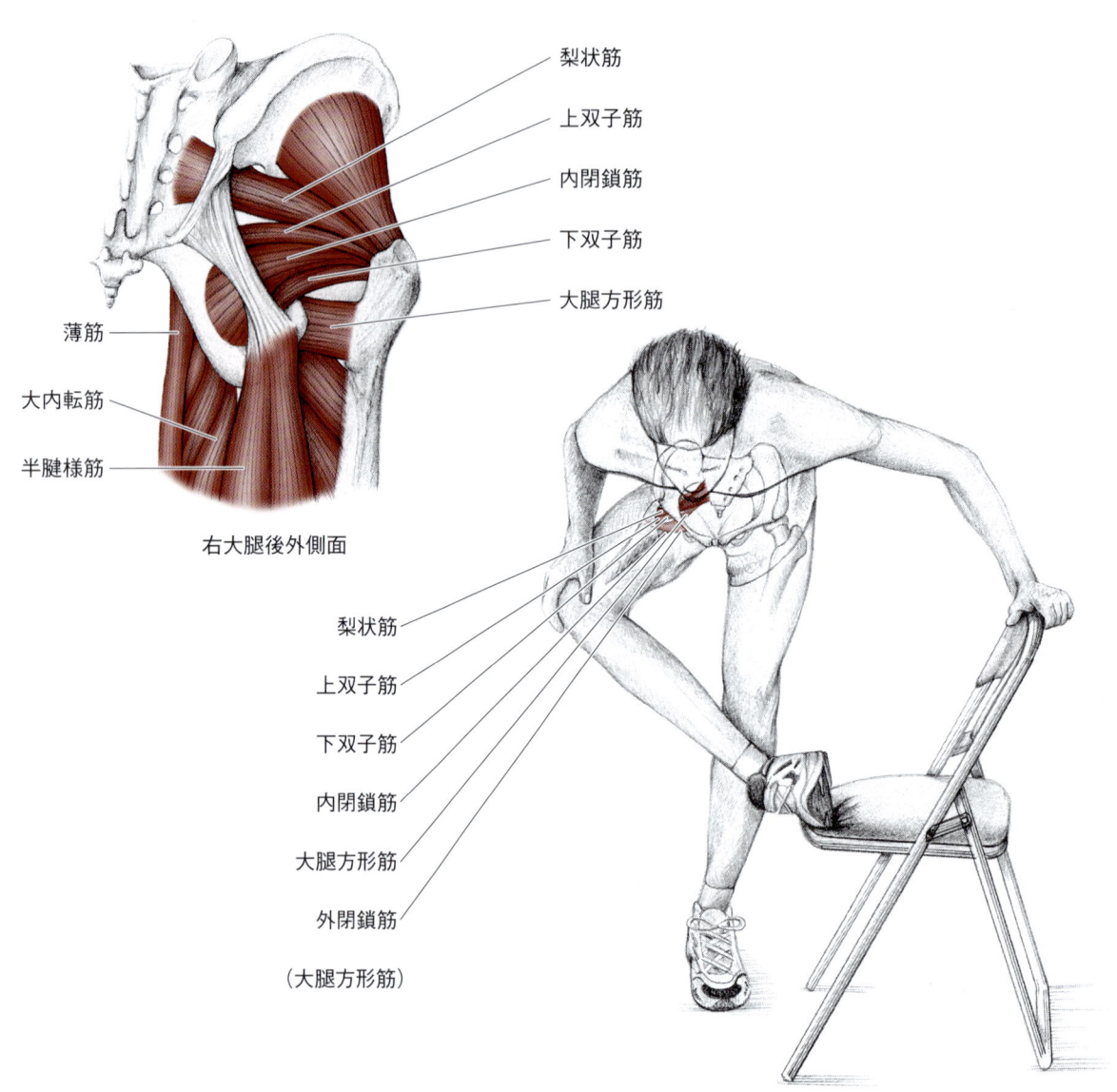

梨状筋
上双子筋
内閉鎖筋
下双子筋
大腿方形筋

薄筋
大内転筋
半腱様筋

右大腿後外側面

梨状筋
上双子筋
下双子筋
内閉鎖筋
大腿方形筋
外閉鎖筋
（大腿方形筋）

方　法
　椅子かテーブルの横に立ち，外側の足をその上に乗せる．脚をリラックスさせて上体を前方へ傾け，他方の脚を曲げて，身体を地面に向けて下げる．

ストレッチされる筋
　主にストレッチされる筋：梨状筋
　次にストレッチされる筋：上双子筋，下双子筋，内閉鎖筋，外閉鎖筋，大腿方形筋

効果的なスポーツ
　サイクリング，ハイキング，バックパッキング，登山，オリエンテーリング，アイスホッケー，フィールドホッケー，アイススケート，ローラースケート，インラインスケート，格闘技，ランニング，トラック競技，クロスカントリー，アメリカンフットボール，サッカー，ラグビー，スキー，水上スキー，ウォーキング，競歩

効果的なスポーツ傷害
　梨状筋症候群，弾発股症候群，大転子滑液包炎

よくある問題と正しいストレッチングの注意点
　立っている側の脚でストレッチの強度を調節する．身体を低くするほど，感じる張りは強くなるはずである．

追加するとよいストレッチ
　052

054 立位で片脚を膝に乗せる殿部のストレッチ

STANDING LEG RESTING BUTTOCKS STRETCH

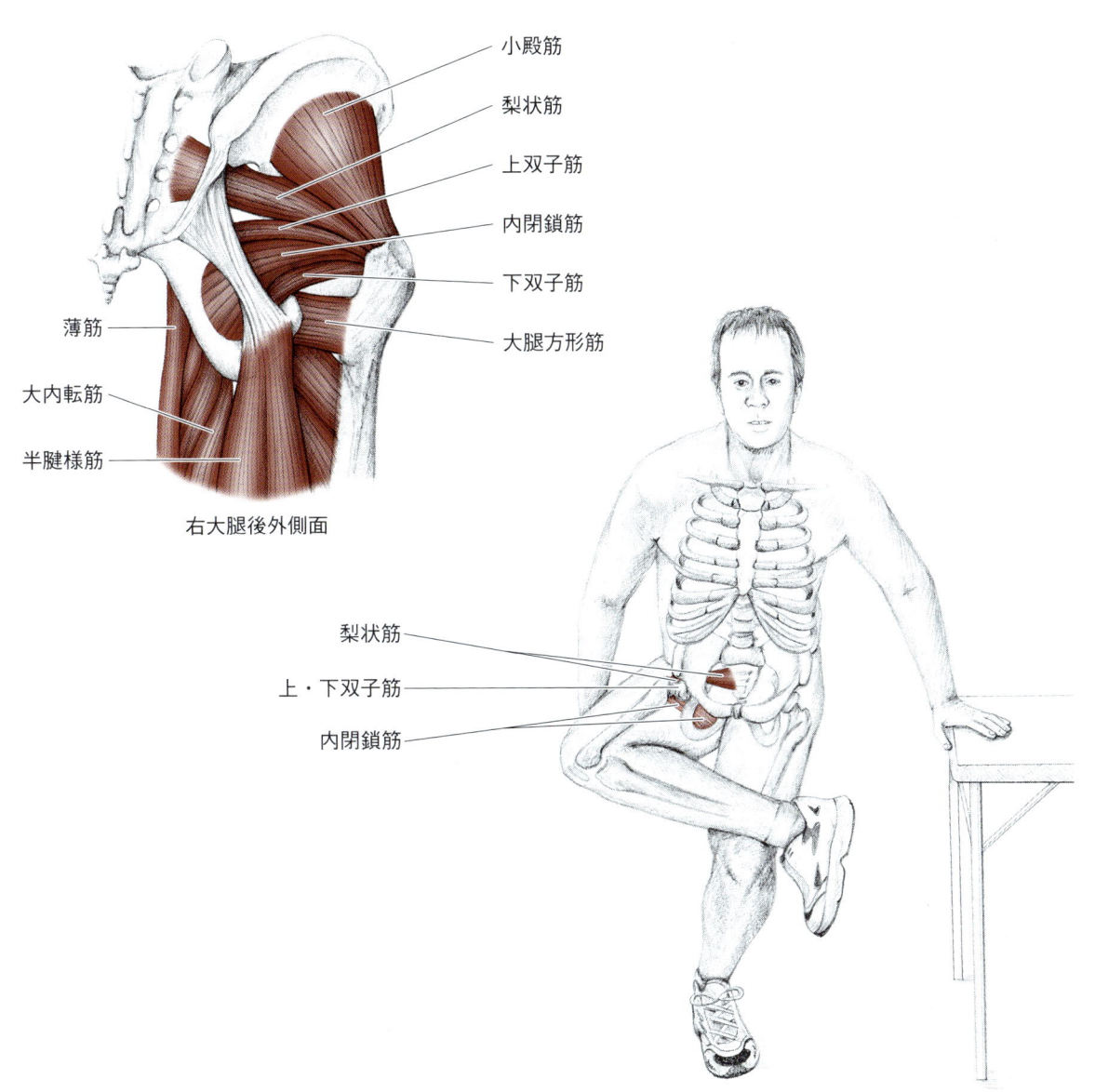

小殿筋
梨状筋
上双子筋
内閉鎖筋
下双子筋
大腿方形筋

薄筋
大内転筋
半腱様筋

右大腿後外側面

梨状筋
上・下双子筋
内閉鎖筋

方　法

バランスをとるために椅子かテーブルの横に立ち，一方の足首を反対の脚の膝の上に置く．地面に向けて身体をゆっくりと下げていく．

ストレッチされる筋

主にストレッチされる筋：梨状筋
次にストレッチされる筋：上双子筋，下双子筋，内閉鎖筋，外閉鎖筋，大腿方形筋

効果的なスポーツ

サイクリング，ハイキング，バックパッキング，登山，オリエンテーリング，アイスホッケー，フィールドホッケー，アイススケート，ローラースケート，インラインスケート，格闘技，ランニング，トラック競技，クロスカントリー，アメリカンフットボール，サッカー，ラグビー，スキー，水上スキー，ウォーキング，競歩

効果的なスポーツ傷害

梨状筋症候群，弾発股症候群，大転子滑液包炎

よくある問題と正しいストレッチングの注意点

立っている側の脚でストレッチの強度を調節する．身体を低くするほど，感じる張りは強くなるはずである．

追加するとよいストレッチ

060

055 座位で回旋する股関節のストレッチ

SITTING ROTATIONAL HIP STRETCH

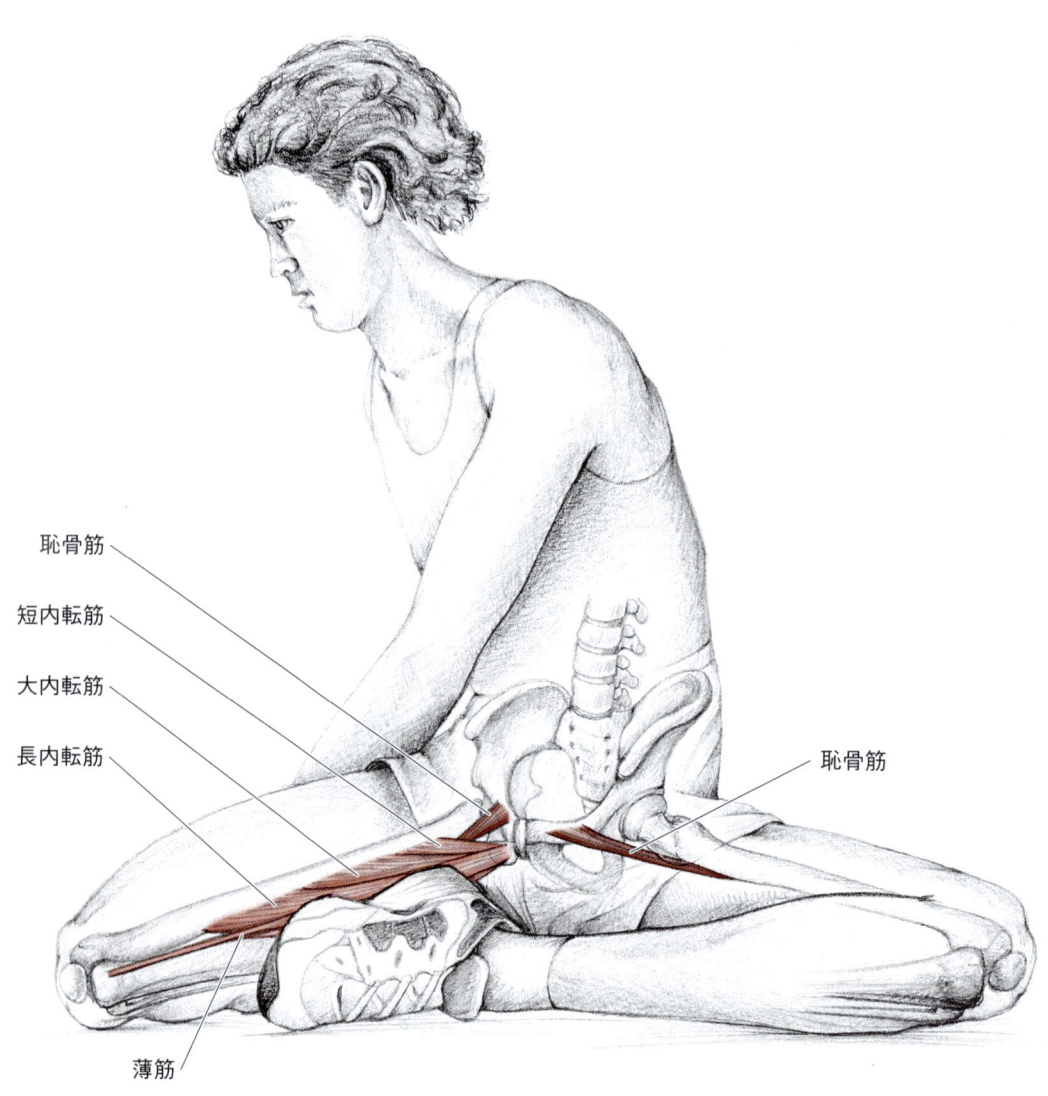

恥骨筋

短内転筋

大内転筋

長内転筋

恥骨筋

薄筋

方 法

座位になり，一方の脚を身体の前で折り曲げ，他方の脚を殿部の後ろに回す．身体全体を，後ろに回した脚に向けて傾ける．

ストレッチされる筋

主にストレッチされる筋：恥骨筋
次にストレッチされる筋：長内転筋，短内転筋，大内転筋，薄筋

効果的なスポーツ

サイクリング，ハイキング，バックパッキング，登山，オリエンテーリング，アイスホッケー，フィールドホッケー，アイススケート，ローラースケート，インラインスケート，格闘技，ランニング，トラック競技，クロスカントリー，アメリカンフットボール，サッカー，ラグビー，スキー，水上スキー，ウォーキング，競歩

効果的なスポーツ傷害

鼡径部挫傷，内転筋腱炎，弾発股症候群，大転子滑液包炎

正しいストレッチングの注意点

後ろに回した脚に身体全体を傾けるほど，感じる張りは強くなるはずである．

追加するとよいストレッチ

056

88

056 立位で回旋する股関節のストレッチ
STANDING ROTATIONAL HIP STRETCH

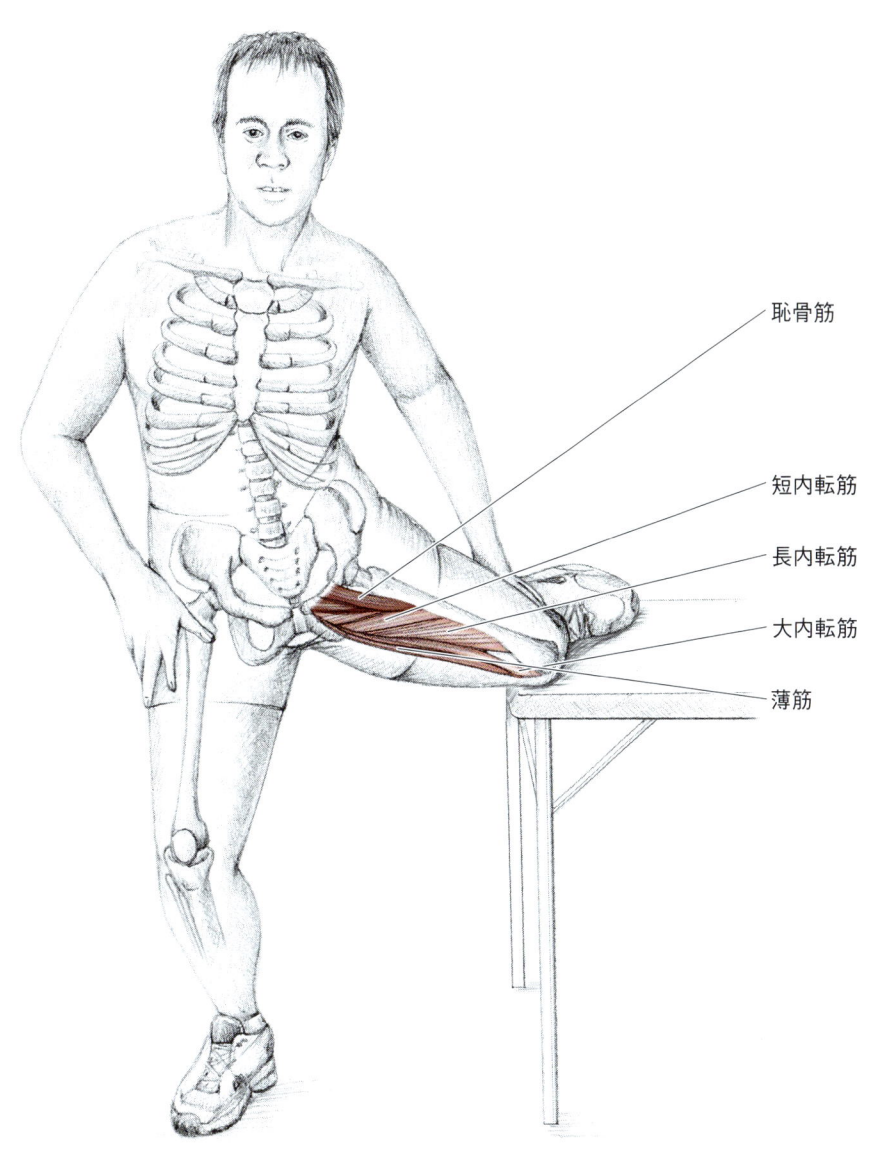

恥骨筋

短内転筋

長内転筋

大内転筋

薄筋

方　法
　テーブルの横に立ち，片脚を外側に上げてテーブルの上に置く．次に身体をゆっくりと下げていく.

ストレッチされる筋
　主にストレッチされる筋：恥骨筋
　次にストレッチされる筋：長内転筋，短内転筋，大内転筋，薄筋

効果的なスポーツ
　サイクリング，ハイキング，バックパッキング，登山，オリエンテーリング，アイスホッケー，フィールドホッケー，アイススケート，ローラースケート，インラインスケート，格闘技，ランニング，トラック競技，クロスカントリー，アメリカンフットボール，サッカー，ラグビー，スキー，水上スキー，ウォーキング，競歩

効果的なスポーツ傷害
　鼡径部挫傷，内転筋腱炎，弾発股症候群，大転子滑液包炎

よくある問題と正しいストレッチングの注意点
　立っている側の脚でストレッチの強度を調節する．身体を低くするほど，感じる張りは強くなるはずである.

追加するとよいストレッチ
　055

057 座位で両脚を交差させ，両手を 前方へ伸ばすストレッチ

SITTING CROSS-LEGGED REACH FORWARD STRETCH

股関節と殿部のストレッチ

10

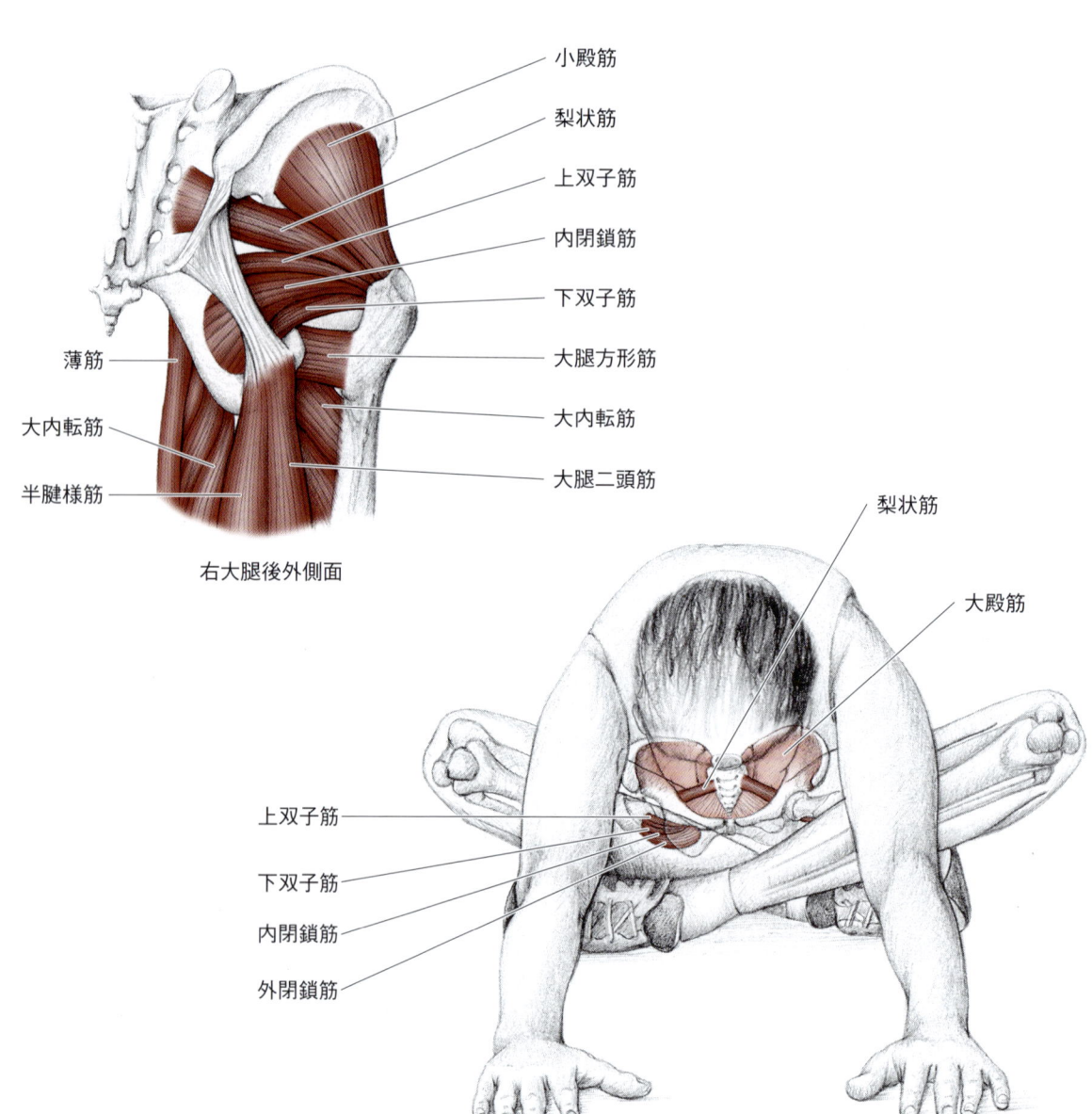

小殿筋
梨状筋
上双子筋
内閉鎖筋
下双子筋
大腿方形筋
大内転筋
大腿二頭筋

薄筋
大内転筋
半腱様筋

右大腿後外側面

梨状筋
大殿筋

上双子筋
下双子筋
内閉鎖筋
外閉鎖筋

方　法
　両脚を交差させて座り，背中をまっすぐに保つ．次に上体を穏やかに前方へ傾ける．

ストレッチされる筋
　主にストレッチされる筋：梨状筋，上双子筋，下双子筋，内閉鎖筋，外閉鎖筋，大腿方形筋
　次にストレッチされる筋：大殿筋

効果的なスポーツ
　サイクリング，ハイキング，バックパッキング，登山，オリエンテーリング，アイスホッケー，フィールドホッケー，アイススケート，ローラースケート，インラインスケート，格闘技，ボート，カ ヌー，カヤック，ランニング，トラック競技，クロスカントリー，アメリカンフットボール，サッカー，ラグビー，スキー，水上スキー，ウォーキング，競歩

効果的なスポーツ傷害
　梨状筋症候群，鼡径部挫傷，内転筋腱炎，弾発股症候群，大転子滑液包炎

よくある問題と正しいストレッチングの注意点
　このストレッチでは，身体をあまり前方に傾けずに，背中をまっすぐに保つことを意識する．

追加するとよいストレッチ
　058

90

058 座位で両足を合わせ，両手を前方へ 伸ばすストレッチ

SITTING FEET-TOGETHER REACH FORWARD STRETCH

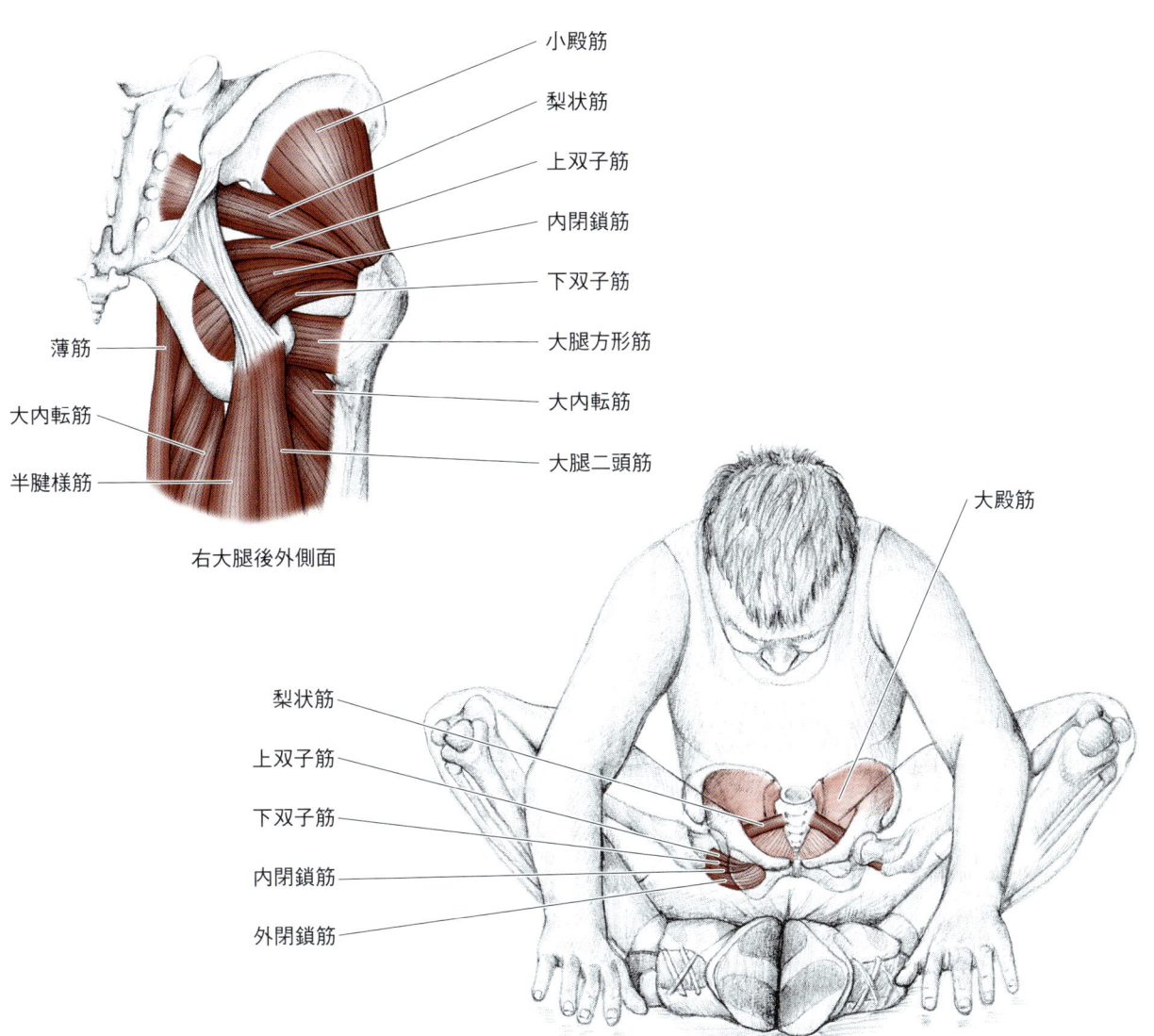

小殿筋
梨状筋
上双子筋
内閉鎖筋
下双子筋
大腿方形筋
大内転筋
大腿二頭筋

薄筋
大内転筋
半腱様筋

右大腿後外側面

梨状筋
上双子筋
下双子筋
内閉鎖筋
外閉鎖筋

大殿筋

方 法
座位になり，両方の足底を合わせ，背中をまっすぐに保つ．次に上体を穏やかに前方へ傾ける．

ストレッチされる筋
主にストレッチされる筋：梨状筋，上双子筋，下双子筋，内閉鎖筋，外閉鎖筋，大腿方形筋
次にストレッチされる筋；大殿筋

効果的なスポーツ
サイクリング，ハイキング，バックパッキング，登山，オリエンテーリング，アイスホッケー，フィールドホッケー，アイススケート，ローラースケート，インラインスケート，格闘技，ボート，カヌー，カヤック，ランニング，トラック競技，クロスカントリー，アメリカンフットボール，サッカー，ラグビー，スキー，水上スキー，ウォーキング，競歩

効果的なスポーツ傷害
梨状筋症候群，鼡径部挫傷，内転筋腱炎，弾発股症候群，大転子滑液包炎

よくある問題と正しいストレッチングの注意点
このストレッチでは，身体をあまり前方に傾けずに，背中をまっすぐに保つことを意識する．

追加するとよいストレッチ
057

91

059 座位で片膝を胸につける 殿部のストレッチ

SITTING KNEE-TO-CHEST BUTTOCKS STRETCH

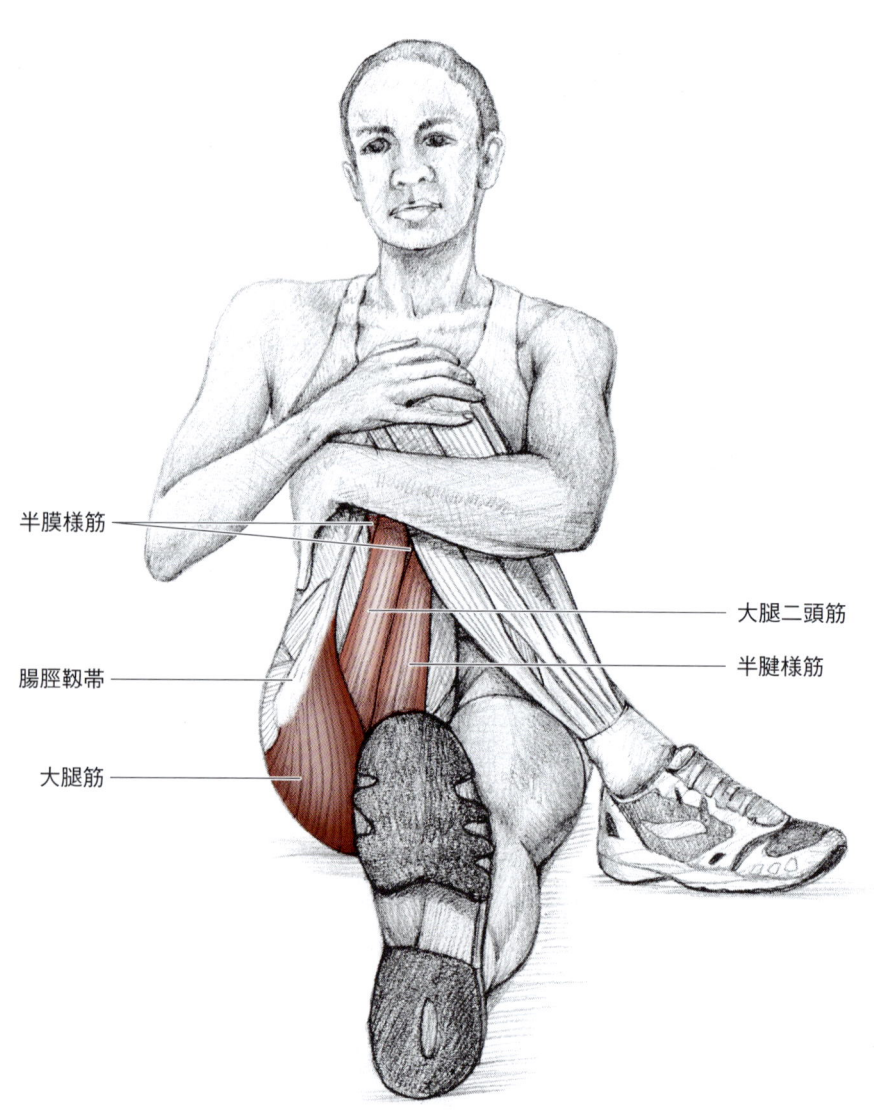

半膜様筋

腸脛靱帯

大腿筋

大腿二頭筋

半腱様筋

方 法

座位になり，一方の脚をまっすぐ伸ばし，その膝の上に他方の脚を交差させる．背中をまっすぐに保ち，両肩を前方へ向けたまま，上げた膝を反対側の肩に向けて引っ張る．

ストレッチされる筋

主にストレッチされる筋：大殿筋
次にストレッチされる筋：半膜様筋，半腱様筋，大腿二頭筋

効果的なスポーツ

サイクリング，ハイキング，バックパッキング，登山，オリエンテーリング，アイスホッケー，フィールドホッケー，アイススケート，ローラースケート，インラインスケート，格闘技，ランニング，トラック競技，クロスカントリー，アメリカンフットボール，サッカー，ラグビー，スキー，水上スキー，ウォーキング，競歩

効果的なスポーツ傷害

腰部の筋挫傷，腰部の靱帯損傷，ハムストリングス挫傷，腸脛靱帯炎

よくある問題と正しいストレッチングの注意点

殿部に対するこのストレッチの効果は，背中をまっすぐに保ち，両肩を前方に向けることで最大となる．両肩が膝に向かって傾かないようにする．

追加するとよいストレッチ

051

060 座位で片足を胸につける殿部のストレッチ

SITTING FOOT-TO-CHEST BUTTOCKS STRETCH

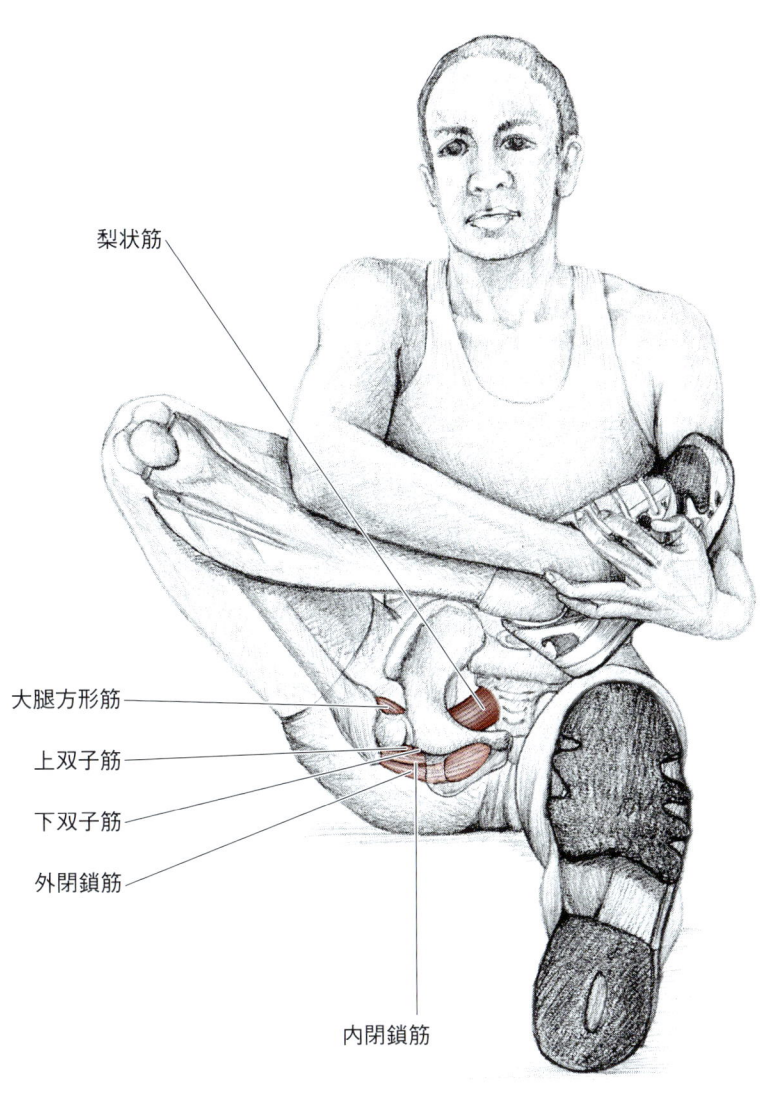

梨状筋

大腿方形筋

上双子筋

下双子筋

外閉鎖筋

内閉鎖筋

方 法
　座位になり，一方の脚をまっすぐに伸ばし，他方の足首を持つ．足首を胸に向けてまっすぐに引きつける．

ストレッチされる筋
　主にストレッチされる筋：梨状筋
　次にストレッチされる筋：上双子筋，下双子筋，内閉鎖筋，外閉鎖筋，大腿方形筋

効果的なスポーツ
　サイクリング，ハイキング，バックパッキング，登山，オリエンテーリング，アイスホッケー，フィールドホッケー，アイススケート，ローラースケート，インラインスケート，格闘技，ランニング，トラック競技，クロスカントリー，アメリカンフットボール，サッカー，ラグビー，スキー，水上スキー，ウォーキング，競歩

効果的なスポーツ傷害
　梨状筋症候群，弾発股症候群，大転子滑液包炎

よくある問題と正しいストレッチングの注意点
　両手，両腕を使ってストレッチの強度を調節する．足を胸に引き寄せるほど，ストレッチは強くなる．

追加するとよいストレッチ
　054

061 仰向けで交差させた片膝を引き上げるストレッチ

LYING CROSS-OVER KNEE PULL-UP STRETCH

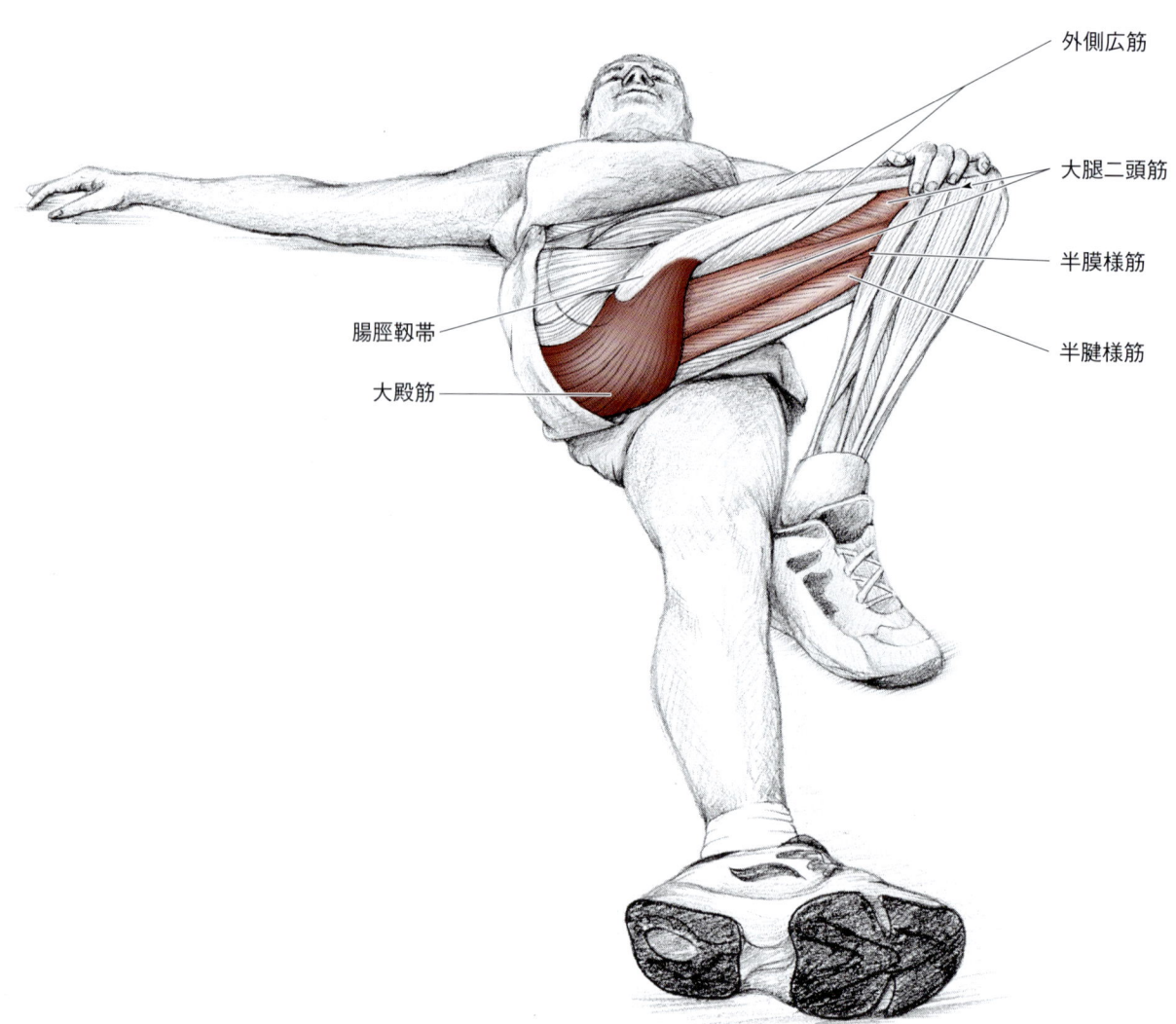

外側広筋

大腿二頭筋

半膜様筋

半腱様筋

腸脛靱帯

大殿筋

方　法

　仰向けになり，一方の脚を反対の脚の上で交差させる．交差させた足を下の脚の膝まで動かし，反対の腕で，立てた膝を胸へ向けて引っ張る．

ストレッチされる筋

　主にストレッチされる筋：大殿筋
　次にストレッチされる筋：半膜様筋，半腱様筋，大腿二頭筋

効果的なスポーツ

　サイクリング，ハイキング，バックパッキング，登山，オリエンテーリング，アイスホッケー，フィールドホッケー，アイススケート，ローラースケート，インラインスケート，格闘技，ランニング，トラック競技，クロスカントリー，アメリカンフットボール，サッカー，ラグビー，スキー，水上スキー，ウォーキング，競歩

効果的なスポーツ傷害

　腰部の筋挫傷，腰部の靱帯損傷，ハムストリングス挫傷，腸脛靱帯炎

正しいストレッチングの注意点

　両肩は地面につけたままにし，上げた膝を，地面へは下げずに，胸のほうへ引きつけることを意識する．

追加するとよいストレッチ

　059

062 座位で片脚を大腿部に乗せる殿部のストレッチ

SITTING LEG RESTING BUTTOCKS STRETCH

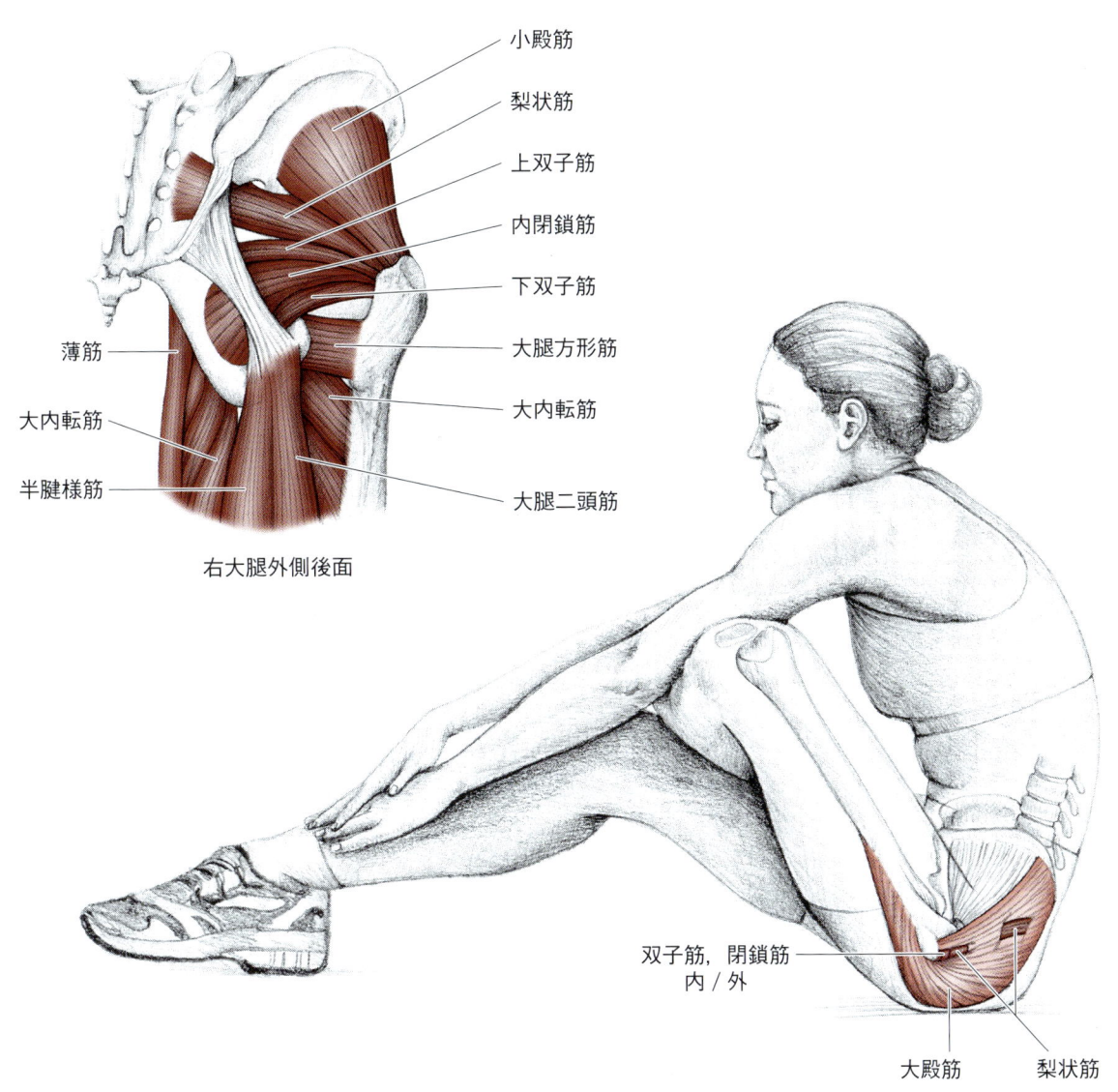

小殿筋
梨状筋
上双子筋
内閉鎖筋
下双子筋
大腿方形筋
大内転筋
大腿二頭筋

薄筋
大内転筋
半腱様筋

右大腿外側後面

双子筋，閉鎖筋
内／外

大殿筋　　梨状筋

方 法

座位になり，一方の脚を軽く曲げる．他方の足を曲げた脚の上に持ち上げて大腿部に乗せ，上体をゆっくりと前方へ傾ける．

ストレッチされる筋

主にストレッチされる筋：梨状筋，上双子筋，下双子筋，内閉鎖筋，外閉鎖筋，大腿方形筋
次にストレッチされる筋：大殿筋

効果的なスポーツ

サイクリング，ハイキング，バックパッキング，登山，オリエンテーリング，アイスホッケー，フィールドホッケー，アイススケート，ローラースケート，インラインスケート，格闘技，ランニング，トラック競技，クロスカントリー，アメリカンフットボール，サッカー，ラグビー，スキー，水上スキー，ウォーキング，競歩

効果的なスポーツ傷害

梨状筋症候群，弾発股症候群，大転子滑液包炎

よくある問題と正しいストレッチングの注意点

この姿勢をとるのが若干むずかしい場合もあるので，しっかり支え，必要であれば両手でバランスをとるようにする．このストレッチの強度を上げる場合は，背中をまっすぐにし，上体を前方へ傾ける．

追加するとよいストレッチ

060

95

仰向けで片脚を大腿部に乗せる 殿部のストレッチ

LYING LEG RESTING BUTTOCKS STRETCH

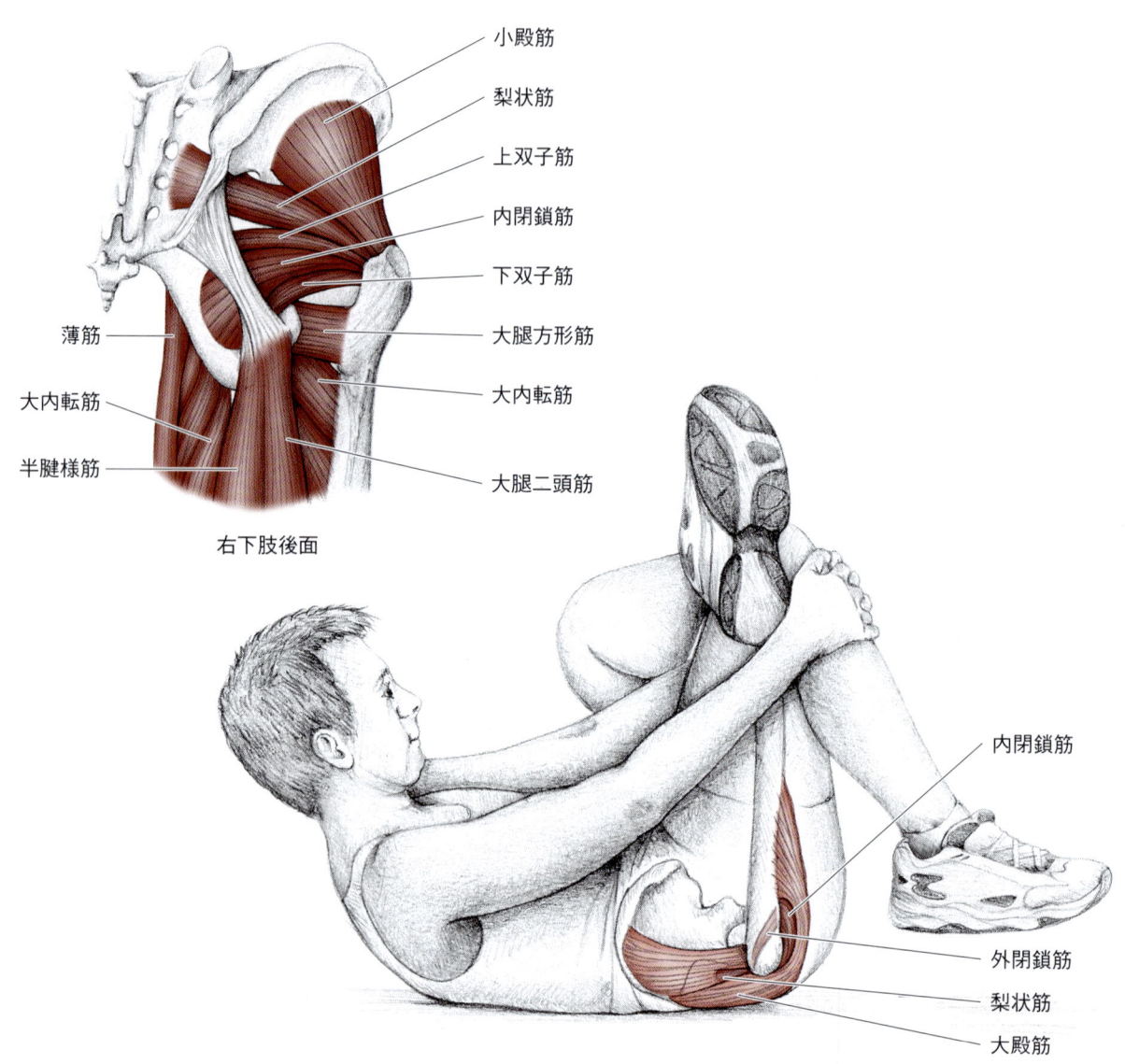

小殿筋
梨状筋
上双子筋
内閉鎖筋
下双子筋
大腿方形筋
大内転筋
大腿二頭筋

薄筋
大内転筋
半腱様筋

右下肢後面

内閉鎖筋
外閉鎖筋
梨状筋
大殿筋

方 法

仰向けになり，一方の脚を軽く曲げる．曲げた脚の上に他方の足を持ち上げ，大腿部に乗せる．次に両手を前に伸ばして膝をつかみ，手前に引きつける．

ストレッチされる筋

主にストレッチされる筋：梨状筋，上双子筋，下双子筋，内閉鎖筋，外閉鎖筋，大腿方形筋
次にストレッチされる筋：大殿筋

効果的なスポーツ

サイクリング，ハイキング，バックパッキング，登山，オリエンテーリング，アイスホッケー，フィールドホッケー，アイススケート，ローラース

ケート，インラインスケート，格闘技，ランニング，トラック競技，クロスカントリー，アメリカンフットボール，サッカー，ラグビー，スキー，水上スキー，ウォーキング，競歩

効果的なスポーツ傷害

梨状筋症候群，弾発股症候群，大転子滑液包炎

正しいストレッチングの注意点

膝を引きつけることで，ストレッチの強度を調節する．

追加するとよいストレッチ

062

股関節と殿部のストレッチ

10

11. 大腿四頭筋のストレッチ

STRETCHES FOR THE QUADRICEPS

064 片膝立ち位での大腿四頭筋のストレッチ

065 立位での大腿四頭筋のストレッチ

066 うつ伏せでの大腿四頭筋のストレッチ

067 横向きでの大腿四頭筋のストレッチ

068 脚を曲げて後方へ寄りかかる大腿四頭筋のストレッチ

064 片膝立ち位での大腿四頭筋のストレッチ

KNEELING QUAD STRETCH

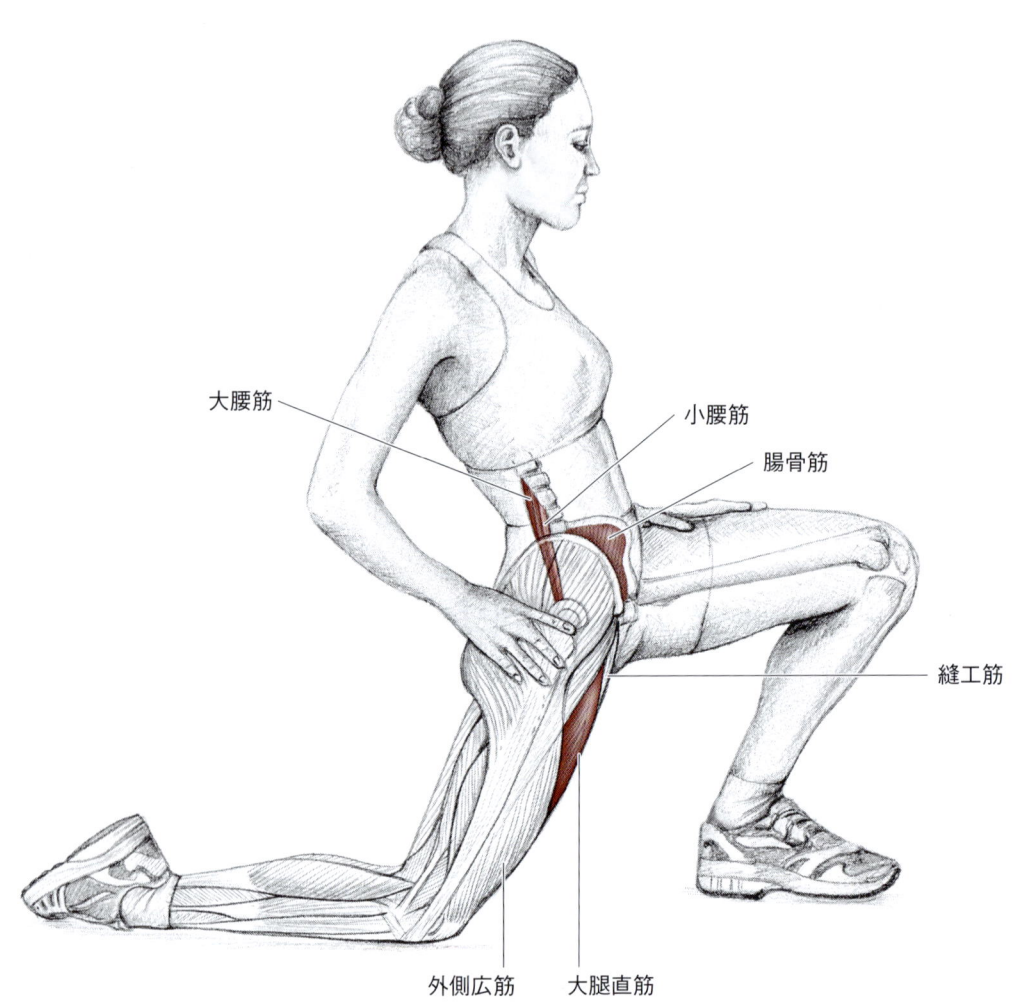

大腰筋

小腰筋

腸骨筋

縫工筋

外側広筋　大腿直筋

方　法
　片膝立ち位となる．必要であればバランスを保つために何かにつかまる．両股関節を前へ押し出す．

ストレッチされる筋
　主にストレッチされる筋：腸骨筋，大腰筋，大腿直筋
　次にストレッチされる筋：小腰筋

効果的なスポーツ
　サイクリング，ハイキング，バックパッキング，登山，オリエンテーリング，アイスホッケー，フィールドホッケー，アイススケート，ローラースケート，インラインスケート，格闘技，ランニング，トラック競技，クロスカントリー，アメリカンフットボール，サッカー，ラグビー，スキー，水上スキー，サーフィン，ウォーキング，競歩

効果的なスポーツ傷害
　股関節屈筋挫傷，骨盤周囲の剥離骨折，恥骨炎，腸腰筋腱炎，大転子滑液包炎，大腿四頭筋挫傷，大腿四頭筋腱炎

よくある問題と正しいストレッチングの注意点
　両股関節を前へ押し出すことで，ストレッチの強度を調節する．必要であれば，快適に行うために膝の下にタオルかマットを敷く．

追加するとよいストレッチ
　067

065 立位での大腿四頭筋のストレッチ

STANDING QUAD STRETCH

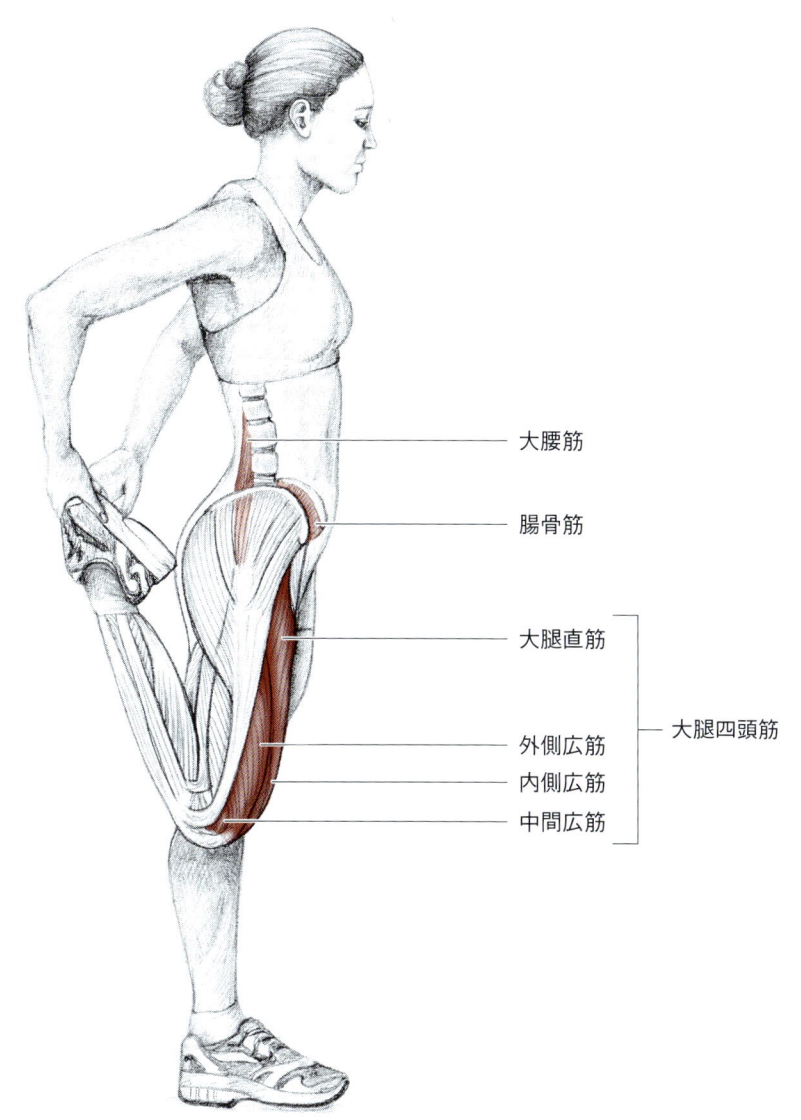

大腰筋

腸骨筋

大腿直筋

外側広筋 ┐
内側広筋 ├ 大腿四頭筋
中間広筋 ┘

方　法

　片脚でバランスをとって直立する．他方の足を殿部後方へ引き上げ，バランスをとるため何かにつかまる．両膝を揃えた状態で，両股関節を前へ押し出す．

ストレッチされる筋

　主にストレッチされる筋：大腿直筋，内側広筋，外側広筋，中間広筋
　次にストレッチされる筋：腸骨筋，大腰筋

効果的なスポーツ

　サイクリング，ハイキング，バックパッキング，登山，オリエンテーリング，アイスホッケー，フィールドホッケー，アイススケート，ローラースケート，インラインスケート，格闘技，ランニング，トラック競技，クロスカントリー，アメリカンフッ

トボール，サッカー，ラグビー，スキー，水上スキー，サーフィン，ウォーキング，競歩

効果的なスポーツ傷害

　股関節屈筋挫傷，骨盤周囲の剥離骨折，恥骨炎，腸腰筋腱炎，大転子滑液包炎，大腿四頭筋挫傷，大腿四頭筋腱炎，膝蓋大腿関節痛症候群，膝蓋靭帯炎，膝蓋骨亜脱臼

よくある問題と正しいストレッチングの注意点

　この姿勢では，膝の関節と靭帯に過度の力がかかることがある．膝に痛みがあったり，傷害がある場合はこのストレッチは避けるべきである．

追加するとよいストレッチ

　066

066 うつ伏せでの大腿四頭筋のストレッチ
LYING QUAD STRETCH

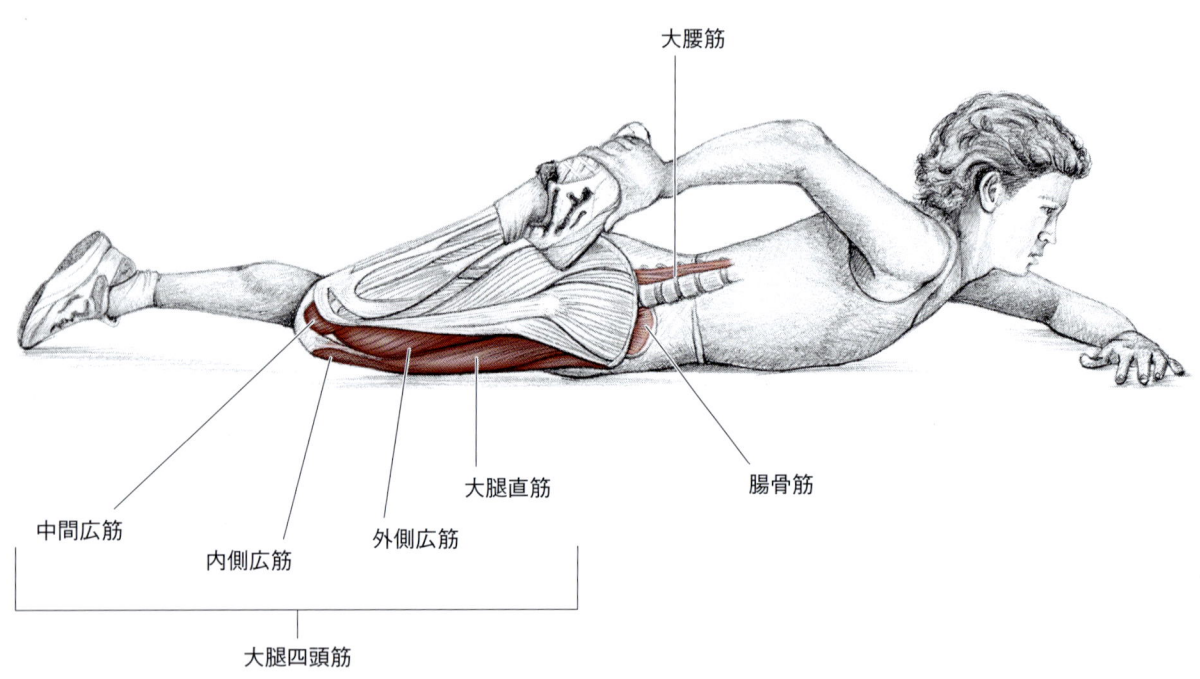

大腰筋

中間広筋

内側広筋

外側広筋

大腿直筋

腸骨筋

大腿四頭筋

方 法
うつ伏せになり，一方の足を殿部の後ろへ引きつける．

ストレッチされる筋
主にストレッチされる筋：大腿直筋，内側広筋，外側広筋，中間広筋
次にストレッチされる筋：腸骨筋，大腰筋

効果的なスポーツ
サイクリング，ハイキング，バックパッキング，登山，オリエンテーリング，アイスホッケー，フィールドホッケー，アイススケート，ローラースケート，インラインスケート，格闘技，ランニング，トラック競技，クロスカントリー，アメリカンフットボール，サッカー，ラグビー，スキー，水上スキー，サーフィン，ウォーキング，競歩

効果的なスポーツ傷害
股関節屈筋挫傷，骨盤周囲の剥離骨折，恥骨炎，腸腰筋腱炎，大転子滑液包炎，大腿四頭筋挫傷，大腿四頭筋腱炎，膝蓋大腿関節痛症候群，膝蓋靱帯炎，膝蓋骨亜脱臼

よくある問題と正しいストレッチングの注意点
この姿勢では，膝の関節と靱帯に過度の力がかかることがある．膝に痛みがあったり，傷害がある場合はこのストレッチは避けるべきである．

追加するとよいストレッチ
065

067 横向きでの大腿四頭筋のストレッチ
ON-YOUR-SIDE QUAD STRETCH

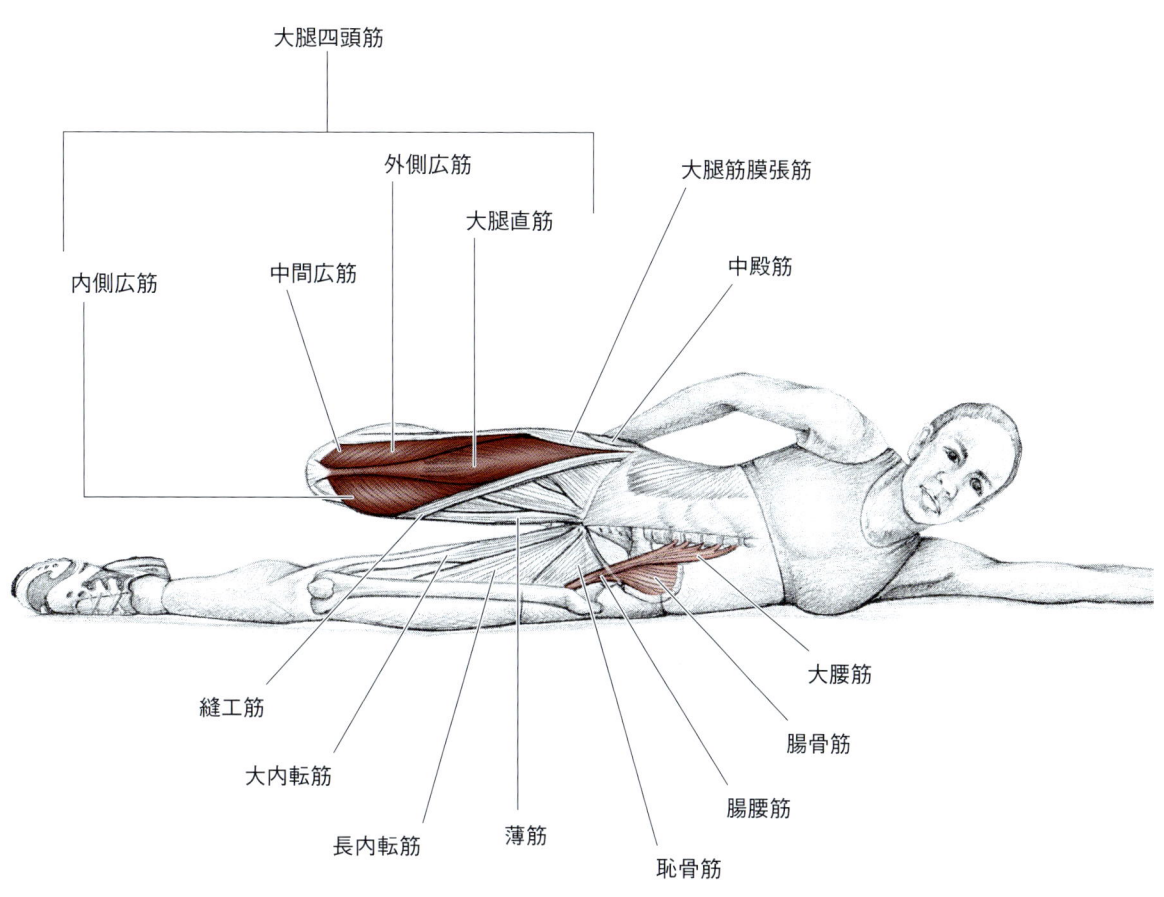

大腿四頭筋

外側広筋

大腿筋膜張筋

大腿直筋

中間広筋

中殿筋

内側広筋

縫工筋

大内転筋

長内転筋

薄筋

恥骨筋

腸腰筋

腸骨筋

大腰筋

11

方　法

　横向きに寝て，上になっている脚を殿部の後ろへ引きつける．両膝を揃えたまま，両股関節を前へ押し出す．

ストレッチされる筋

　主にストレッチされる筋：大腿直筋，内側広筋，外側広筋，中間広筋
　次にストレッチされる筋：腸骨筋，大腰筋

効果的なスポーツ

　サイクリング，ハイキング，バックパッキング，登山，オリエンテーリング，アイスホッケー，フィールドホッケー，アイススケート，ローラースケート，インラインスケート，格闘技，ランニング，トラック競技，クロスカントリー，アメリカンフッ

トボール，サッカー，ラグビー，スキー，水上スキー，サーフィン，ウォーキング，競歩

効果的なスポーツ傷害

　股関節屈筋挫傷，骨盤周囲の剥離骨折，恥骨炎，腸腰筋腱炎，大転子滑液包炎，大腿四頭筋挫傷，大腿四頭筋腱炎，膝蓋大腿関節痛症候群，膝蓋靱帯炎，膝蓋骨亜脱臼

よくある問題と正しいストレッチングの注意点

　この姿勢では，膝の関節と靱帯に過度の力がかかることがある．膝に痛みがあったり，傷害がある場合はこのストレッチは避けるべきである．

追加するとよいストレッチ

　064

068 脚を曲げて後方へ寄りかかる大腿四頭筋のストレッチ

DOUBLE LEAN-BACK QUAD STRETCH

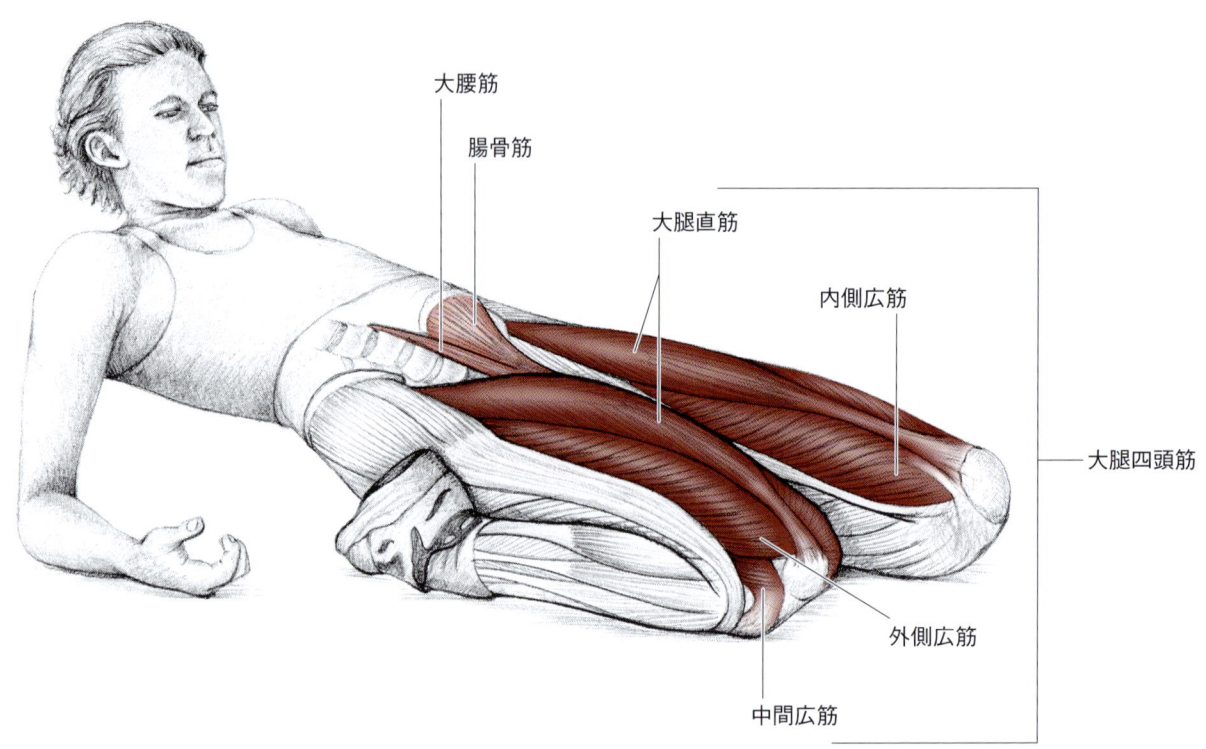

大腰筋

腸骨筋

大腿直筋

内側広筋

大腿四頭筋

外側広筋

中間広筋

方　法

　地面に座り，片側または両側の膝を曲げて脚を殿部の下に置く．次に上体を後方へゆっくりと傾ける．

ストレッチされる筋

　主にストレッチされる筋：大腿直筋，内側広筋，外側広筋，中間広筋
　次にストレッチされる筋：腸骨筋，大腰筋

効果的なスポーツ

　サイクリング，ハイキング，バックパッキング，登山，オリエンテーリング，アイスホッケー，フィールドホッケー，アイススケート，ローラースケート，インラインスケート，格闘技，ランニング，トラック競技，クロスカントリー，アメリカンフットボール，サッカー，ラグビー，スキー，水上スキー，サーフィン，ウォーキング，競歩

効果的なスポーツ傷害

　股関節屈筋挫傷，骨盤周囲の剥離骨折，恥骨骨炎，腸腰筋腱炎，大転子滑液包炎，大腿四頭筋挫傷，大腿四頭筋腱炎，膝蓋大腿関節痛症候群，膝蓋靱帯炎，膝蓋骨亜脱臼

よくある問題と正しいストレッチングの注意点

　この姿勢では，膝の関節と靱帯に過度の力がかかることがある．膝に痛みがあったり，傷害がある場合はこのストレッチは避けるべきである．

追加するとよいストレッチ

　065

12. ハムストリングスのストレッチ

STRETCHES FOR THE HAMSTRINGS

069 座位で両手を前方へ伸ばすハムストリングのストレッチ

070 立位でつま先を下ろすハムストリングのストレッチ

071 立位でつま先を持ち上げるハムストリングのストレッチ

072 立位で片脚を上げるハムストリングのストレッチ

073 座位での片脚のハムストリングのストレッチ

074 仰向けでパートナーと行うハムストリングのストレッチ

075 仰向けで片膝を曲げるハムストリングのストレッチ

076 仰向けで片膝を伸ばすハムストリングのストレッチ

077 片膝立ち位でつま先を上げるハムストリングのストレッチ

078 座位で片脚を大腿部に乗せるハムストリングのストレッチ

079 立位で，上げた片脚の膝を曲げるハムストリングのストレッチ

080 座位で両膝を曲げ，つま先を引きつけるハムストリングのストレッチ

081 立位で両手を下げるハムストリングのストレッチ

069 座位で両手を前方へ伸ばす
ハムストリングのストレッチ

SITTING REACH FORWARD HAMSTRING STRETCH

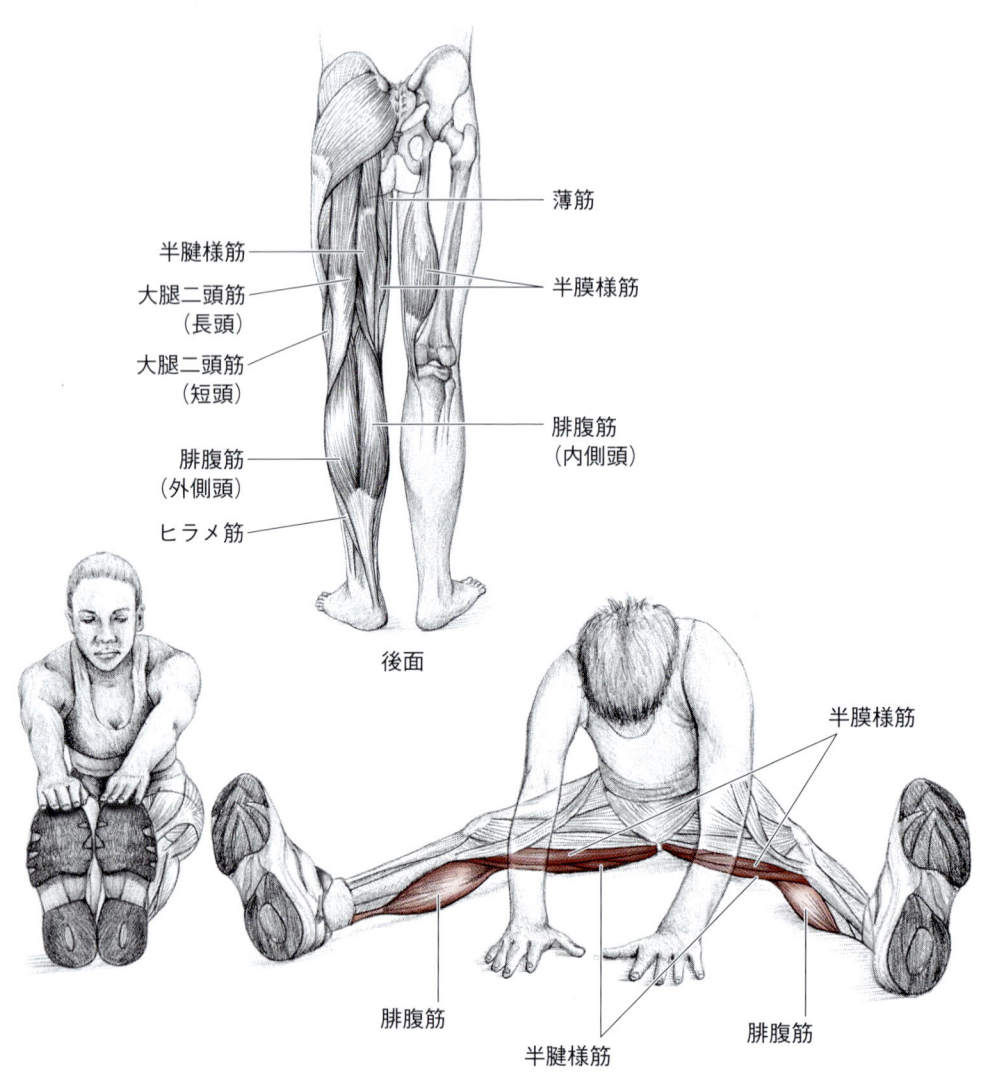

薄筋

半腱様筋

大腿二頭筋
（長頭）

半膜様筋

大腿二頭筋
（短頭）

腓腹筋
（内側頭）

腓腹筋
（外側頭）

ヒラメ筋

後面

半膜様筋

腓腹筋

半腱様筋

腓腹筋

方　法
　座位になり，両脚をまっすぐ前方へ伸ばし，両方のつま先を真上を向くように保つ．背中を曲げないようにして，両手をつま先へ向けて前方へ伸ばす．

ストレッチされる筋
　主にストレッチされる筋：半膜様筋，半腱様筋，大腿二頭筋
　次にストレッチされる筋：腓腹筋

効果的なスポーツ
　バスケットボール，ネットボール，サイクリング，ハイキング，バックパッキング，登山，オリエンテーリング，アイスホッケー，フィールドホッケー，アイススケート，ローラースケート，インラインスケート，格闘技，ランニング，トラック競技，クロスカントリー，アメリカンフットボール，サッカー，ラグビー，スキー，水上スキー，サーフィン，ウォーキング，競歩，レスリング

効果的なスポーツ傷害
　腰部の筋挫傷，腰椎の靱帯損傷，ハムストリングス挫傷

よくある問題と正しいストレッチングの注意点
　つま先の向きを真上に保つことが大切である．つま先を一方に倒した状態でこのストレッチを行うと，ハムストリングにかかる緊張が不均衡になる．これを長い期間行うと，筋のアンバランスを招くことがある．

追加するとよいストレッチ
　073

070 立位でつま先を下ろす
ハムストリングのストレッチ
STANDING TOE-POINTED HAMSTRING STRETCH

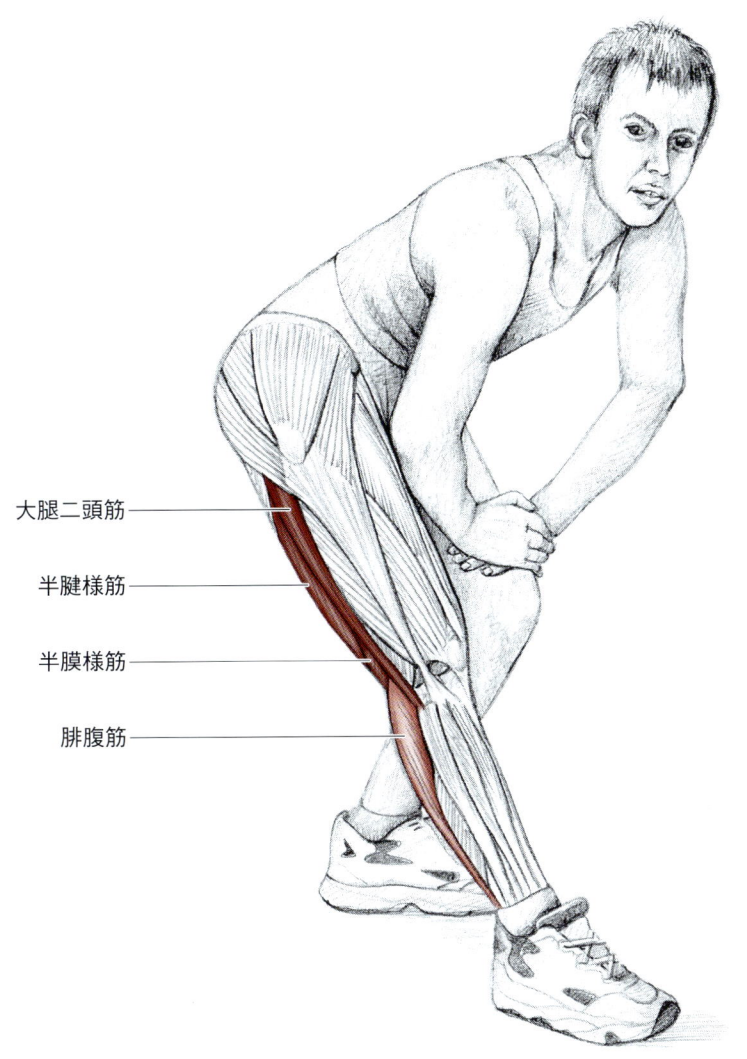

大腿二頭筋 ———

半腱様筋 ———

半膜様筋 ———

腓腹筋 ———

方 法
　立位で一方の膝を曲げ，他方の脚は前方へまっすぐ伸ばす．つま先を地面に向け，上体を前方へ傾ける．背中をまっすぐに保ち，両手は曲げた膝の上に置く．

ストレッチされる筋
　主にストレッチされる筋：半膜様筋，半腱様筋，大腿二頭筋
　次にストレッチされる筋：腓腹筋

効果的なスポーツ
　バスケットボール，ネットボール，サイクリング，ハイキング，バックパッキング，登山，オリエンテーリング，アイスホッケー，フィールドホッケー，アイススケート，ローラースケート，インライン

ケート，格闘技，ランニング，トラック競技，クロスカントリー，アメリカンフットボール，サッカー，ラグビー，スキー，水上スキー，サーフィン，ウォーキング，競歩，レスリング

効果的なスポーツ傷害
　腰部の筋挫傷，腰部の靭帯損傷，ハムストリングス挫傷

正しいストレッチングの注意点
　背中をまっすぐに保ち，上体を前方へ傾けることでストレッチの強度を調節する．

追加するとよいストレッチ
　071

071 立位でつま先を持ち上げる ハムストリングのストレッチ
STANDING TOE-RAISED HAMSTRING STRETCH

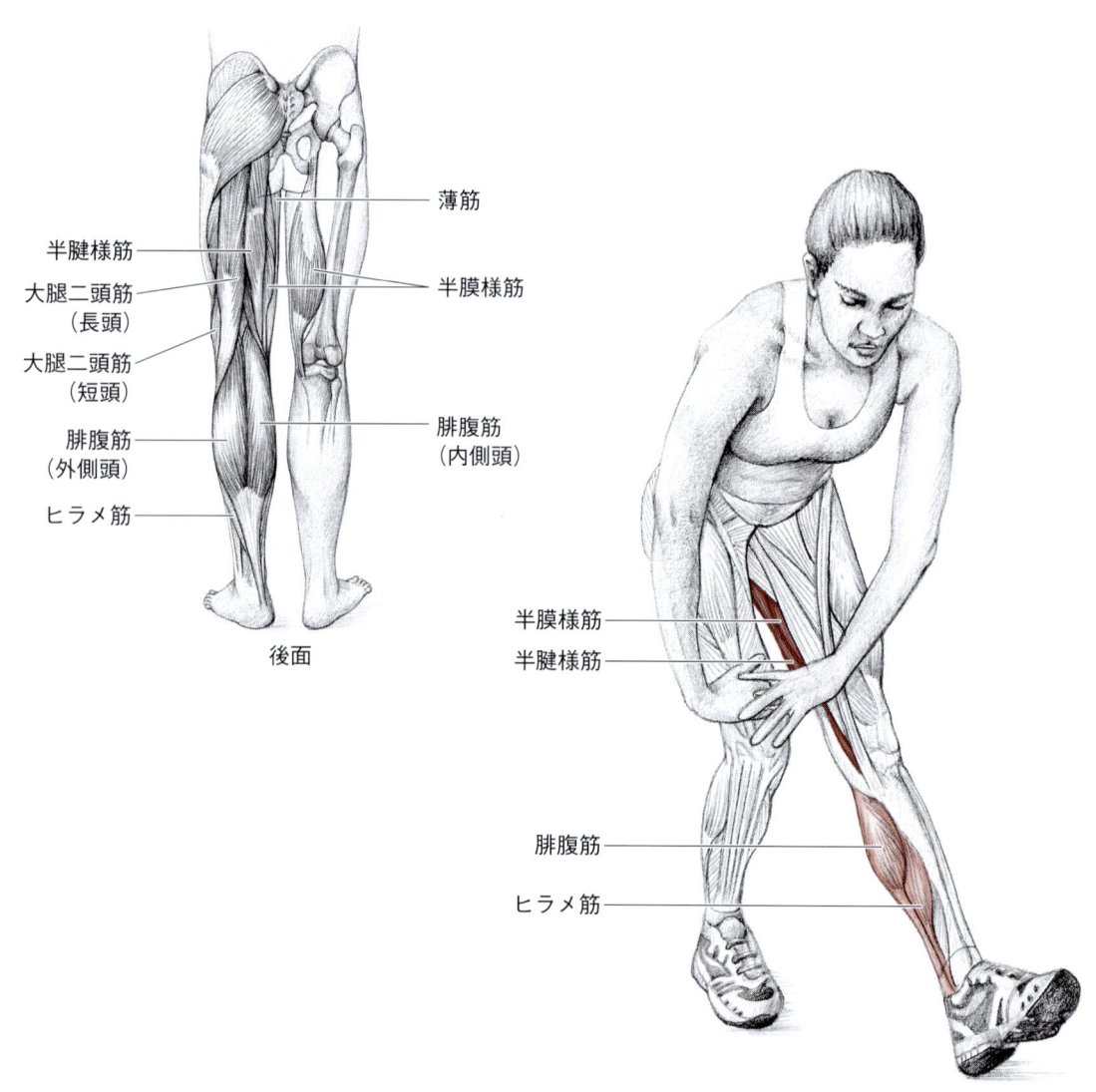

半腱様筋
大腿二頭筋（長頭）
大腿二頭筋（短頭）
腓腹筋（外側頭）
ヒラメ筋
薄筋
半膜様筋
腓腹筋（内側頭）
後面

半膜様筋
半腱様筋
腓腹筋
ヒラメ筋

方 法

立位で一方の膝を曲げ，他方の脚は前方へまっすぐ伸ばす．つま先を身体のほうに向け，上体を前方へ傾ける．背中をまっすぐに保ち，両手は曲げた膝の上に置く．

ストレッチされる筋

主にストレッチされる筋：半膜様筋，半腱様筋，大腿二頭筋

次にストレッチされる筋：腓腹筋，ヒラメ筋

効果的なスポーツ

バスケットボール，ネットボール，サイクリング，ハイキング，バックパッキング，登山，オリエンテーリング，アイスホッケー，フィールドホッケー，アイススケート，ローラースケート，インラインスケート，格闘技，ランニング，トラック競技，クロスカントリー，アメリカンフットボール，サッカー，ラグビー，スキー，水上スキー，サーフィン，ウォーキング，競歩，レスリング

効果的なスポーツ傷害

腰部の筋挫傷，腰部の靱帯損傷，ハムストリングス挫傷，ふくらはぎの挫傷

正しいストレッチングの注意点

背中をまっすぐに保ち，つま先が上方を向くように足関節を曲げることで，ストレッチの強度を調節する．

追加するとよいストレッチ

072

立位で片脚を上げる ハムストリングのストレッチ

STANDING LEG-UP HAMSTRING STRETCH

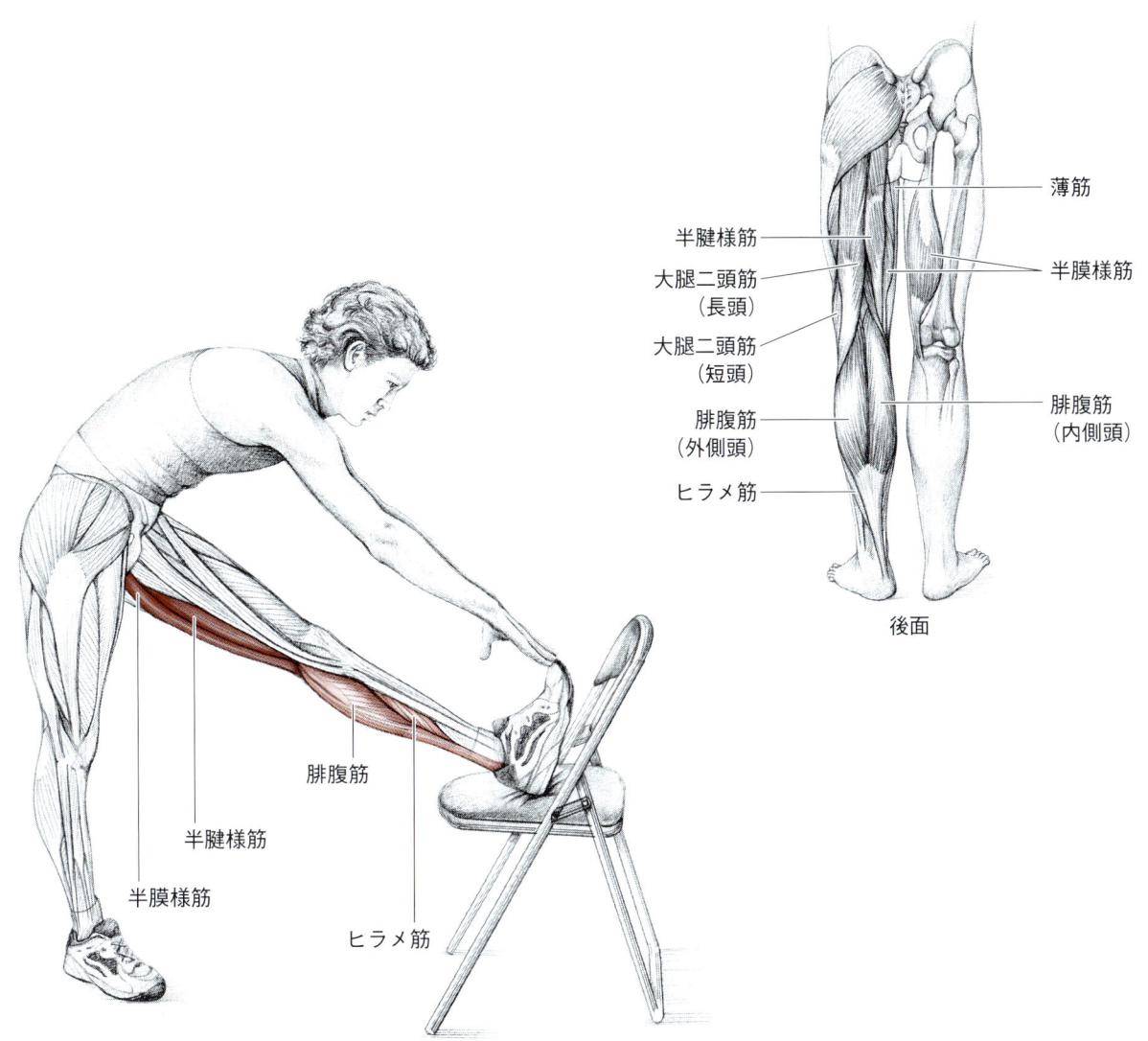

半腱様筋
大腿二頭筋
（長頭）
大腿二頭筋
（短頭）
腓腹筋
（外側頭）
ヒラメ筋

薄筋
半膜様筋
腓腹筋
（内側頭）

後面

腓腹筋
半腱様筋
半膜様筋
ヒラメ筋

方　法
　直立し，一方の脚を椅子などの上に乗せる．脚は
まっすぐにし，つま先は真上を向くように保つ．背
中をまっすぐにしたまま，上体を前方へ傾ける．

ストレッチされる筋
　主にストレッチされる筋：半膜様筋，半腱様筋，
大腿二頭筋
　次にストレッチされる筋：腓腹筋，ヒラメ筋

効果的なスポーツ
　バスケットボール，ネットボール，サイクリング，
ハイキング，バックパッキング，登山，オリエン
テーリング，アイスホッケー，フィールドホッケー，
アイススケート，ローラースケート，インラインス
ケート，格闘技，ランニング，トラック競技，クロ
スカントリー，アメリカンフットボール，サッカー，
ラグビー，スキー，水上スキー，サーフィン，ウォー
キング，競歩，レスリング

効果的なスポーツ傷害
　腰部の筋挫傷，腰部の靱帯損傷，ハムストリング
ス挫傷，ふくらはぎの挫傷

よくある問題と正しいストレッチングの注意点
　背中をまっすぐに保ち，上体を前方へ傾けること
でストレッチの強度を調節する．

追加するとよいストレッチ
　069

073 座位での片脚の ハムストリングのストレッチ

SITTING SINGLE LEG HAMSTRING STRETCH

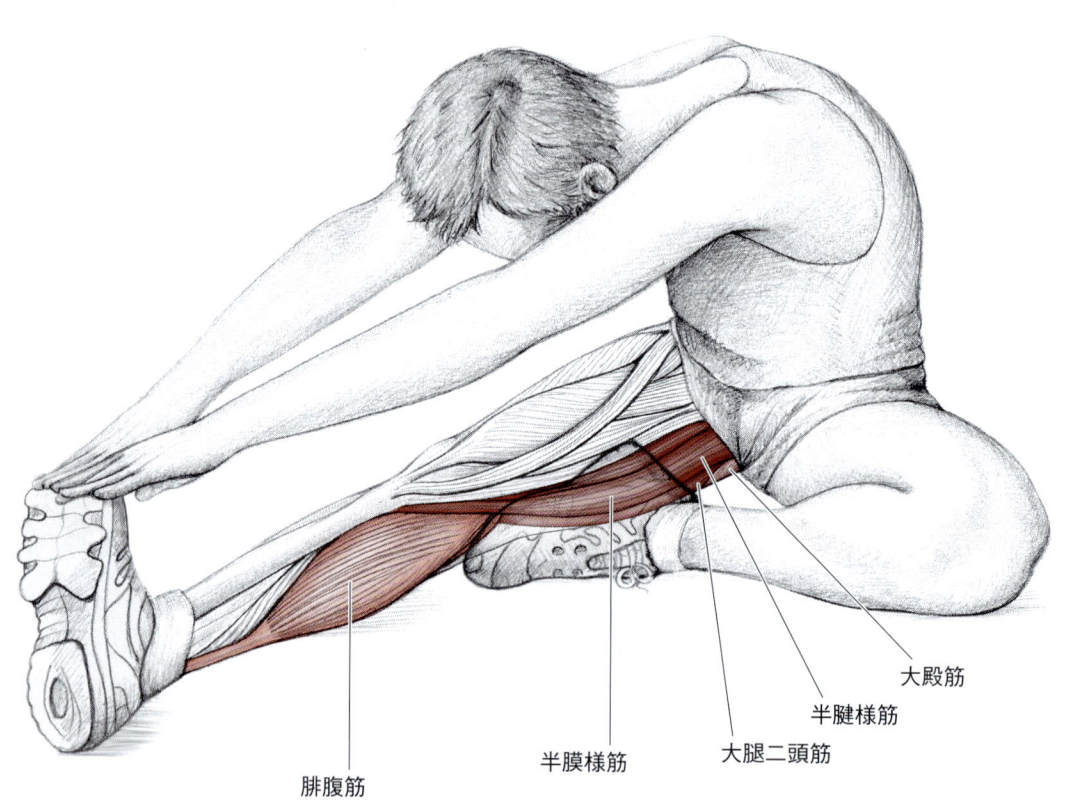

腓腹筋

半膜様筋

大腿二頭筋

半腱様筋

大殿筋

方 法

座位になり，一方の脚を前方にまっすぐ伸ばし，つま先は上に向ける．他方の足を伸ばした脚の膝の近くへ持っていく．頭を前へ倒し，両手をつま先のほうへ伸ばす．

ストレッチされる筋

主にストレッチされる筋：半膜様筋，半腱様筋，大腿二頭筋

次にストレッチされる筋：腓腹筋，大殿筋

効果的なスポーツ

バスケットボール，ネットボール，サイクリング，ハイキング，バックパッキング，登山，オリエンテーリング，アイスホッケー，フィールドホッケー，アイススケート，ローラースケート，インラインスケート，格闘技，ランニング，トラック競技，クロスカントリー，アメリカンフットボール，サッカー，ラグビー，スキー，水上スキー，サーフィン，ウォーキング，競歩，レスリング

効果的なスポーツ傷害

腰部の筋挫傷，腰部の靱帯損傷，ハムストリングス挫傷，ふくらはぎの挫傷

よくある問題と正しいストレッチングの注意点

つま先の向きを真上に保つことが大切である．つま先を一方に倒した状態でこのストレッチを行うと，ハムストリングにかかる緊張が不均衡になる．これを長い期間行うと，筋のアンバランスを招くことがある．

追加するとよいストレッチ

076

074 仰向けでパートナーと行う ハムストリングのストレッチ

LYING PARTNER ASSISTED HAMSTRING STRETCH

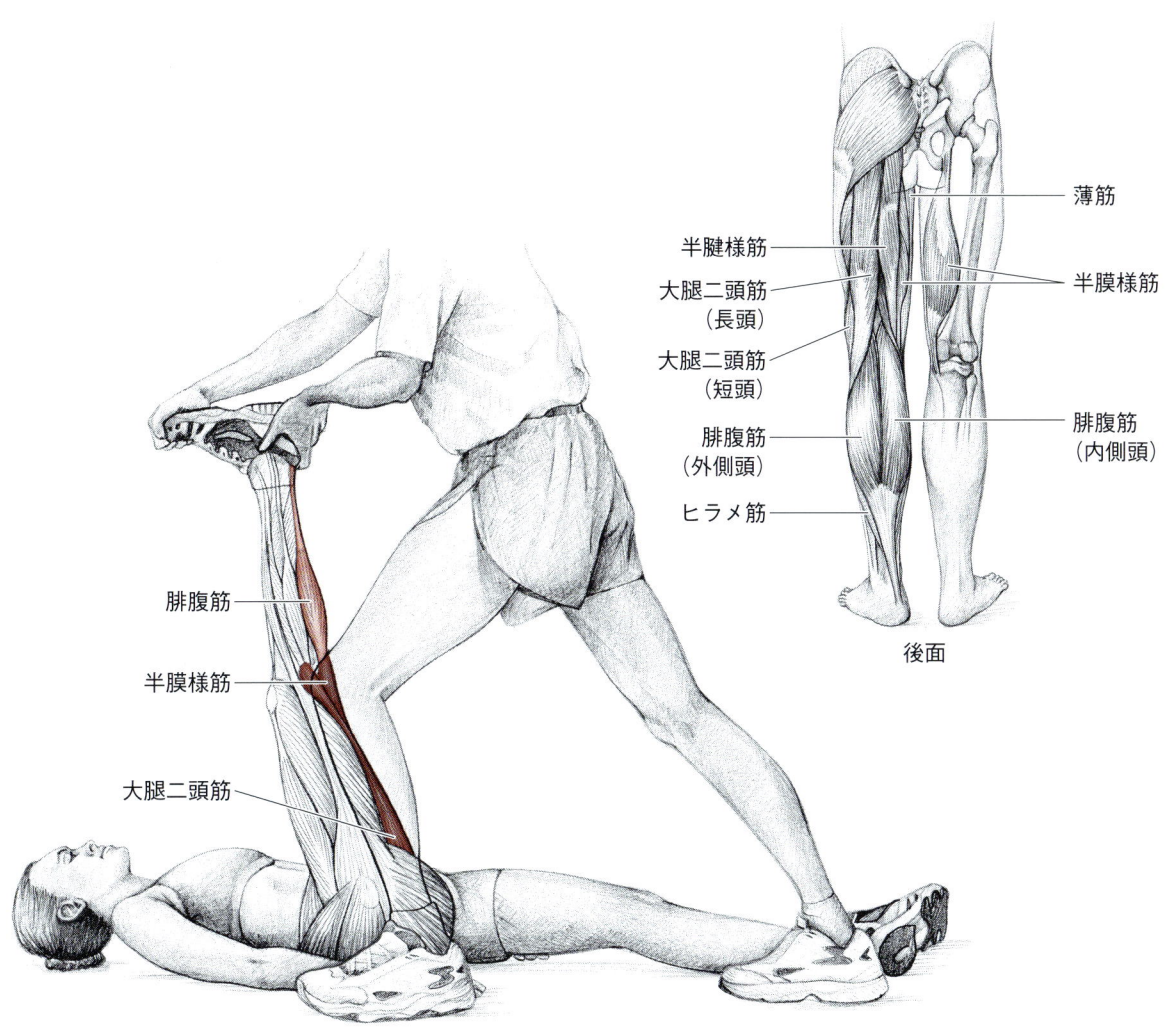

半腱様筋
大腿二頭筋
（長頭）
大腿二頭筋
（短頭）
腓腹筋
（外側頭）
ヒラメ筋

薄筋
半膜様筋
腓腹筋
（内側頭）

後面

腓腹筋
半膜様筋
大腿二頭筋

方　法
　仰向けになり，両脚はまっすぐに保つ．パートナーに，一方の脚を地面から離し，心地良い範囲でできるだけ後方へ持ち上げてもらう．つま先を確実に真後ろに向けるようにする．

ストレッチされる筋
　主にストレッチされる筋：半膜様筋，半腱様筋，大腿二頭筋
　次にストレッチされる筋：腓腹筋

効果的なスポーツ
　バスケットボール，ネットボール，サイクリング，ハイキング，バックパッキング，登山，オリエンテーリング，アイスホッケー，フィールドホッケー，アイススケート，ローラースケート，インラインスケート，格闘技，ランニング，トラック競技，クロ

スカントリー，アメリカンフットボール，サッカー，ラグビー，スキー，水上スキー，サーフィン，ウォーキング，競歩，レスリング

効果的なスポーツ傷害
　腰部の筋挫傷，腰部の靱帯損傷，ハムストリングス挫傷，ふくらはぎの挫傷

よくある問題と正しいストレッチングの注意点
　ストレッチングのパートナーは慎重に選ぶ．このストレッチをしている間は，パートナーがあなたの安全を握っているので，常にはっきりとコミュニケーションをとるようにする．

追加するとよいストレッチ
　072

075 仰向けで片膝を曲げる ハムストリングのストレッチ

LYING BENT KNEE HAMSTRING STRETCH

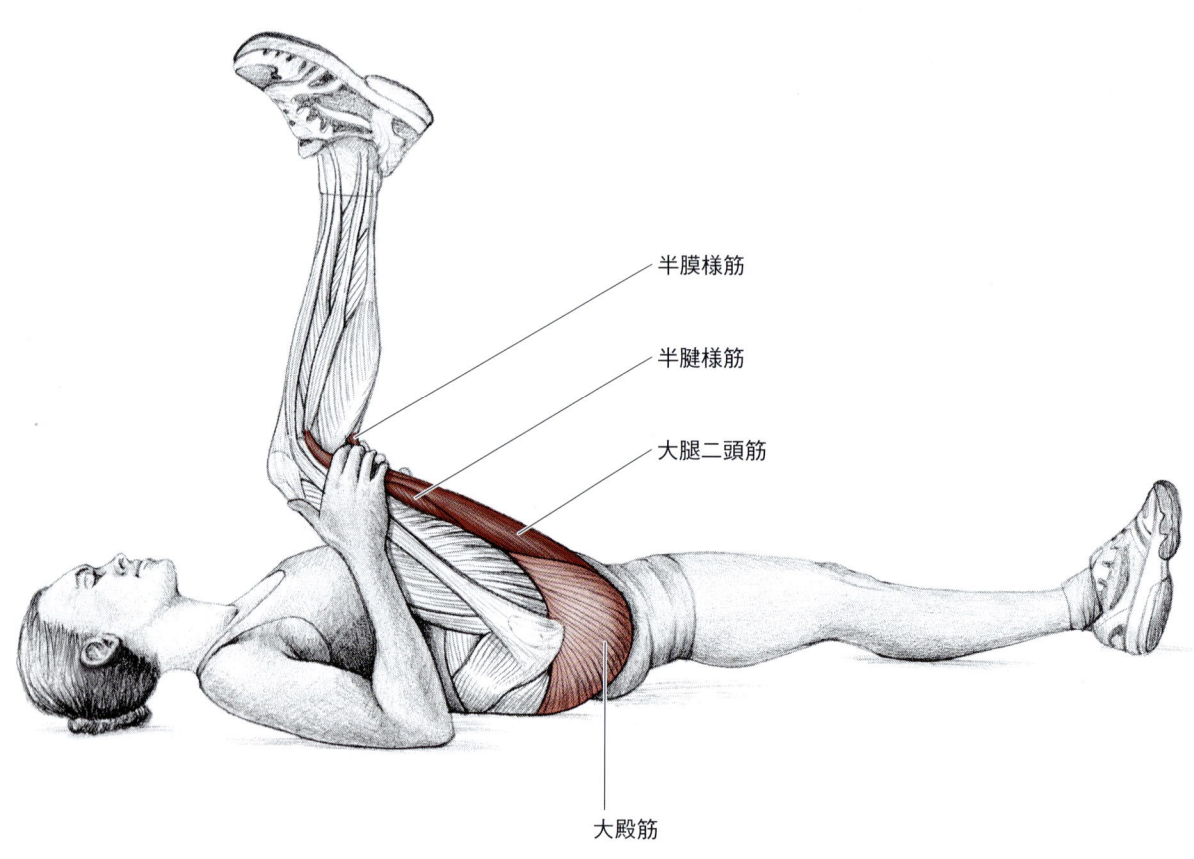

半膜様筋

半腱様筋

大腿二頭筋

大殿筋

ハムストリングスのストレッチ

12

方 法

　仰向けになり，一方の脚を曲げる．曲げた脚の膝を胸に引きつけ，次に上げた脚をゆっくり，穏やかに伸ばす．

ストレッチされる筋

　主にストレッチされる筋：半膜様筋，半腱様筋，大腿二頭筋
　次にストレッチされる筋：大殿筋

効果的なスポーツ

　バスケットボール，ネットボール，サイクリング，ハイキング，バックパッキング，登山，オリエンテーリング，アイスホッケー，フィールドホッケー，アイススケート，ローラースケート，インラインス

ケート，格闘技，ランニング，トラック競技，クロスカントリー，アメリカンフットボール，サッカー，ラグビー，スキー，水上スキー，サーフィン，ウォーキング，競歩，レスリング

効果的なスポーツ傷害

　腰部の筋挫傷，腰部の靱帯損傷，ハムストリングス挫傷

正しいストレッチングの注意点

　脚の上部（大腿部）はあまり動かさず，膝を伸ばすことでストレッチの強度を調節する．

追加するとよいストレッチ

　079

076 仰向けで片膝を伸ばす ハムストリングのストレッチ

LYING STRAIGHT KNEE HAMSTRING STRETCH

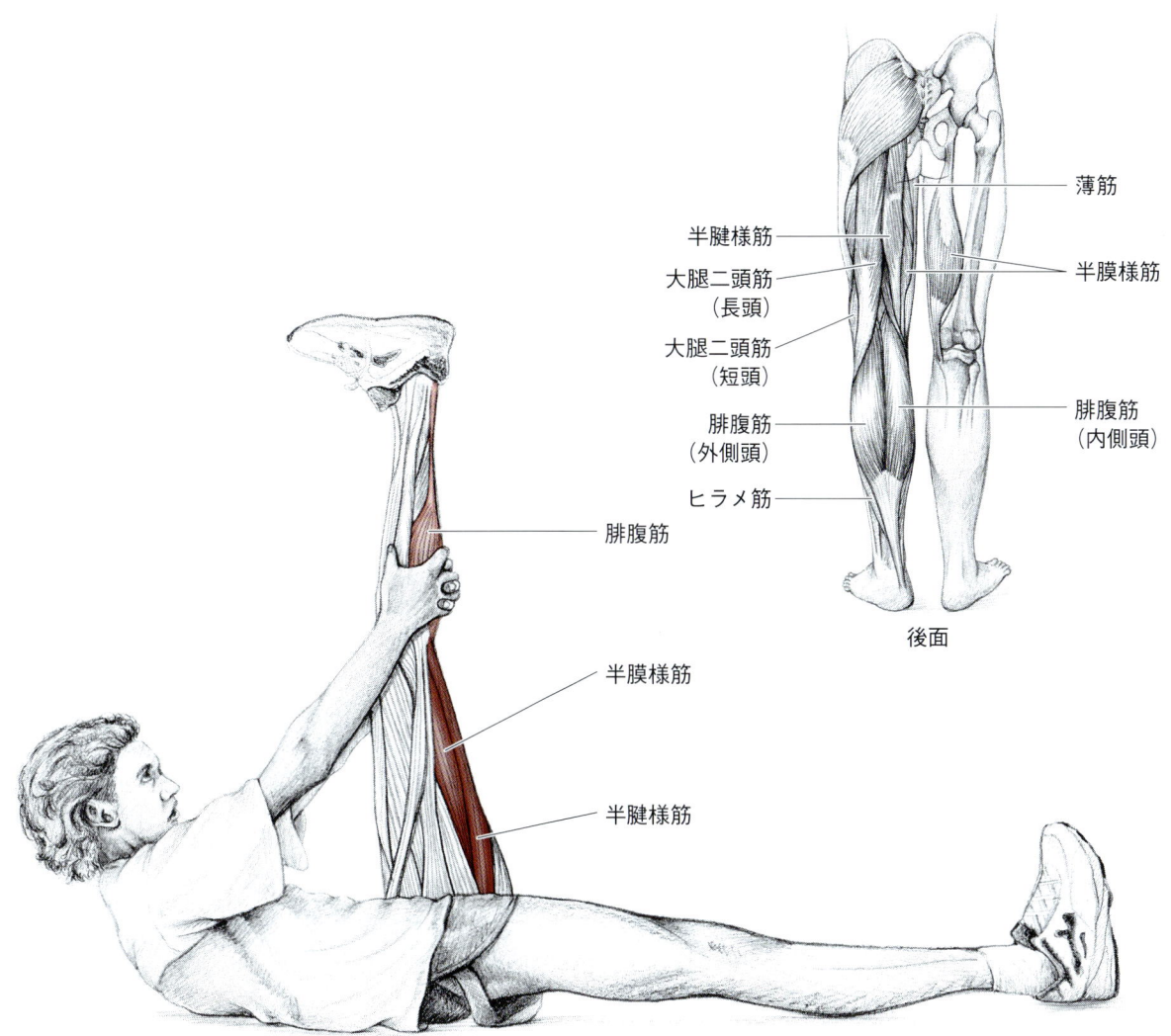

半腱様筋
大腿二頭筋（長頭）
大腿二頭筋（短頭）
腓腹筋（外側頭）
ヒラメ筋

薄筋
半膜様筋
腓腹筋（内側頭）

後面

腓腹筋
半膜様筋
半腱様筋

方　法
　仰向けになり，一方の脚を曲げる．まっすぐに伸ばした脚を持ち上げ，胸のほうへ引きつける．

ストレッチされる筋
　主にストレッチされる筋：半膜様筋，半腱様筋，大腿二頭筋
　次にストレッチされる筋：腓腹筋

効果的なスポーツ
　バスケットボール，ネットボール，サイクリング，ハイキング，バックパッキング，登山，オリエンテーリング，アイスホッケー，フィールドホッケー，アイススケート，ローラースケート，インラインスケート，格闘技，ランニング，トラック競技，クロスカントリー，アメリカンフットボール，サッカー，ラグビー，スキー，水上スキー，サーフィン，ウォーキング，競歩，レスリング

効果的なスポーツ傷害
　腰部の筋挫傷，腰部の靱帯損傷，ハムストリングス挫傷，ふくらはぎの挫傷

よくある問題と正しいストレッチングの注意点
　つま先の向きを真後ろに保つことが大切である．つま先を一方に倒した状態でこのストレッチを行うと，ハムストリングにかかる緊張が不均衡になる．これを長い期間行うと，筋のアンバランスを招くことがある．

追加するとよいストレッチ
　077

077 片膝立ち位でつま先を上げる ハムストリングのストレッチ

KNEELING TOE-RAISED HAMSTRING STRETCH

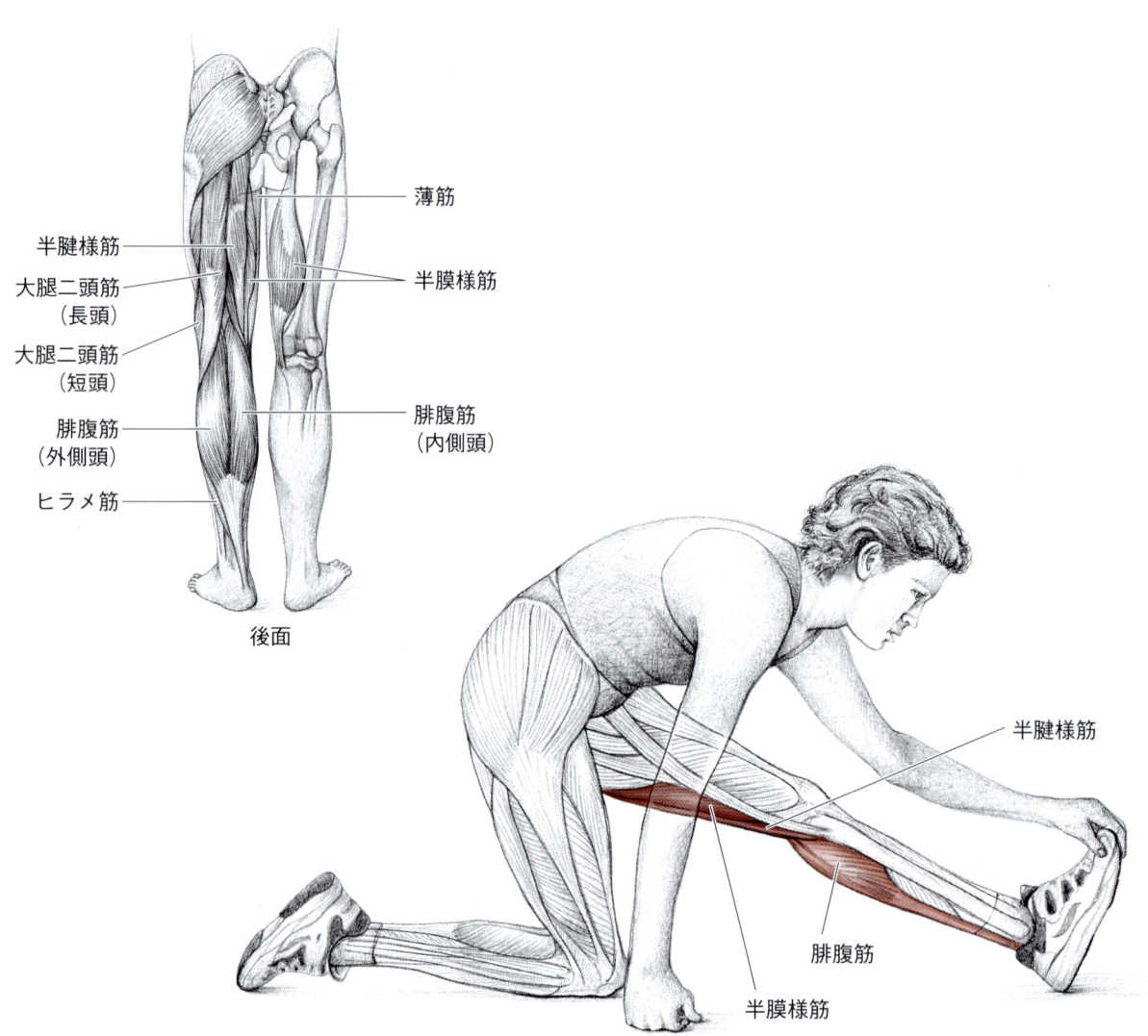

薄筋

半腱様筋

大腿二頭筋 （長頭）

半膜様筋

大腿二頭筋 （短頭）

腓腹筋

腓腹筋 （内側頭）

ヒラメ筋

後面

半腱様筋

腓腹筋

半膜様筋

ハムストリングスのストレッチ

12

方 法

　片膝立ちになり，他方の脚は前方に伸ばして，踵を地面につける．背中をまっすぐに保ち，つま先を身体のほうへ向ける．一方の手をつま先に向けて伸ばす．

ストレッチされる筋

　主にストレッチされる筋：半腱様筋，半膜様筋，大腿二頭筋

　次にストレッチされる筋：腓腹筋

効果的なスポーツ

　バスケットボール，ネットボール，サイクリング，ハイキング，バックパッキング，登山，オリエンテーリング，アイスホッケー，フィールドホッケー，アイススケート，ローラースケート，インラインス

ケート，格闘技，ランニング，トラック競技，クロスカントリー，アメリカンフットボール，サッカー，ラグビー，スキー，水上スキー，サーフィン，ウォーキング，競歩，レスリング

効果的なスポーツ傷害

　腰部の筋挫傷，腰部の靱帯損傷，ハムストリングス挫傷，ふくらはぎの挫傷

よくある問題と正しいストレッチングの注意点

　つま先に触れられるかどうかは重要でない．背中をまっすぐにし，つま先を上に向けた状態を保つよう意識する．

追加するとよいストレッチ

　071

078 座位で片脚を大腿部に乗せる ハムストリングのストレッチ

SITTING LEG RESTING HAMSTRING STRETCH

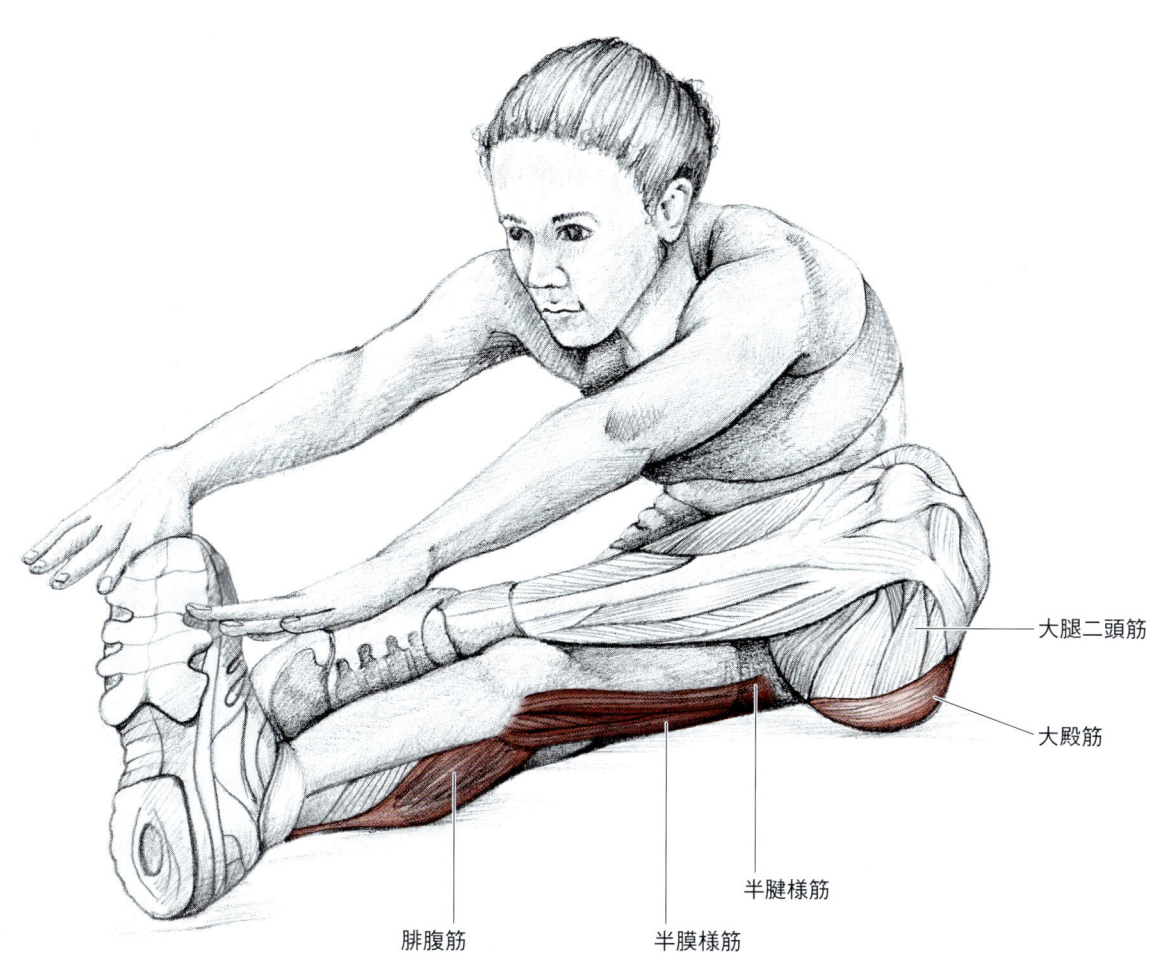

大腿二頭筋

大殿筋

半腱様筋

腓腹筋

半膜様筋

12

方 法

　座位になり，一方の脚を前方へまっすぐ伸ばし，つま先を上に向けた状態に保つ．他方の脚をその上に交差させ，足を大腿部に乗せる．背中をまっすぐに保ち，上体を前方へ傾け，手をつま先に向けて伸ばす．

ストレッチされる筋

　主にストレッチされる筋：半膜様筋，半腱様筋，大腿二頭筋

　次にストレッチされる筋：腓腹筋，大殿筋

効果的なスポーツ

　バスケットボール，ネットボール，サイクリング，ハイキング，バックパッキング，登山，オリエンテーリング，アイスホッケー，フィールドホッケー，アイススケート，ローラースケート，インラインスケート，格闘技，ランニング，トラック競技，クロスカントリー，アメリカンフットボール，サッカー，ラグビー，スキー，水上スキー，サーフィン，ウォーキング，競歩，レスリング

効果的なスポーツ傷害

　腰部の筋挫傷，腰部の靱帯損傷，ハムストリングス挫傷，ふくらはぎの挫傷

正しいストレッチングの注意点

　つま先に触れられるかどうかは重要でない．つま先へ向けて手を伸ばすだけで十分である．

追加するとよいストレッチ

　074

113

079 立位で，上げた片脚の膝を曲げる ハムストリングのストレッチ

STANDING LEG-UP BENT KNEE HAMSTRING STRETCH

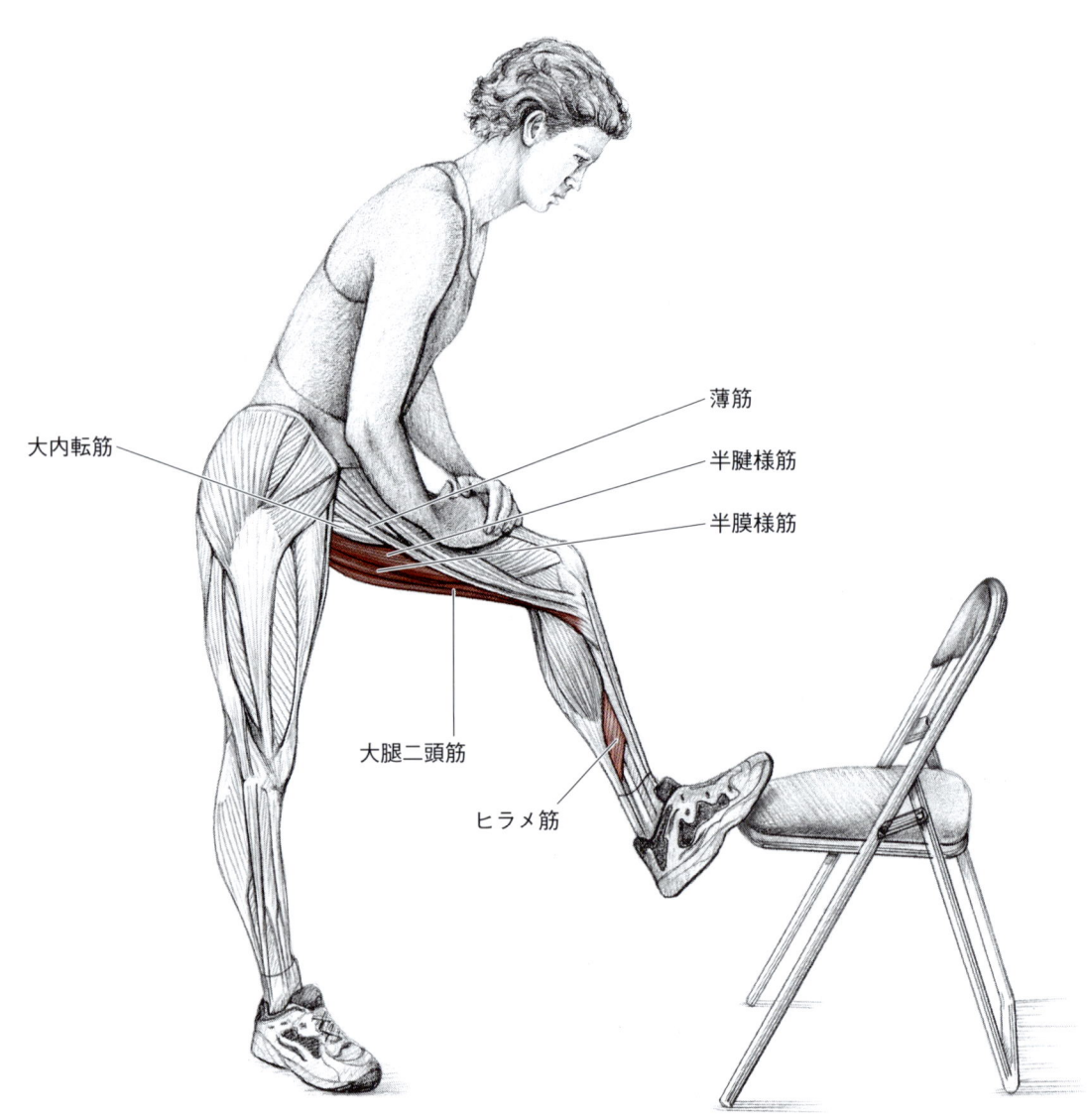

大内転筋

薄筋

半腱様筋

半膜様筋

大腿二頭筋

ヒラメ筋

方 法

立位で一方の足を椅子や台に乗せる．その脚を軽く曲げた状態を保ち，踵を台の端から下ろす．背中をまっすぐに保ち，胸を大腿に向かって動かす．

ストレッチされる筋

主にストレッチされる筋：半膜様筋，半腱様筋，大腿二頭筋
次にストレッチされる筋：ヒラメ筋

効果的なスポーツ

バスケットボール，ネットボール，サイクリング，ハイキング，バックパッキング，登山，オリエンテーリング，アイスホッケー，フィールドホッケー，アイススケート，ローラースケート，インラインス

ケート，格闘技，ランニング，トラック競技，クロスカントリー，アメリカンフットボール，サッカー，ラグビー，スキー，水上スキー，サーフィン，ウォーキング，競歩，レスリング

効果的なスポーツ傷害

ハムストリングス挫傷，アキレス腱挫傷，アキレス腱炎，脛骨内側痛症候群（シンスプリント）

正しいストレッチングの注意点

踵を地面に向かって押し下げれば，ストレッチを強めるのに役立つ．

追加するとよいストレッチ

080

080 座位で両膝を曲げ，つま先を引きつける ハムストリングのストレッチ

SITTING BENT KNEE TOE-PULL HAMSTRING STRETCH

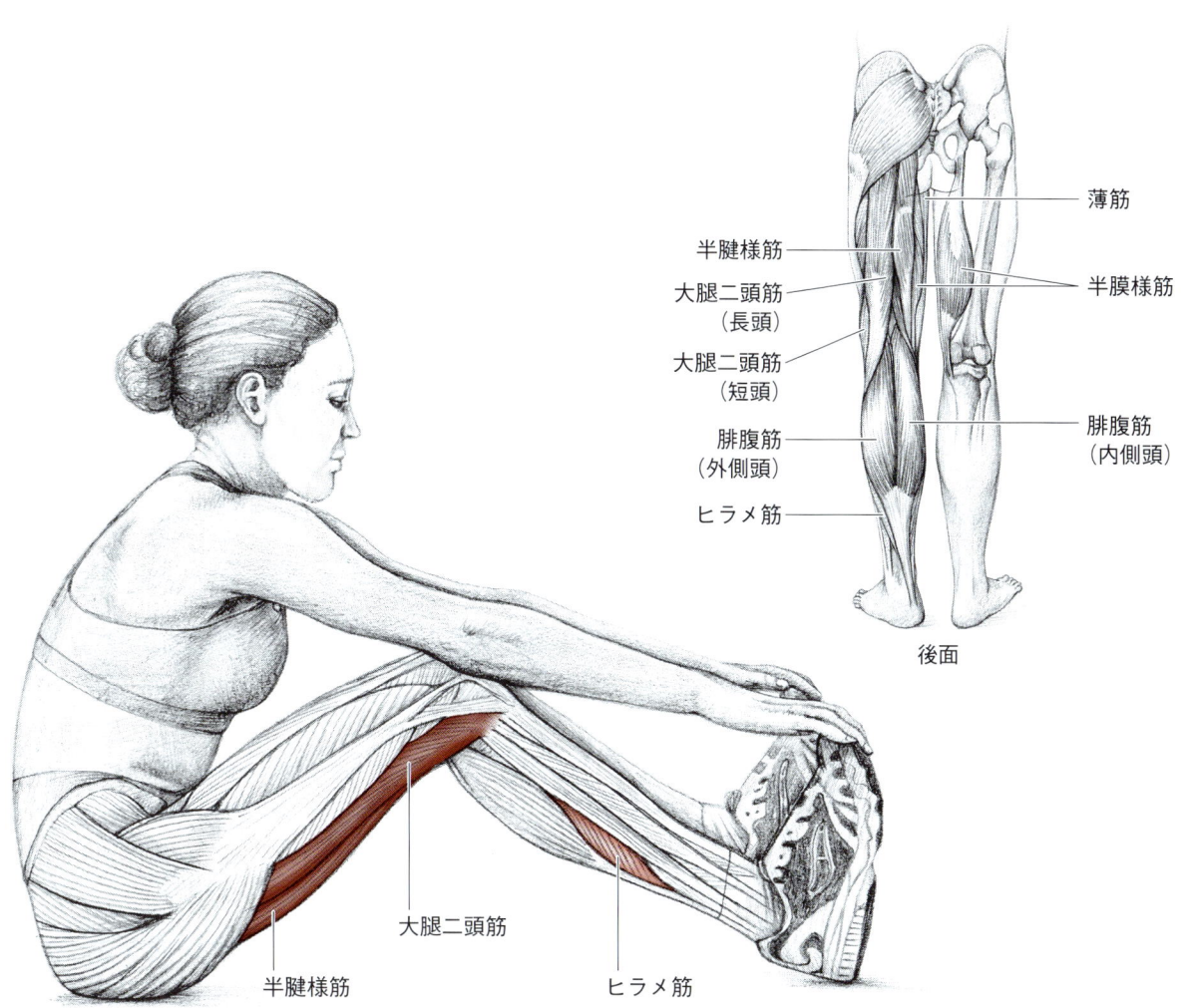

半腱様筋
大腿二頭筋（長頭）
大腿二頭筋（短頭）
腓腹筋（外側頭）
ヒラメ筋

薄筋
半膜様筋
腓腹筋（内側頭）

後面

半腱様筋
大腿二頭筋
ヒラメ筋

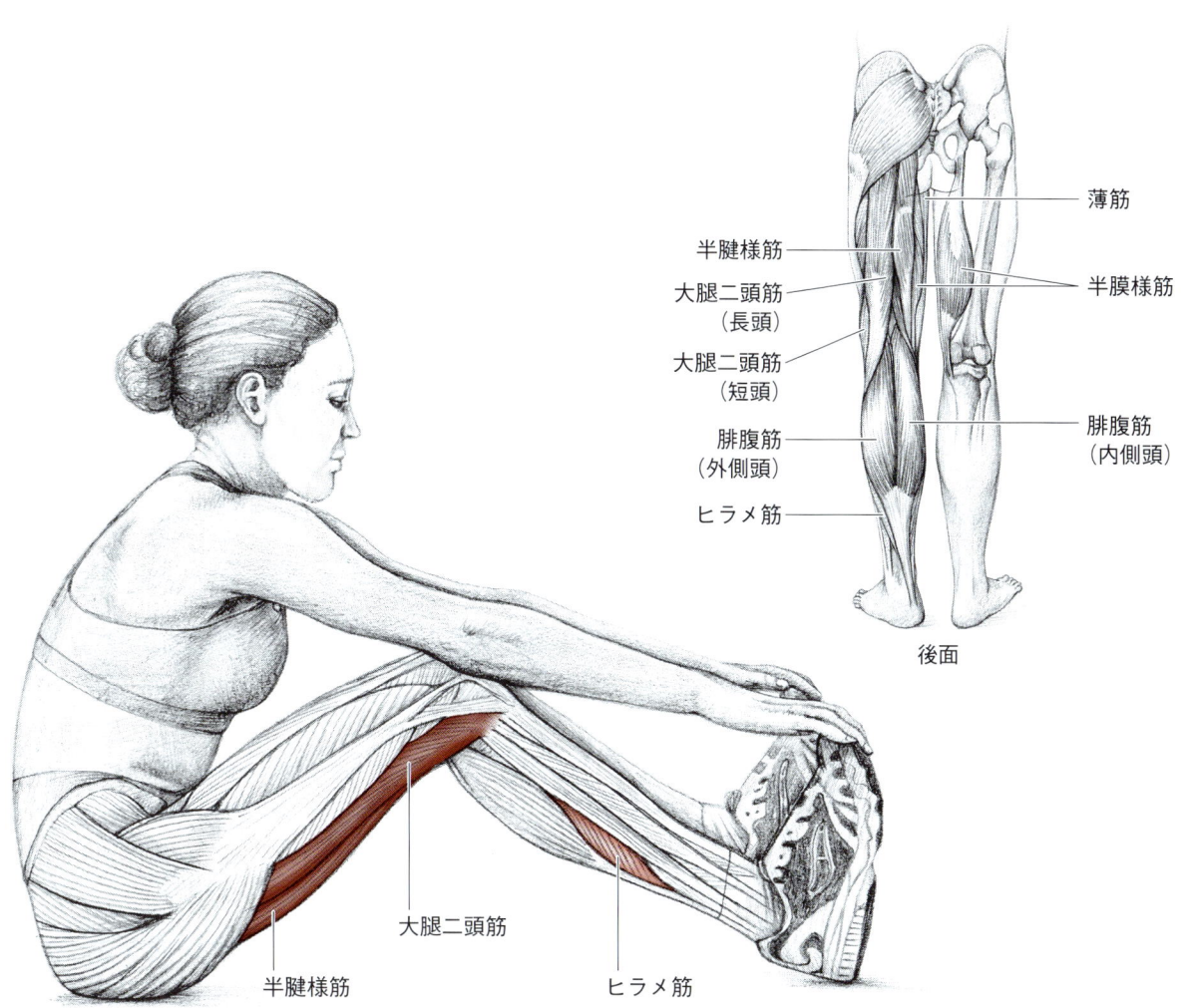

方　法

座位になって，両脚を軽く曲げる．両手でつま先をつかんで，身体のほうへ引きつける．上体を前に傾け，背中はまっすぐに保つ．

ストレッチされる筋

主にストレッチされる筋：半膜様筋，半腱様筋，大腿二頭筋
次にストレッチされる筋：ヒラメ筋

効果的なスポーツ

バスケットボール，ネットボール，サイクリング，ハイキング，バックパッキング，登山，オリエンテーリング，アイスホッケー，フィールドホッケー，アイススケート，ローラースケート，インラインスケート，格闘技，ランニング，トラック競技，クロスカントリー，アメリカンフットボール，サッカー，ラグビー，スキー，水上スキー，サーフィン，ウォーキング，競歩，レスリング

効果的なスポーツ傷害

ハムストリングス挫傷，アキレス腱挫傷，アキレス腱炎，脛骨内側痛症候群（シンスプリント）

よくある問題と正しいストレッチングの注意点

つま先を後方に引きつける際に，確実に真上に向けるようにする．つま先を一方に倒した状態でこのストレッチを行うと，ハムストリングにかかる緊張が不均衡になる．これを長い期間行うと，筋のアンバランスを招くことがある．

追加するとよいストレッチ

075

ハムストリングスのストレッチ

12

081 立位で両手を下げる ハムストリングのストレッチ

STANDING REACH DOWN HAMSTRING STRETCH

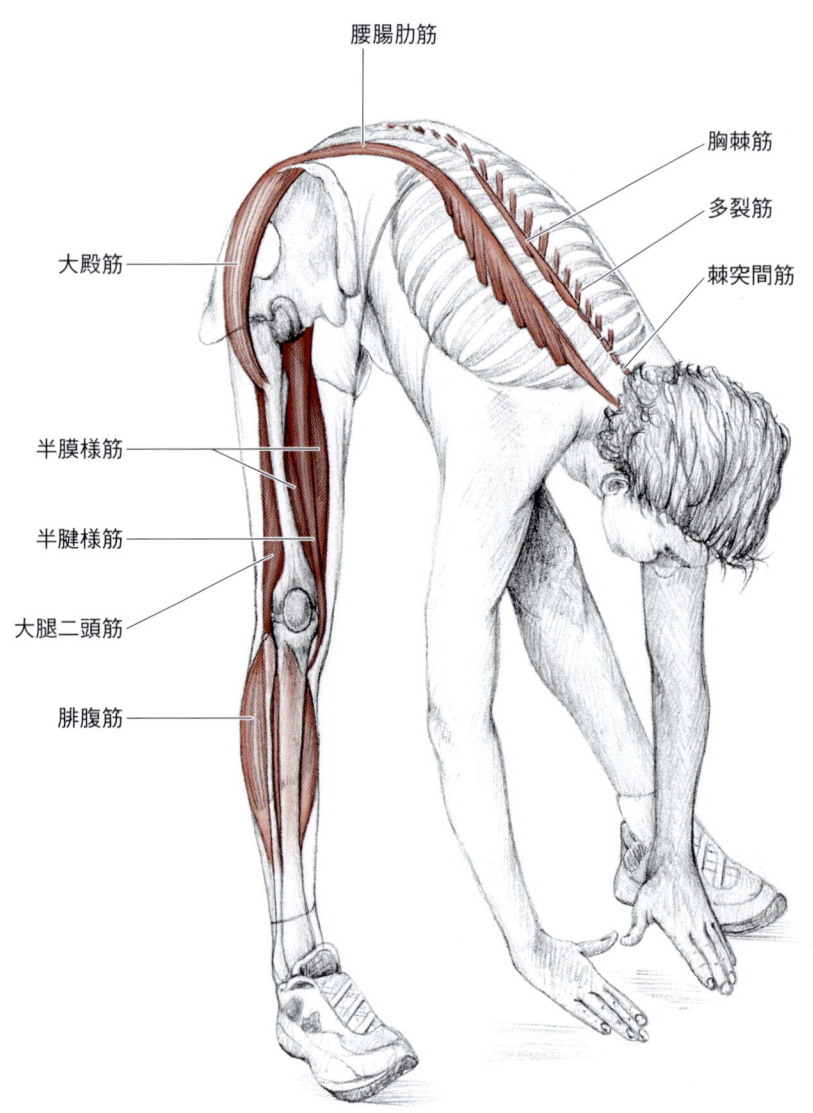

腰腸肋筋

胸棘筋

多裂筋

棘突間筋

大殿筋

半膜様筋

半腱様筋

大腿二頭筋

腓腹筋

方　法
　両足を肩幅に開いて立つ．前屈し，地面に向かって手を伸ばす．

ストレッチされる筋
　主にストレッチされる筋：半膜様筋，半腱様筋，大腿二頭筋
　次にストレッチされる筋：腓腹筋，大殿筋，腰腸肋筋，胸棘筋，棘突間筋，多裂筋

効果的なスポーツ
　バスケットボール，ネットボール，サイクリング，ハイキング，バックパッキング，登山，オリエンテーリング，アイスホッケー，フィールドホッケー，アイススケート，ローラースケート，インラインスケート，格闘技，ランニング，トラック競技，クロスカントリー，アメリカンフットボール，サッカー，ラグビー，スキー，水上スキー，サーフィン，ウォーキング，競歩，レスリング

効果的なスポーツ傷害
　腰部の筋挫傷，腰部の靱帯損傷，ハムストリングス挫傷，ふくらはぎの挫傷

よくある問題と正しいストレッチングの注意点
　この姿勢では，腰部の筋と膝に大きなストレスがかかる．腰痛や膝痛がある場合，このストレッチは避ける．

追加するとよいストレッチ
　069

116

13. 内転筋群のストレッチ

STRETCHES FOR THE ADDUCTORS

082　座位で両足を合わせる内転筋のストレッチ
083　立位で両膝を広げる内転筋のストレッチ
084　立位で片脚を上げる内転筋のストレッチ
085　片膝立ち位で片脚を開く内転筋のストレッチ
086　しゃがみ込んで片脚を開く内転筋のストレッチ
087　座位で両脚を広げる内転筋のストレッチ
088　立位で両脚を広げる内転筋のストレッチ

082 座位で両足を合わせる 内転筋のストレッチ

SITTING FEET TOGETHER ADDUCTOR STRETCH

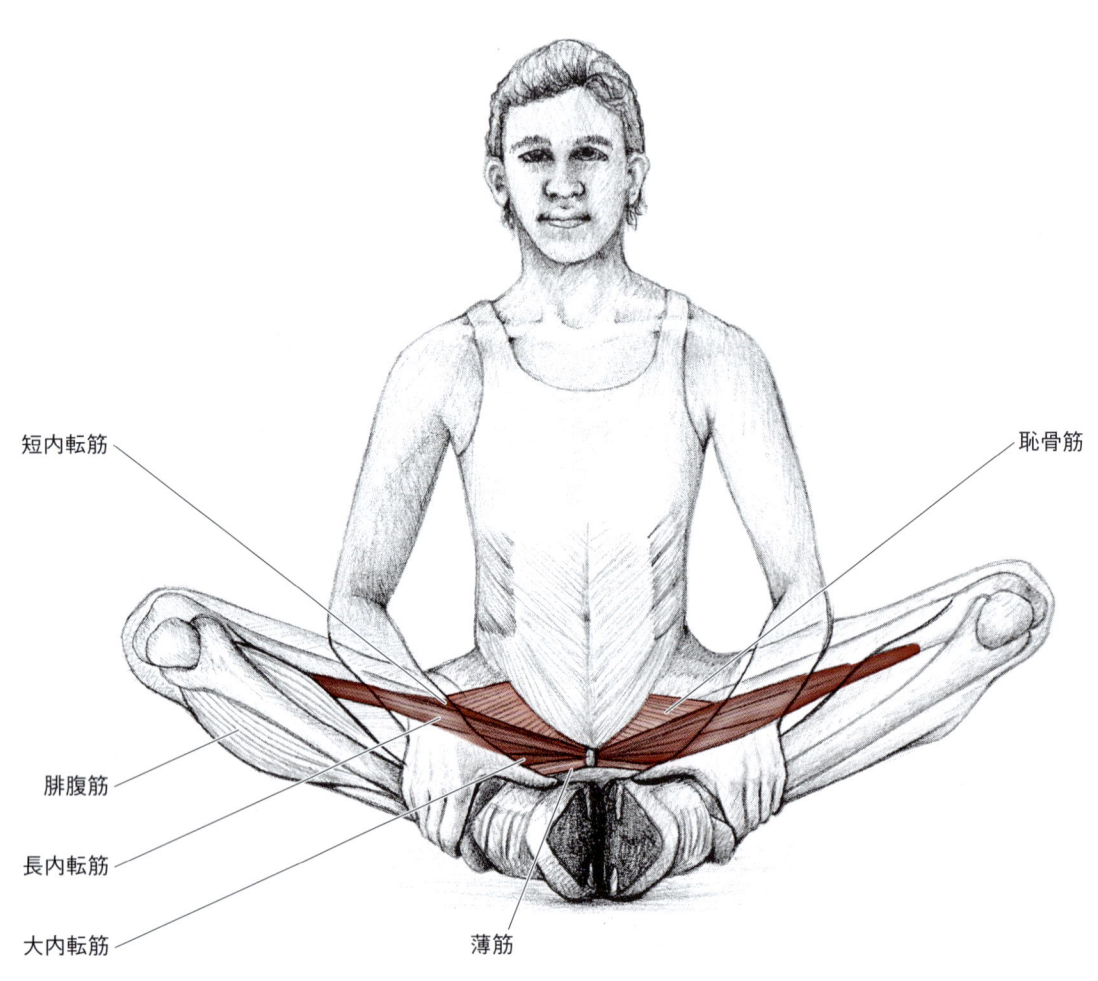

短内転筋

恥骨筋

腓腹筋

長内転筋

大内転筋

薄筋

方 法
座位になり，両方の足底を合わせ，両足を鼠径部のほうへ持ってくる．両足首をつかみ，両肘で膝を地面に向かって押す．背中は真っすぐ垂直に保つ．

ストレッチされる筋
主にストレッチされる筋：長内転筋，短内転筋，大内転筋
次にストレッチされる筋：薄筋，恥骨筋

効果的なスポーツ
バスケットボール，ネットボール，サイクリング，ハイキング，バックパッキング，登山，オリエンテーリング，アイスホッケー，フィールドホッケー，アイススケート，ローラースケート，インラインス

ケート，格闘技，ランニング，トラック競技，クロスカントリー，アメリカンフットボール，サッカー，ラグビー，スキー，水上スキー，サーフィン，ウォーキング，競歩，レスリング

効果的なスポーツ傷害
骨盤周囲の剥離骨折，鼠径部挫傷，恥骨炎，梨状筋症候群，内転筋腱炎，大転子滑液包炎

正しいストレッチングの注意点
背中をまっすぐに保ち，両肘を使ってストレッチの強度を調節する．

追加するとよいストレッチ
058

083 立位で両膝を広げる 内転筋のストレッチ

STANDING WIDE KNEES ADDUCTOR STRETCH

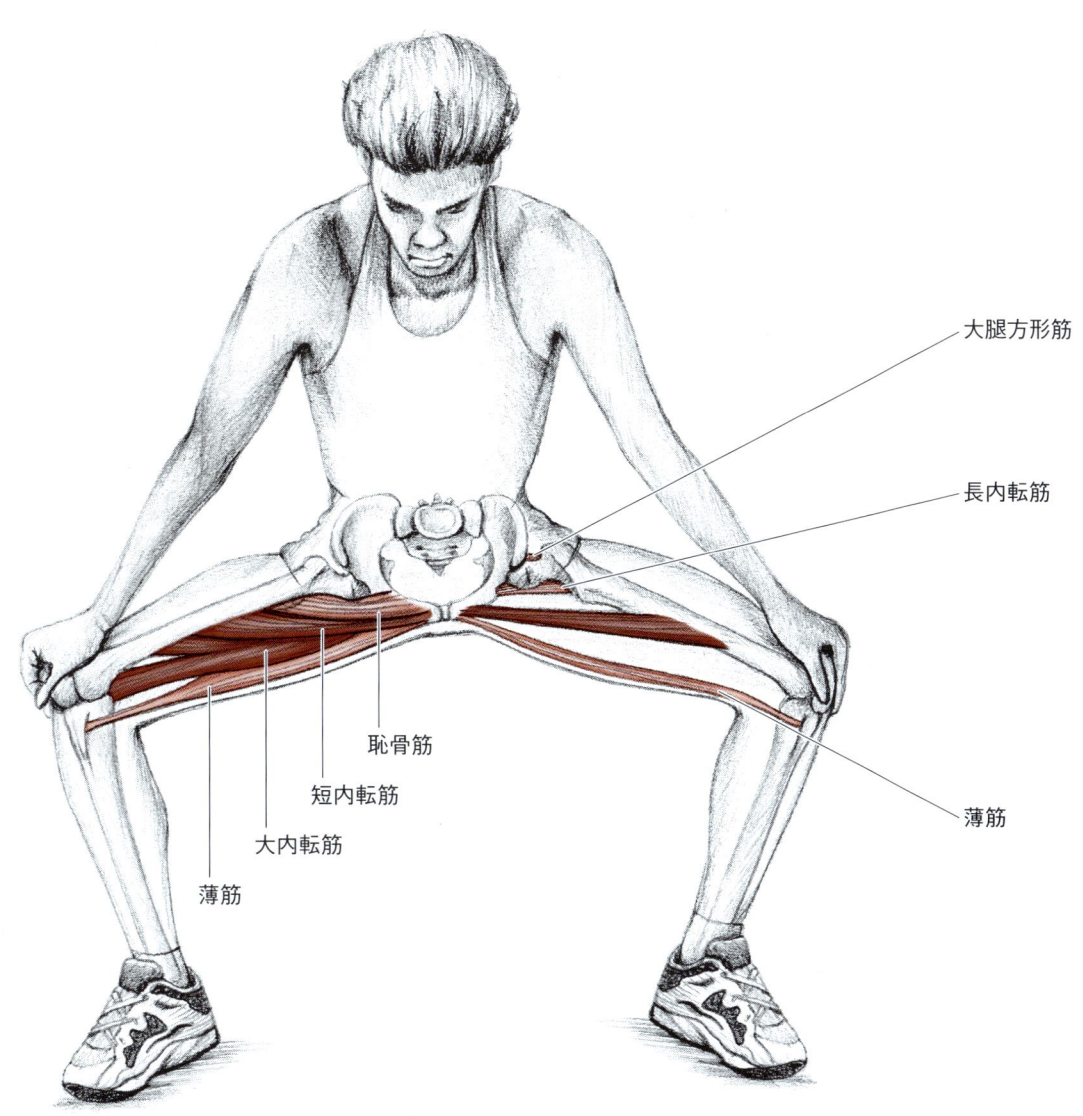

大腿方形筋

長内転筋

薄筋

恥骨筋

短内転筋

大内転筋

薄筋

方法

立位で両足を大きく広げ，つま先を斜め外側に向ける．両膝を曲げ，上体を前方へ傾け，両手で両膝を外側に向かって押す．

ストレッチされる筋

主にストレッチされる筋：長内転筋，短内転筋，大内転筋

次にストレッチされる筋：薄筋，恥骨筋，大腿方形筋

効果的なスポーツ

バスケットボール，ネットボール，サイクリング，ハイキング，バックパッキング，登山，オリエンテーリング，アイスホッケー，フィールドホッケー，アイススケート，ローラースケート，インラインスケート，格闘技，ランニング，トラック競技，クロスカントリー，アメリカンフットボール，サッカー，ラグビー，スキー，水上スキー，サーフィン，ウォーキング，競歩，レスリング

効果的なスポーツ傷害

骨盤周囲の剥離骨折，鼡径部挫傷，恥骨炎，梨状筋症候群，内転筋腱炎，大転子滑液包炎

よくある問題と正しいストレッチングの注意点

この姿勢を長時間保つには，多大な大腿四頭筋の筋力が必要となる．脚がつらくなってきたら休憩をとる．

追加するとよいストレッチ

087

084 立位で片脚を上げる内転筋のストレッチ

STANDING LEG-UP ADDUCTOR STRETCH

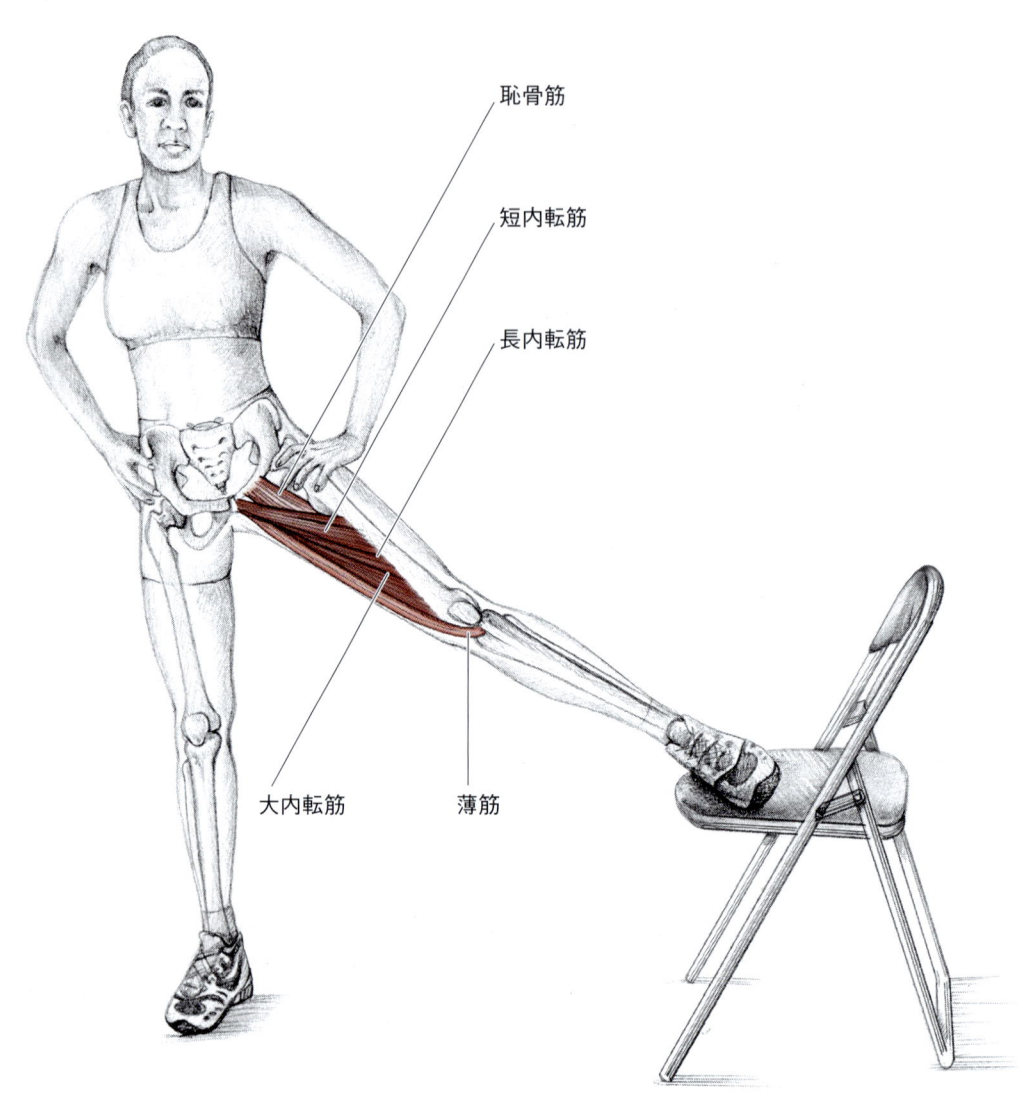

恥骨筋

短内転筋

長内転筋

大内転筋

薄筋

方 法

　直立し，一方の脚を外側に広げ，足を椅子などの上に乗せる．つま先を前方に向けた状態を保ち，他方の脚を椅子からゆっくりと遠ざける．

ストレッチされる筋

　主にストレッチされる筋：長内転筋，短内転筋，大内転筋

　次にストレッチされる筋：薄筋，恥骨筋

効果的なスポーツ

　バスケットボール，ネットボール，サイクリング，ハイキング，バックパッキング，登山，オリエンテーリング，アイスホッケー，フィールドホッケー，アイススケート，ローラースケート，インラインスケート，格闘技，ランニング，トラック競技，クロスカントリー，アメリカンフットボール，サッカー，ラグビー，スキー，水上スキー，サーフィン，ウォーキング，競歩，レスリング

効果的なスポーツ傷害

　骨盤周囲の剥離骨折，鼡径部挫傷，恥骨炎，梨状筋症候群，内転筋腱炎，大転子滑液包炎

正しいストレッチングの注意点

　このストレッチの強度を強める場合は，椅子などの高さを上げ，必要であればバランスをとるために何かにつかまる．

効果的なスポーツ

　082

085 片膝立ち位で片脚を開く 内転筋のストレッチ

KNEELING LEG-OUT ADDUCTOR STRETCH

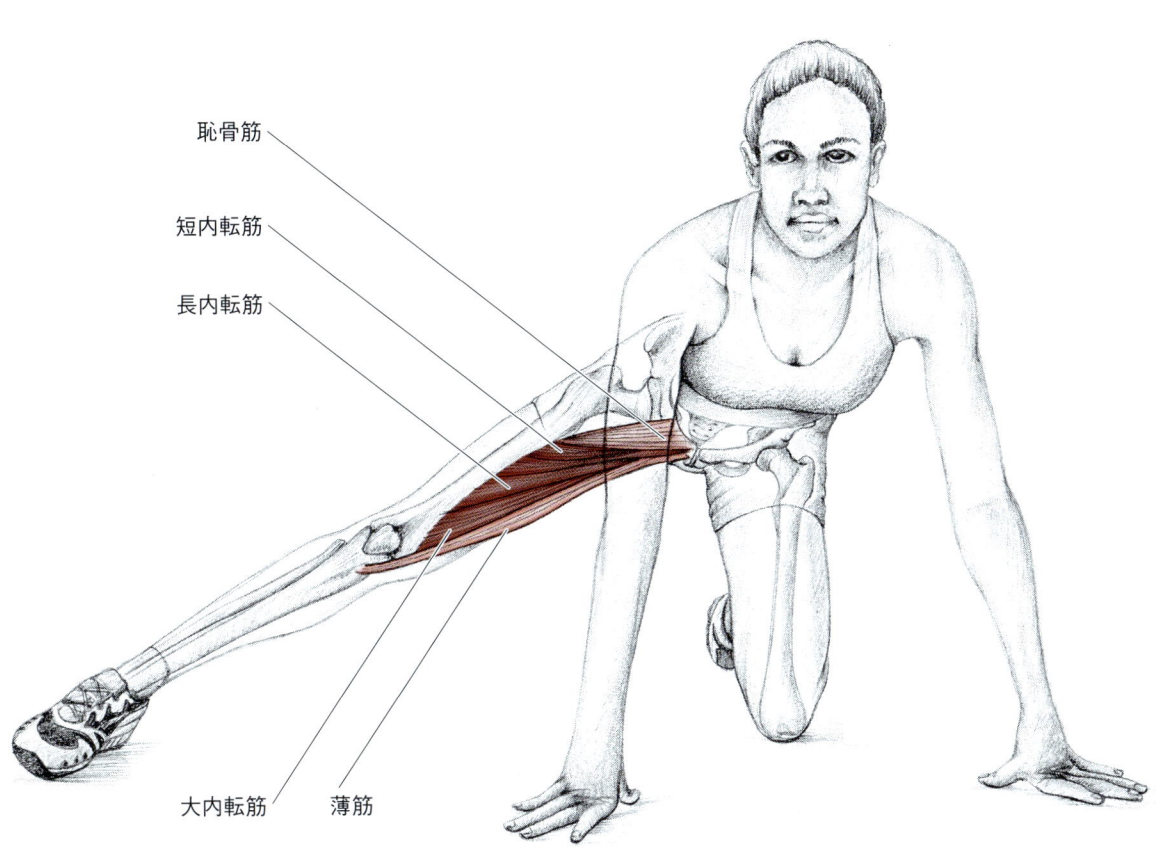

恥骨筋

短内転筋

長内転筋

大内転筋　薄筋

方 法

片膝を突き，他方の脚は外側へ開いてつま先を前方に向ける．両手を地面に突き，足をさらに側方へゆっくりと動かしていく．

ストレッチされる筋

主にストレッチされる筋：長内転筋，短内転筋，大内転筋

次にストレッチされる筋：薄筋，恥骨筋

効果的なスポーツ

バスケットボール，ネットボール，サイクリング，ハイキング，バックパッキング，登山，オリエンテーリング，アイスホッケー，フィールドホッケー，アイススケート，ローラースケート，インラインスケート，格闘技，ランニング，トラック競技，クロスカントリー，アメリカンフットボール，サッカー，ラグビー，スキー，水上スキー，サーフィン，ウォーキング，競歩，レスリング

効果的なスポーツ傷害

骨盤周囲の剥離骨折，鼡径部挫傷，恥骨炎，梨状筋症候群，内転筋腱炎，大転子滑液包炎

正しいストレッチングの注意点

必要であれば，快適に行えるように，膝の下にタオルかマットを敷く．

追加するとよいストレッチ

086

086 しゃがみ込んで片脚を開く内転筋のストレッチ

SQUATTING LEG-OUT ADDUCTOR STRETCH

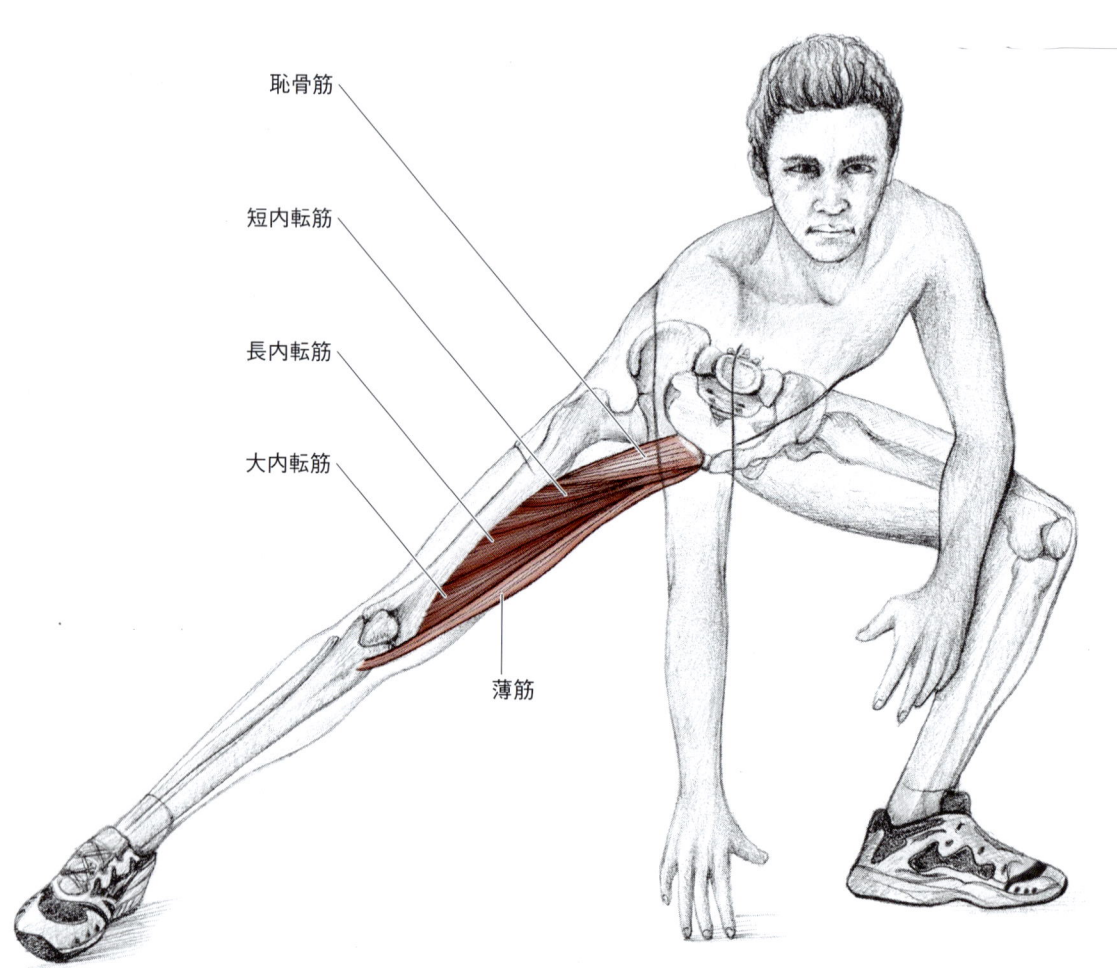

恥骨筋

短内転筋

長内転筋

大内転筋

薄筋

方 法
両足を大きく広げて立つ. 一方の脚はまっすぐに保ち, つま先を前方に向ける. 他方の脚は曲げてつま先は外側に向ける. 鼡径部を地面に向けて下げ, 手は曲げた膝か地面に置く.

ストレッチされる筋
主にストレッチされる筋：長内転筋, 短内転筋, 大内転筋
次にストレッチされる筋：薄筋, 恥骨筋

効果的なスポーツ
バスケットボール, ネットボール, サイクリング, ハイキング, バックパッキング, 登山, オリエンテーリング, アイスホッケー, フィールドホッケー, アイススケート, ローラースケート, インラインスケート, 格闘技, ランニング, トラック競技, クロスカントリー, アメリカンフットボール, サッカー, ラグビー, スキー, 水上スキー, サーフィン, ウォーキング, 競歩, レスリング

効果的なスポーツ傷害
骨盤周囲の剥離骨折, 鼡径部挫傷, 恥骨炎, 梨状筋症候群, 内転筋腱炎, 大転子滑液包炎

正しいストレッチングの注意点
身体を地面へ向けて下げることで, このストレッチの強度を増加させる.

追加するとよいストレッチ
085

087 座位で両脚を広げる
内転筋のストレッチ

SITTING WIDE LEG ADDUCTOR STRETCH

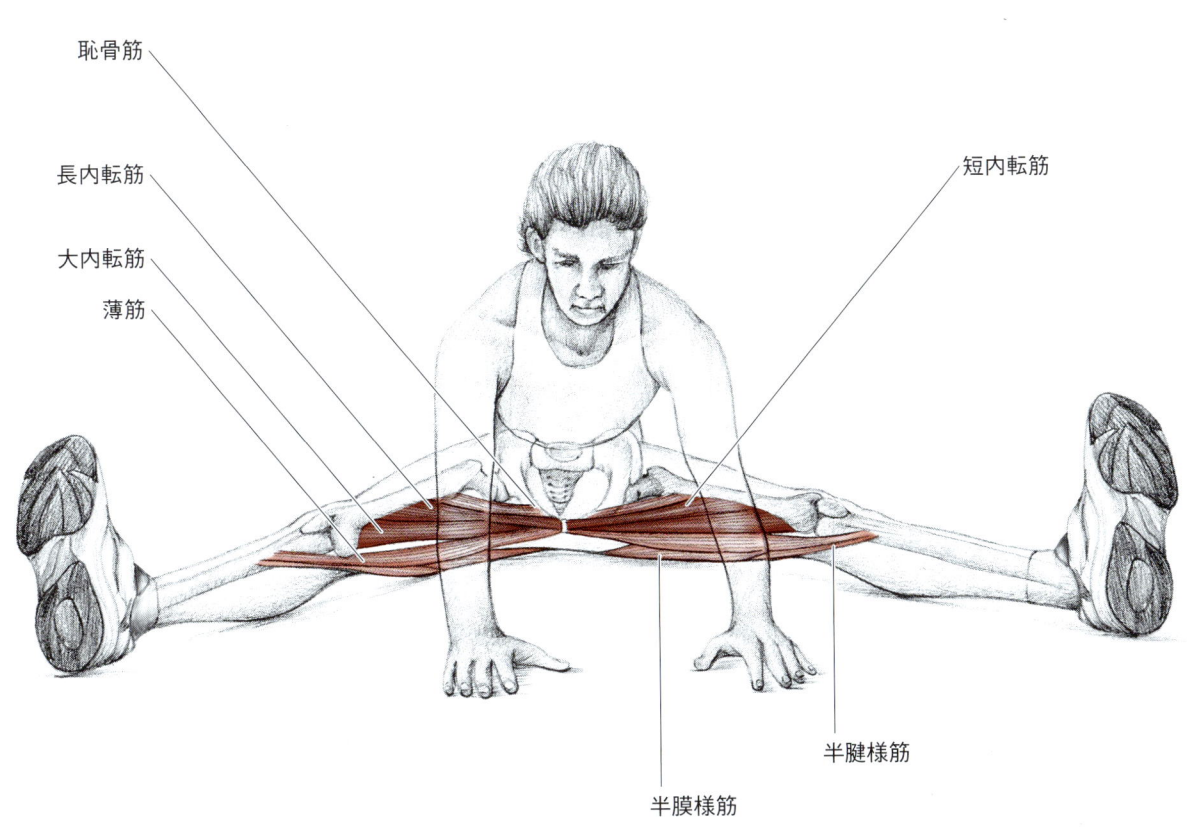

恥骨筋

長内転筋

大内転筋

薄筋

短内転筋

半腱様筋

半膜様筋

方　法
　座位になり，両脚をまっすぐ大きく広げる．背中をまっすぐに保ち，上体を前方へ傾ける．

ストレッチされる筋
　主にストレッチされる筋：長内転筋，短内転筋，大内転筋
　次にストレッチされる筋：薄筋，恥骨筋，半膜様筋，半腱様筋

効果的なスポーツ
　バスケットボール，ネットボール，サイクリング，ハイキング，バックパッキング，登山，オリエンテーリング，アイスホッケー，フィールドホッケー，アイススケート，ローラースケート，インラインスケート，格闘技，ランニング，トラック競技，クロスカントリー，アメリカンフットボール，サッカー，ラグビー，スキー，水上スキー，サーフィン，ウォーキング，競歩，レスリング

効果的なスポーツ傷害
　骨盤周囲の剥離骨折，鼡径部挫傷，恥骨炎，梨状筋症候群，内転筋腱炎，大転子滑液包炎，ハムストリングス挫傷

正しいストレッチングの注意点
　このストレッチの強度を強める場合は，両脚をさらに広げる．

追加するとよいストレッチ
　086

088 立位で両脚を広げる内転筋のストレッチ
STANDING WIDE LEG ADDUCTOR STRETCH

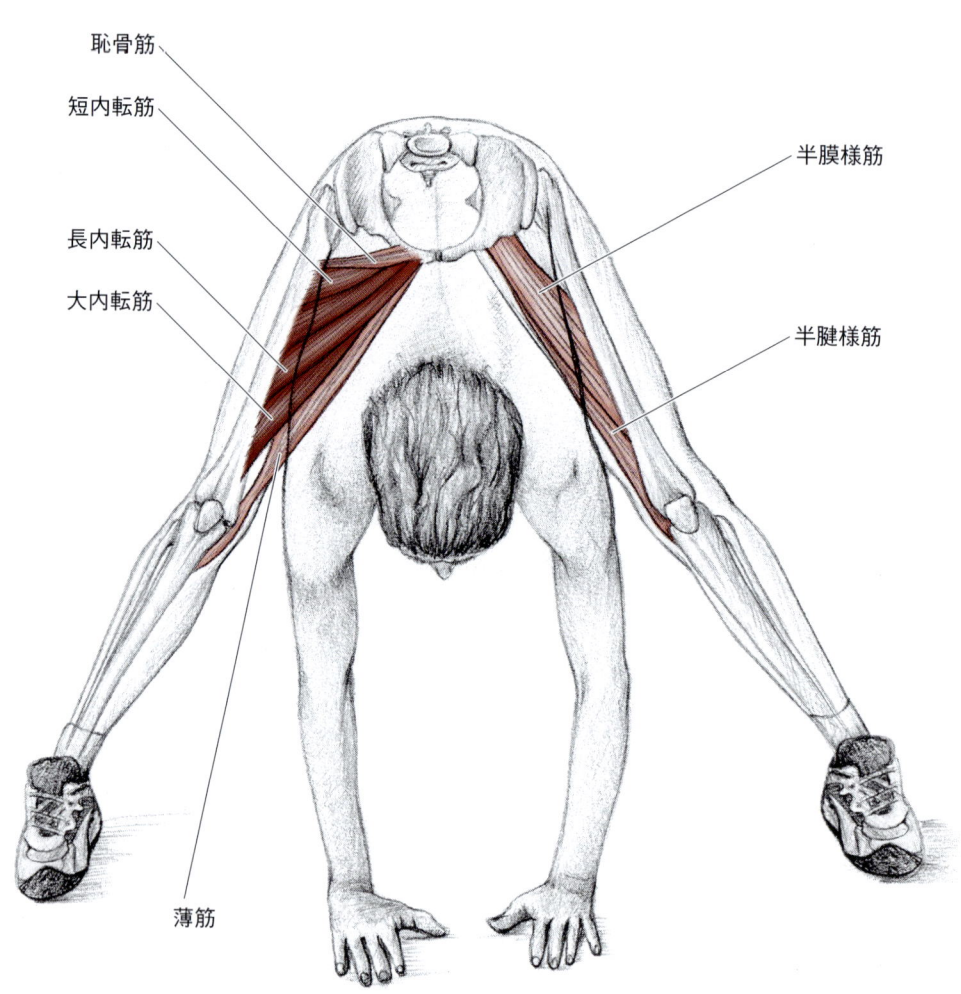

恥骨筋
短内転筋
長内転筋
大内転筋
薄筋
半膜様筋
半腱様筋

方 法
両足を大きく広げて立ち，つま先は前方に向ける．上体を前方へ傾け，両手を地面へ向けて伸ばす．

ストレッチされる筋
主にストレッチされる筋：長内転筋，短内転筋，大内転筋
次にストレッチされる筋：薄筋，恥骨筋，半膜様筋，半腱様筋

効果的なスポーツ
バスケットボール，ネットボール，サイクリング，ハイキング，バックパッキング，登山，オリエンテーリング，アイスホッケー，フィールドホッケー，アイススケート，ローラースケート，インラインスケート，格闘技，ランニング，トラック競技，クロスカントリー，アメリカンフットボール，サッカー，ラグビー，スキー，水上スキー，サーフィン，ウォーキング，競歩，レスリング

効果的なスポーツ傷害
骨盤周囲の剥離骨折，鼡径部挫傷，恥骨炎，梨状筋症候群，内転筋腱炎，大転子滑液包炎，ハムストリングス挫傷

よくある問題と正しいストレッチングの注意点
この姿勢では，腰部の筋と膝に大きなストレスがかかる．腰痛や膝痛がある場合，このストレッチは避ける．

追加するとよいストレッチ
084

14. 外転筋群のストレッチ

STRETCHES FOR THE ABDUCTORS

089 立位で殿部を側方に出す外転筋のストレッチ

090 立位で両脚を交差させる外転筋のストレッチ

091 立位で片脚を下に通す外転筋のストレッチ

092 横向きで片脚をぶら下げる外転筋のストレッチ

089 立位で殿部を側方に出す 外転筋のストレッチ

STANDING HIP-OUT ABDUCTOR STRETCH

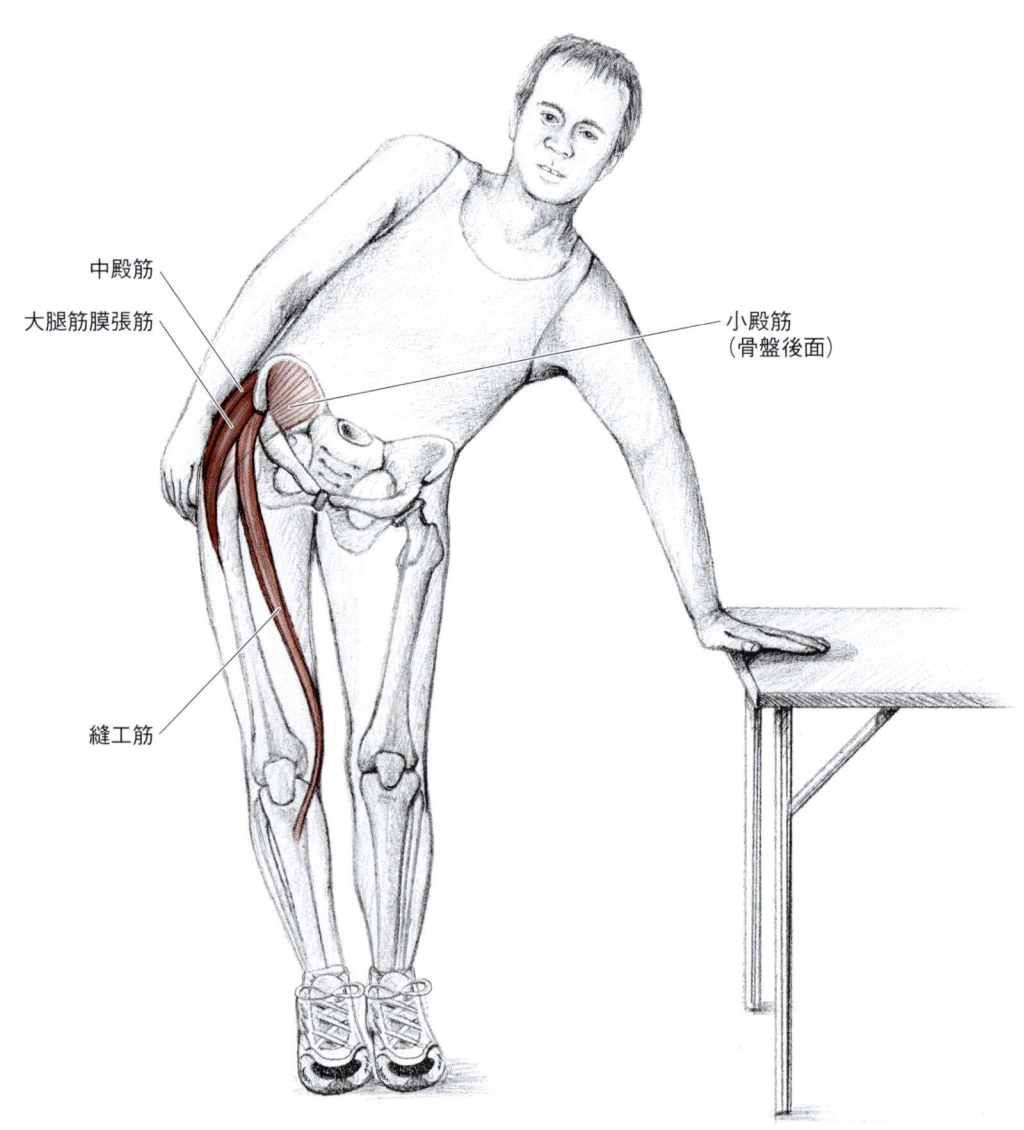

中殿筋

大腿筋膜張筋

小殿筋
（骨盤後面）

縫工筋

方法

壁やテーブルの横で，両足を揃えて直立する．上半身を壁に傾け，殿部は壁から離すように突き出す．外側の脚はまっすぐに保ち，内側の脚は軽く曲げる．

ストレッチされる筋

主にストレッチされる筋：大腿筋膜張筋，中殿筋，小殿筋

次にストレッチされる筋：縫工筋

効果的なスポーツ

バスケットボール，ネットボール，サイクリング，ハイキング，バックパッキング，登山，オリエンテーリング，アイスホッケー，フィールドホッケー，アイススケート，ローラースケート，インラインスケート，格闘技，ランニング，トラック競技，クロスカントリー，アメリカンフットボール，サッカー，ラグビー，スキー，水上スキー，サーフィン，ウォーキング，競歩，レスリング

効果的なスポーツ傷害

大転子部滑液包炎，腸脛靱帯炎

よくある問題と正しいストレッチングの注意点

このストレッチでは前屈しないことが重要である．身体をまっすぐに保ち，寄りかかっている物から殿部を離すように突き出すことを意識する．

追加するとよいストレッチ

092

090 立位で両脚を交差させる 外転筋のストレッチ

STANDING LEG CROSS ABDUCTOR STRETCH

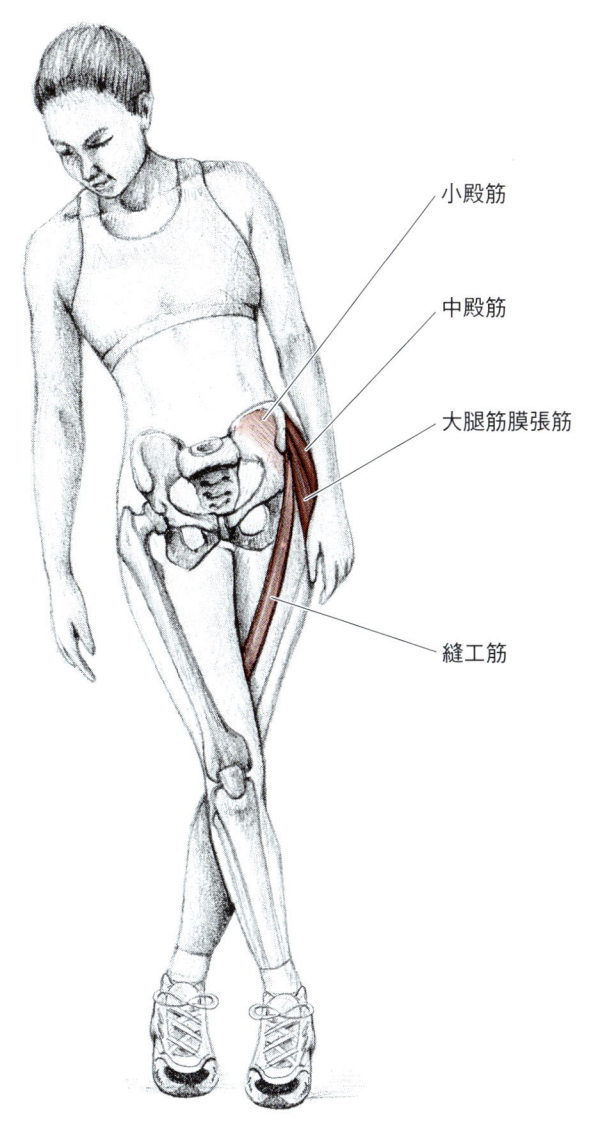

小殿筋

中殿筋

大腿筋膜張筋

縫工筋

方　法
直立し，一方の脚を他方の脚の後ろに交差させる．後方の足に向けて上体を傾ける．

ストレッチされる筋
主にストレッチされる筋：大腿筋膜張筋，中殿筋，小殿筋
次にストレッチされる筋：縫工筋

効果的なスポーツ
バスケットボール，ネットボール，サイクリング，ハイキング，バックパッキング，登山，オリエンテーリング，アイスホッケー，フィールドホッケー，アイススケート，ローラースケート，インラインスケート，格闘技，ランニング，トラック競技，クロスカントリー，アメリカンフットボール，サッカー，ラグビー，スキー，水上スキー，サーフィン，ウォーキング，競歩，レスリング

効果的なスポーツ傷害
大転子滑液包炎，腸脛靱帯炎

正しいストレッチングの注意点
必要であれば，バランスをとるために何かにつかまることで，転ぶ心配がなくなり，ストレッチに集中できる．

追加するとよいストレッチ
049

091 立位で片脚を下に通す
外転筋のストレッチ

STANDING LEG-UNDER ABDUCTOR STRETCH

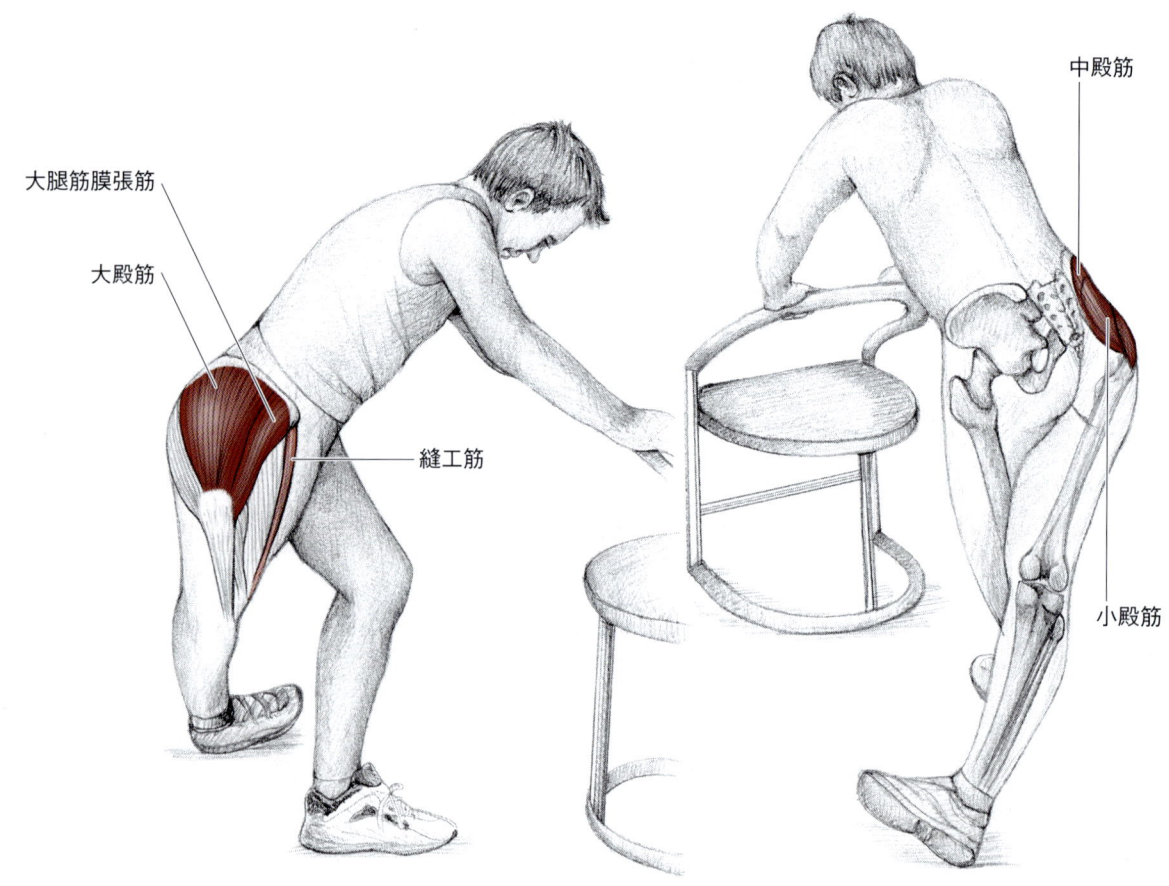

大腿筋膜張筋

大殿筋

縫工筋

中殿筋

小殿筋

方　法

立位で上体を前方へ傾け，バランスをとるために椅子やベンチなどにつかまる．一方の足を他方の足の後ろに交差させ，脚を伸ばしたまま，足を滑らせて身体から離していく．前方の脚をゆっくり曲げて，身体を下げていく．

ストレッチされる筋

主にストレッチされる筋：大腿筋膜張筋，中殿筋，小殿筋

次にストレッチされる筋：縫工筋

効果的なスポーツ

バスケットボール，ネットボール，サイクリング，ハイキング，バックパッキング，登山，オリエンテーリング，アイスホッケー，フィールドホッケー，アイススケート，ローラースケート，インラインスケート，格闘技，ランニング，トラック競技，クロスカントリー，アメリカンフットボール，サッカー，ラグビー，スキー，水上スキー，サーフィン，ウォーキング，競歩，レスリング

効果的なスポーツ傷害

大転子滑液包炎，腸脛靱帯炎

正しいストレッチングの注意点

脚を曲げて身体を下げることで，ストレッチの強度を調節する．

追加するとよいストレッチ

090

092 横向きで片脚をぶら下げる 外転筋のストレッチ

LYING LEG HANG ABDUCTOR STRETCH

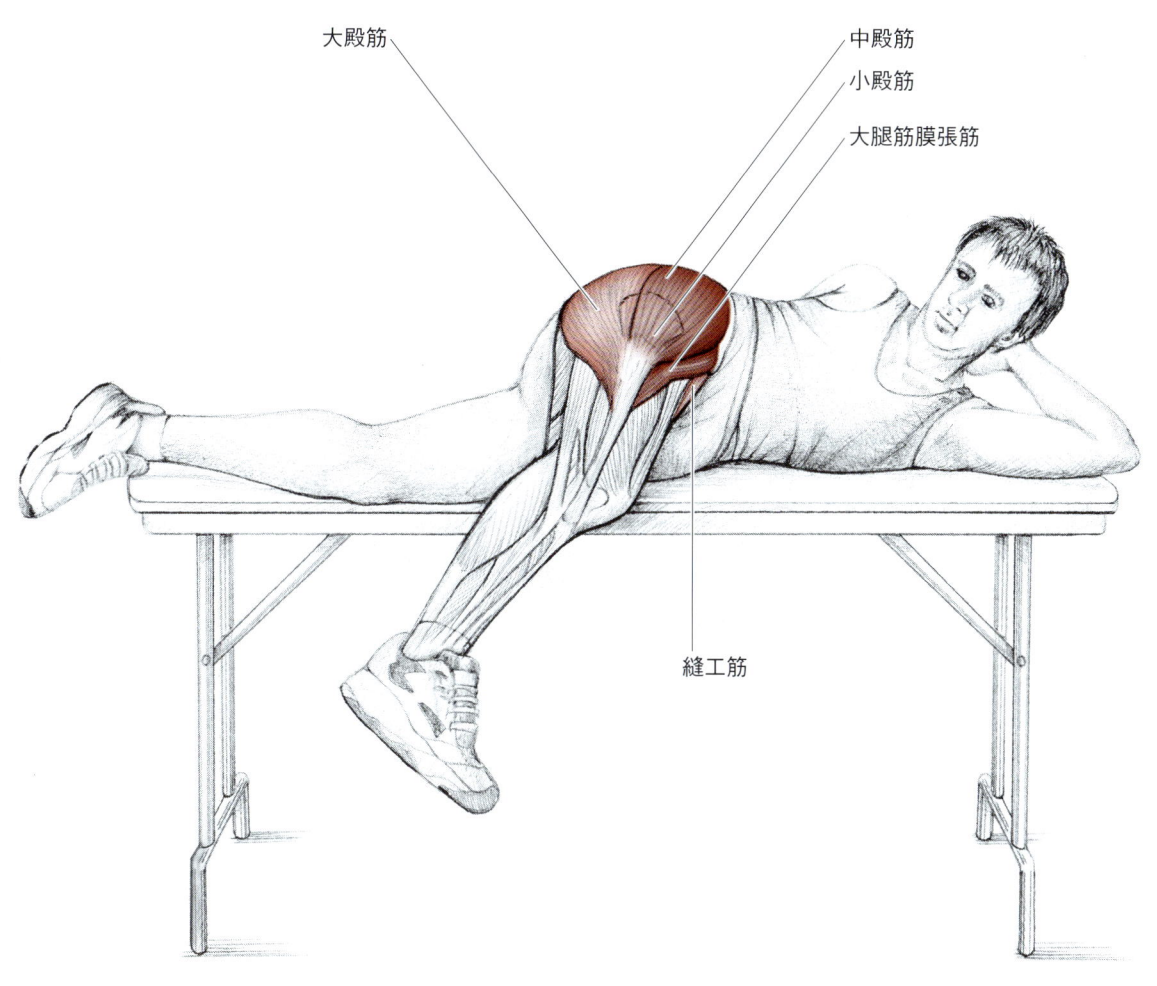

大殿筋

中殿筋

小殿筋

大腿筋膜張筋

縫工筋

方 法
ベンチの上に横向きに寝る．上の脚を前方に下ろし，ベンチの端から下げる．

ストレッチされる筋
主にストレッチされる筋：大腿筋膜張筋，中殿筋，小殿筋
次にストレッチされる筋：縫工筋，大殿筋

効果的なスポーツ
バスケットボール，ネットボール，サイクリング，ハイキング，バックパッキング，登山，オリエンテーリング，アイスホッケー，フィールドホッケー，アイススケート，ローラースケート，インラインス

ケート，格闘技，ランニング，トラック競技，クロスカントリー，アメリカンフットボール，サッカー，ラグビー，スキー，水上スキー，サーフィン，ウォーキング，競歩，レスリング

効果的なスポーツ傷害
大転子滑液包炎，腸脛靱帯炎

よくある問題と正しいストレッチングの注意点
脚をあまり前に下ろしすぎないようにし，脚の重さを利用してストレッチングを行う．

追加するとよいストレッチ
059

15. ふくらはぎのストレッチ

STRETCHES FOR THE CALVES

093 立位でつま先を上げるふくらはぎのストレッチ

094 両足の踵を下ろすふくらはぎのストレッチ

095 一方の踵を下ろすふくらはぎのストレッチ

096 立位で踵を後ろに下げるふくらはぎのストレッチ

097 壁に寄りかかって踵を後ろに下げるふくらはぎ
スのトレッチ

098 座位でつま先を引きつけるふくらはぎのストレッチ

099 立位でつま先を持ち上げるふくらはぎのストレッチ

100 かがんで踵を後ろに下げるふくらはぎのストレッチ

101 立位でつま先を上げるアキレス腱のストレッチ

102 一方の踵を下ろすアキレス腱のストレッチ

103 立位で踵を後ろに下げるアキレス腱のストレッチ

104 壁に寄りかかって踵を後ろに下げるアキレス腱
のストレッチ

105 座位で両膝を曲げ，つま先を引きつけるアキレ
ス腱のストレッチ

106 かがんで踵を後ろに下げるアキレス腱のストレッチ

107 片膝立ち位で踵を下げるアキレス腱のストレッチ

108 しゃがみ込んでのアキレス腱のストレッチ

093 立位でつま先を上げる ふくらはぎのストレッチ

STANDING TOE-UP CALF STRETCH

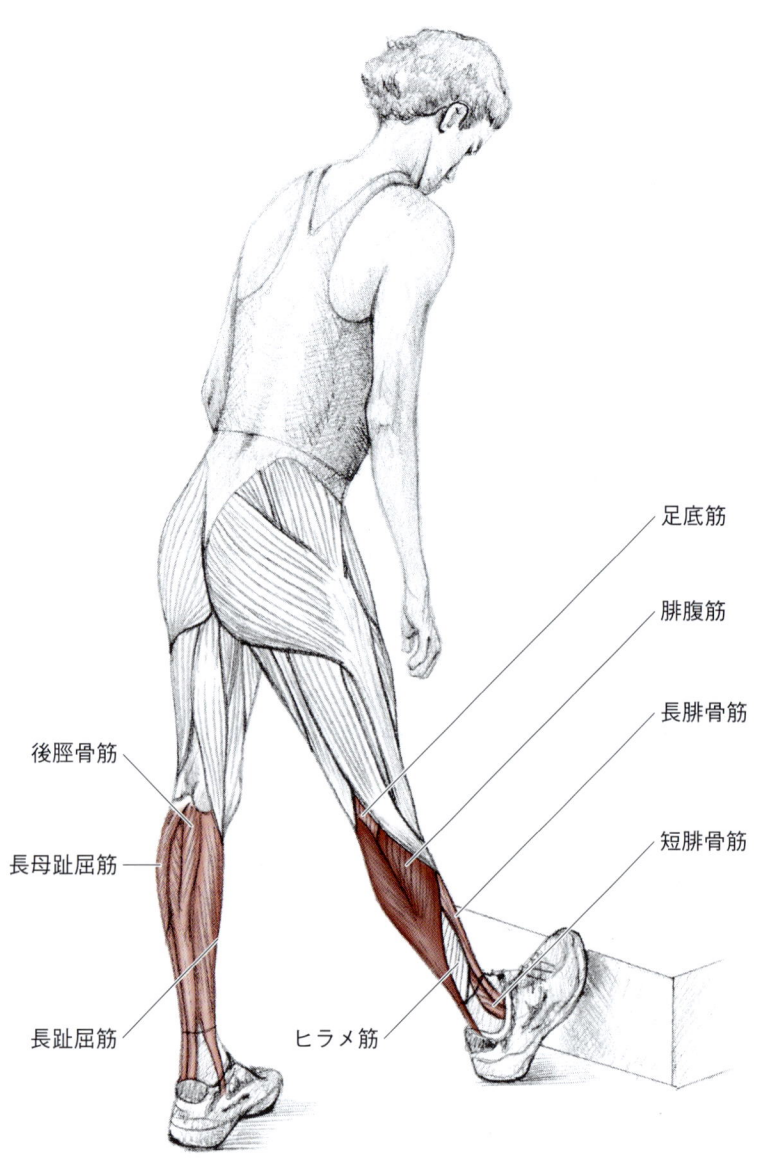

足底筋

腓腹筋

長腓骨筋

短腓骨筋

後脛骨筋

長母趾屈筋

長趾屈筋

ヒラメ筋

方　法
　直立し，つま先を踏み段などの上に置く．脚を伸ばしたまま，上体をつま先のほうへ傾ける．

ストレッチされる筋
　主にストレッチされる筋：腓腹筋
　次にストレッチされる筋：後脛骨筋，長母趾屈筋，長趾屈筋，長腓骨筋，短腓骨筋，足底筋

効果的なスポーツ
　バスケットボール，ネットボール，ボクシング，サイクリング，ハイキング，バックパッキング，登山，オリエンテーリング，アイスホッケー，フィールドホッケー，アイススケート，ローラースケート，インラインスケート，格闘技，テニス，バドミント

ン，スカッシュ，ランニング，トラック競技，クロスカントリー，アメリカンフットボール，サッカー，ラグビー，スキー，水上スキー，サーフィン，水泳，ウォーキング，競歩

効果的なスポーツ傷害
　ふくらはぎの挫傷，アキレス腱挫傷，アキレス腱炎，脛骨内側痛症候群（シンスプリント）

正しいストレッチングの注意点
　背中をまっすぐに保ったまま，上体を前方に傾けることで，ストレッチの強度を調節する．

追加するとよいストレッチ
　095

094 両足の踵を下ろす ふくらはぎのストレッチ

DOUBLE HEEL DROP CALF STRETCH

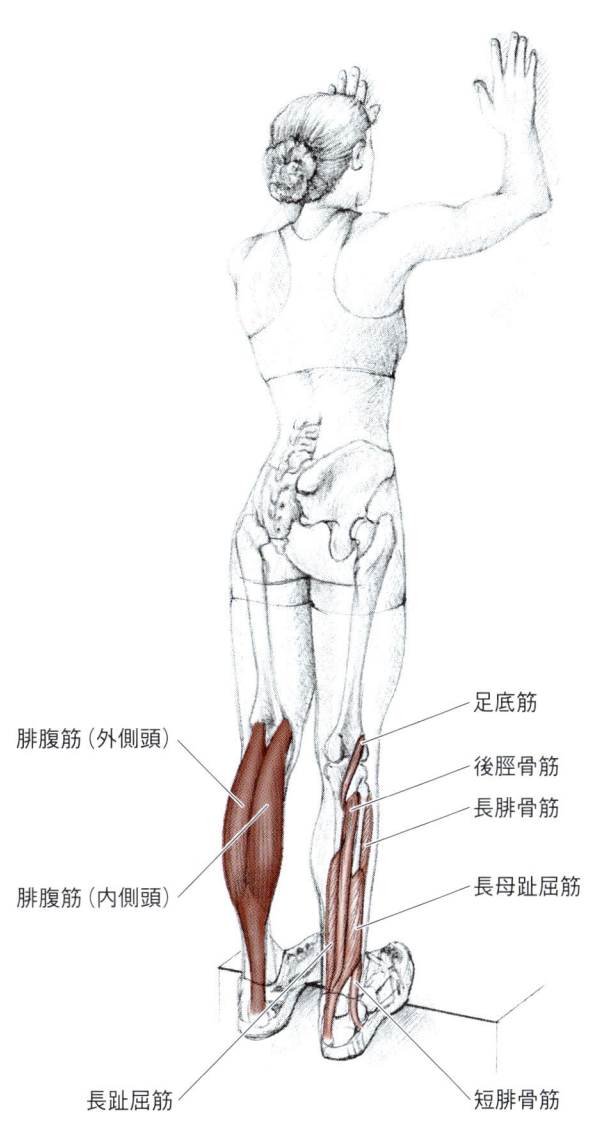

腓腹筋（外側頭）

足底筋

後脛骨筋

長腓骨筋

腓腹筋（内側頭）

長母趾屈筋

長趾屈筋

短腓骨筋

方　法
　踏み段などの上に立つ．両足のつま先を踏み段の縁に置き，脚はまっすぐに保つ．両足の踵を地面に向けて下ろし，身体を前方に傾ける．

ストレッチされる筋
　主にストレッチされる筋：腓腹筋
　次にストレッチされる筋：後脛骨筋，長母趾屈筋，長趾屈筋，長腓骨筋，短腓骨筋，足底筋

効果的なスポーツ
　バスケットボール，ネットボール，ボクシング，サイクリング，ハイキング，バックパッキング，登山，オリエンテーリング，アイスホッケー，フィールドホッケー，アイススケート，ローラースケート，インラインスケート，格闘技，テニス，バドミントン，スカッシュ，ランニング，トラック競技，クロスカントリー，アメリカンフットボール，サッカー，ラグビー，スキー，水上スキー，サーフィン，水泳，ウォーキング，競歩

効果的なスポーツ傷害
　ふくらはぎの挫傷，アキレス腱挫傷，アキレス腱炎，脛骨内側痛症候群（シンスプリント）

正しいストレッチングの注意点
　体重のかけ具合でストレッチの強度を調節する．

追加するとよいストレッチ
　097

ふくらはぎのストレッチ

15

O95 一方の踵を下ろす ふくらはぎのストレッチ

SINGLE HEEL DROP CALF STRETCH

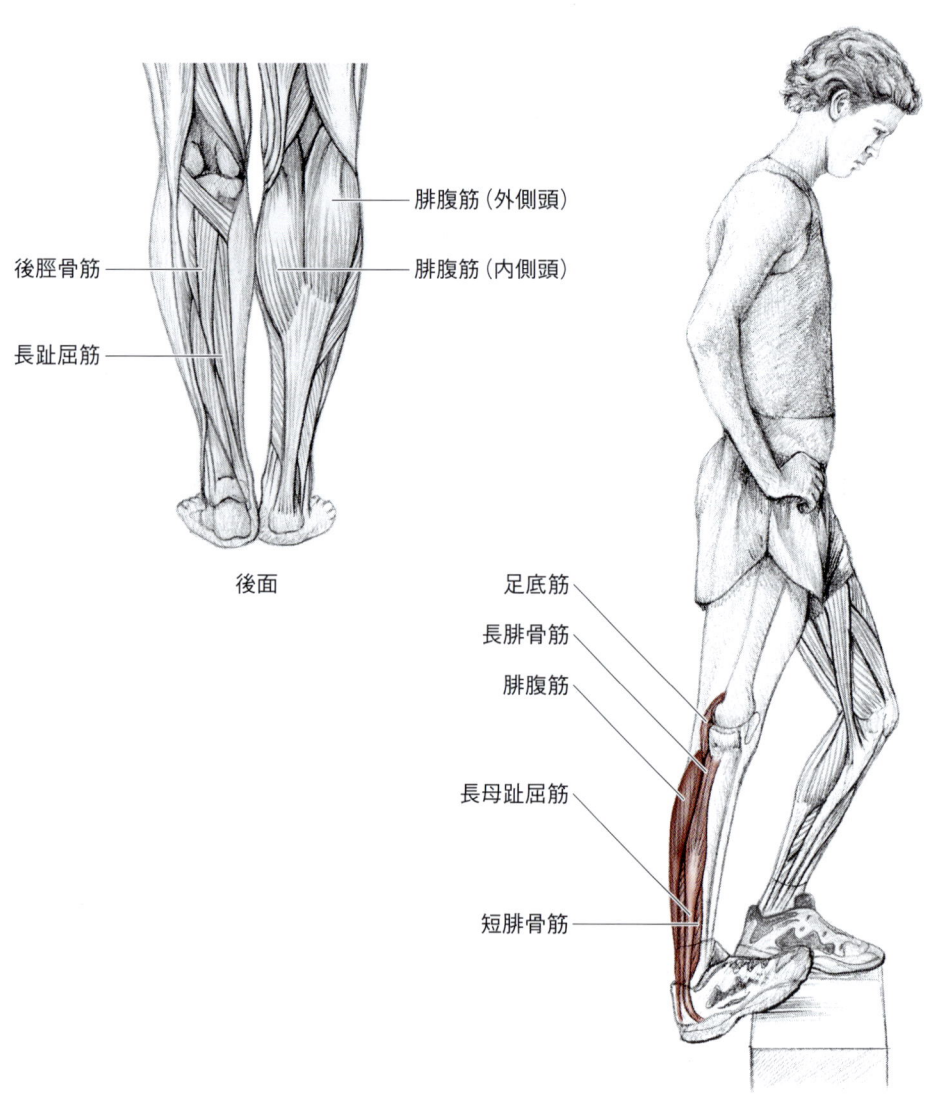

腓腹筋（外側頭）
後脛骨筋
腓腹筋（内側頭）
長趾屈筋

後面

足底筋
長腓骨筋
腓腹筋
長母趾屈筋
短腓骨筋

方 法
　踏み台などの上に立つ．片足のつま先を踏み台の縁に置き，脚はまっすぐに保つ．その脚の踵を地面に向けて下げる．

ストレッチされる筋
　主にストレッチされる筋：腓腹筋
　次にストレッチされる筋：後脛骨筋，長母趾屈筋，長趾屈筋，長腓骨筋，短腓骨筋，足底筋

効果的なスポーツ
　バスケットボール，ネットボール，ボクシング，サイクリング，ハイキング，バックパッキング，登山，オリエンテーリング，アイスホッケー，フィールドホッケー，アイススケート，ローラースケート，インラインスケート，格闘技，テニス，バトミント

ン，スカッシュ，ランニング，トラック競技，クロスカントリー，アメリカンフットボール，サッカー，ラグビー，スキー，水上スキー，サーフィン，水泳，ウォーキング，競歩

効果的なスポーツ傷害
　ふくらはぎの挫傷，アキレス腱挫傷，アキレス腱炎，脛骨内側痛症候群（シンスプリント）

よくある問題と正しいストレッチングの注意点
　このストレッチではアキレス腱に多大な力がかかることがある．踵をゆっくりと下げることで，徐々にストレッチを行う．

追加するとよいストレッチ
　099

096 立位で踵を後ろに下げる ふくらはぎのストレッチ

STANDING HEEL BACK CALF STRETCH

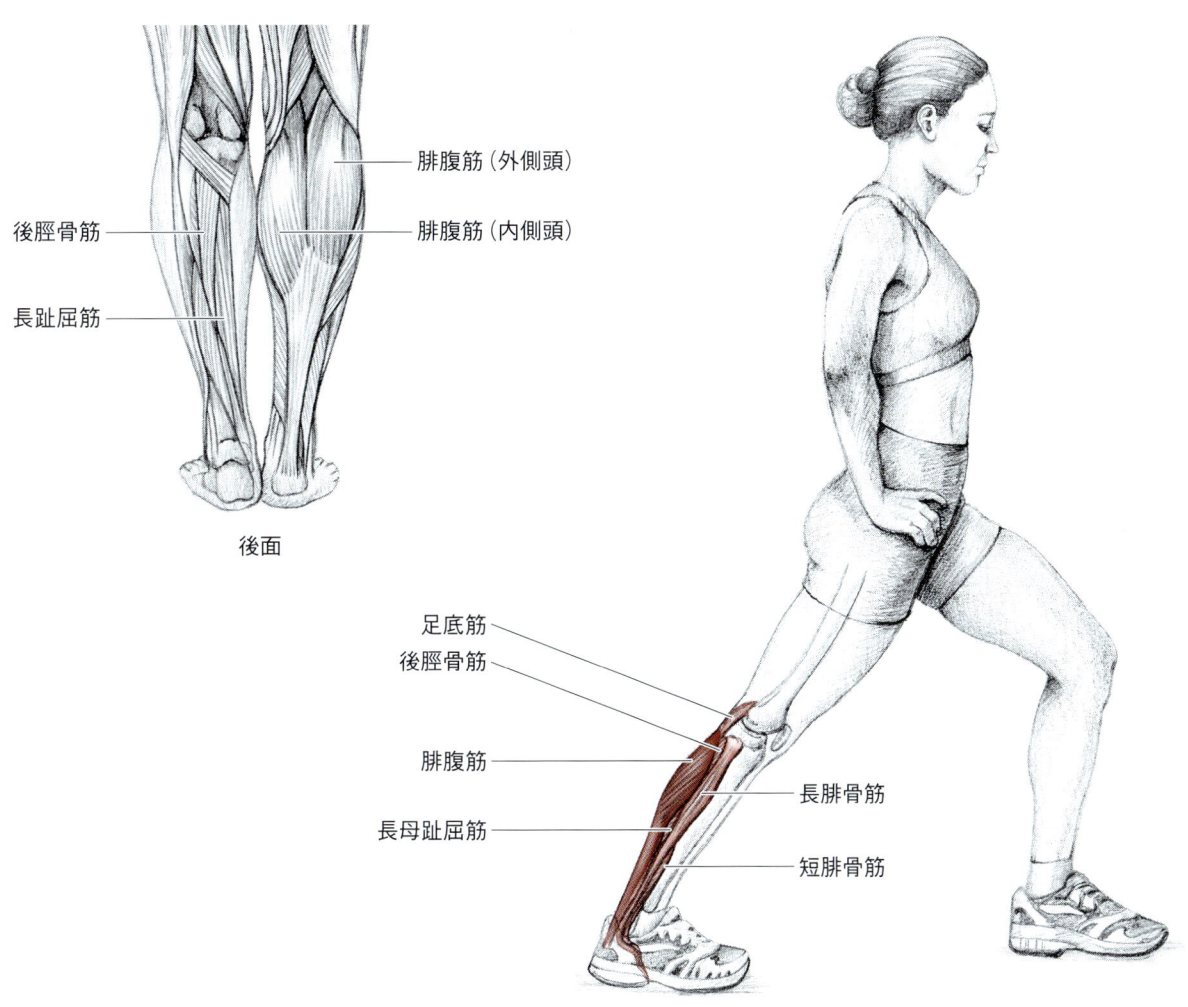

後脛骨筋

長趾屈筋

腓腹筋（外側頭）

腓腹筋（内側頭）

後面

足底筋
後脛骨筋

腓腹筋

長母趾屈筋

長腓骨筋

短腓骨筋

方　法
　直立し，後方に大きく一歩下がる．後方の脚をまっすぐ伸ばし，その踵を地面へ押しつける．

ストレッチされる筋
　主にストレッチされる筋：腓腹筋
　次にストレッチされる筋：後脛骨筋，長母趾屈筋，長趾屈筋，長腓骨筋，短腓骨筋，足底筋

効果的なスポーツ
　バスケットボール，ネットボール，ボクシング，サイクリング，ハイキング，バックパッキング，登山，オリエンテーリング，アイスホッケー，フィールドホッケー，アイススケート，ローラースケート，インラインスケート，格闘技，テニス，バトミントン，スカッシュ，ランニング，トラック競技，クロスカントリー，アメリカンフットボール，サッカー，ラグビー，スキー，水上スキー，サーフィン，水泳，ウォーキング，競歩

効果的なスポーツ傷害
　ふくらはぎの挫傷，アキレス腱挫傷，アキレス腱炎，脛骨内側痛症候群（シンスプリント）

よくある問題と正しいストレッチングの注意点
　後方の脚のつま先は前に向けるようにする．つま先を一方に向けた状態でこのストレッチを行うと，ふくらはぎの筋にかかる緊張が不均衡になる．これを長い期間行うと，筋のアンバランスを招くことがある．

追加するとよいストレッチ
　093

ふくらはぎのストレッチ

15

097 壁に寄りかかって踵を後ろに下げる ふくらはぎスのトレッチ

LEANING HEEL BACK CALF STRETCH

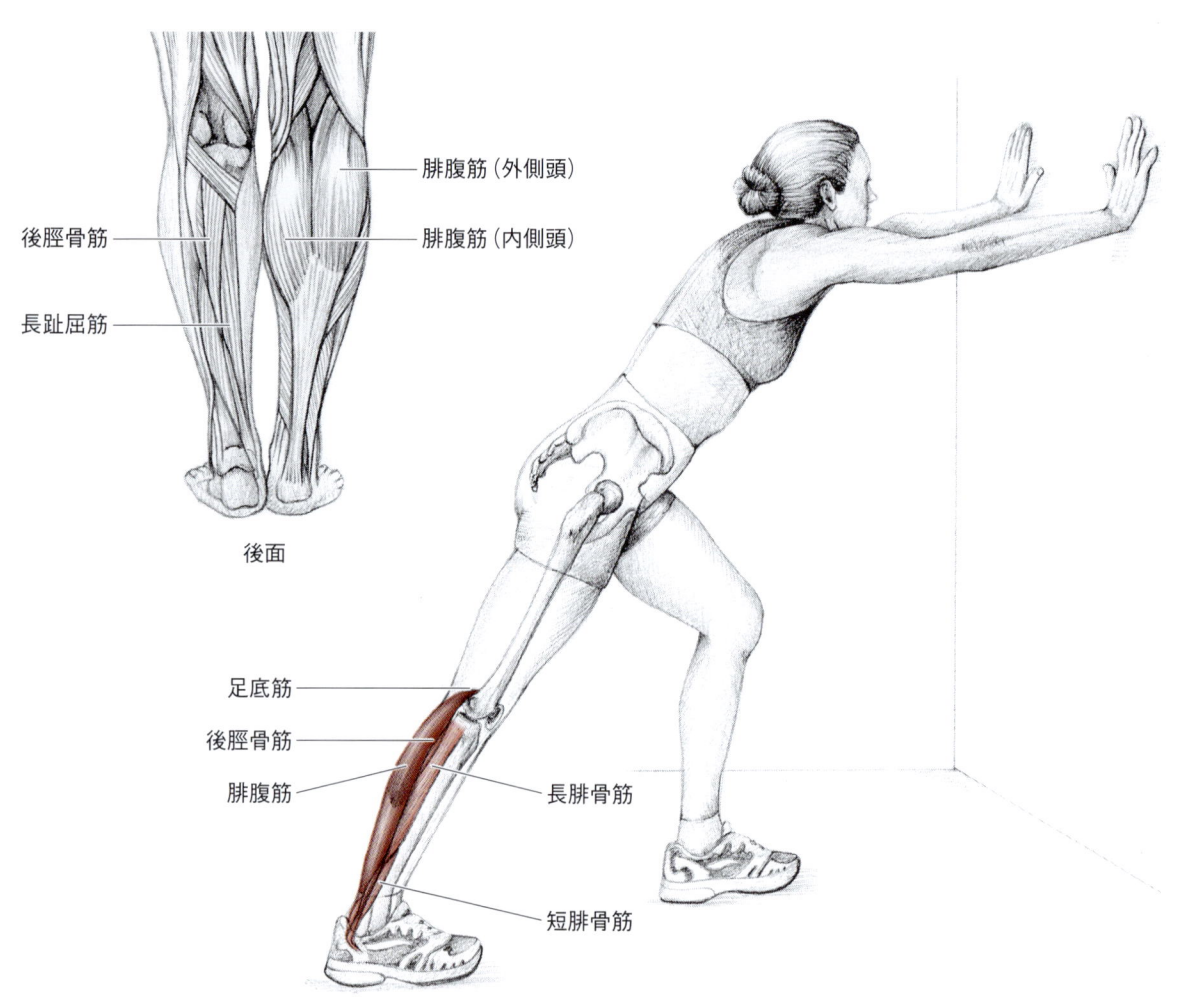

腓腹筋（外側頭）

後脛骨筋

腓腹筋（内側頭）

長趾屈筋

後面

足底筋

後脛骨筋

腓腹筋

長腓骨筋

短腓骨筋

方　法
　直立し，壁に寄りかかる．一方の足を心地良い範囲で壁から遠ざけ，両方のつま先を前方に向けるようにして，踵を地面につける．後方の脚をまっすぐにしたまま，壁に寄りかかる．

ストレッチされる筋
　主にストレッチされる筋：腓腹筋
　次にストレッチされる筋：後脛骨筋，長母趾屈筋，長趾屈筋，長腓骨筋，筋短腓骨筋，足底筋

効果的なスポーツ
　バスケットボール，ネットボール，ボクシング，サイクリング，ハイキング，バックパッキング，登山，オリエンテーリング，アイスホッケー，フィールドホッケー，アイススケート，ローラースケート，インラインスケート，格闘技，テニス，バトミントン，スカッシュ，ランニング，トラック競技，クロ

スカントリー，アメリカンフットボール，サッカー，ラグビー，スキー，水上スキー，サーフィン，水泳，ウォーキング，競歩

効果的なスポーツ傷害
　ふくらはぎの挫傷，アキレス腱挫傷，アキレス腱炎，脛骨内側痛症候群（シンスプリント）

よくある問題と正しいストレッチングの注意点
　後方の脚のつま先は前に向けるようにする．つま先を一方に向けた状態でこのストレッチを行うと，ふくらはぎの筋にかかる緊張が不均衡になる．これを長い期間行うと，筋のアンバランスを招くことがある．

追加するとよいストレッチ
　099

098 座位でつま先を引きつける ふくらはぎのストレッチ

SITTING TOE PULL CALF STRETCH

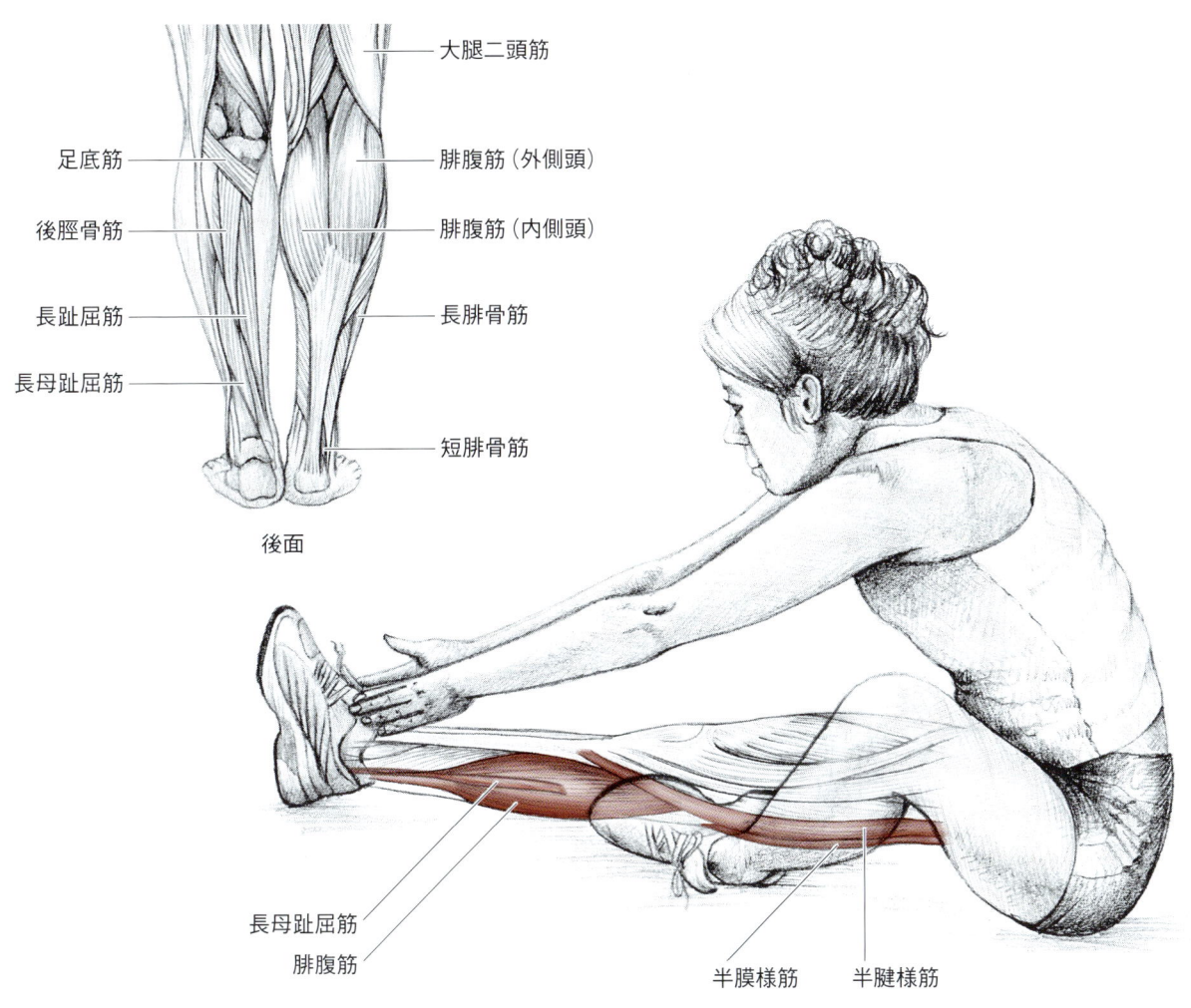

大腿二頭筋

足底筋

後脛骨筋

長趾屈筋

長母趾屈筋

腓腹筋（外側頭）

腓腹筋（内側頭）

長腓骨筋

短腓骨筋

後面

長母趾屈筋

腓腹筋

半膜様筋　半腱様筋

方　法
座位になり，一方の脚をまっすぐ伸ばし，つま先は上に向ける．上体を前方へ傾け，つま先を身体に向けて引きつける．

ストレッチされる筋
主にストレッチされる筋：腓腹筋，半膜様筋，半腱様筋，大腿二頭筋

次にストレッチされる筋：後脛骨筋，長母趾屈筋，長趾屈筋，長腓骨筋，短腓骨筋，足底筋

効果的なスポーツ
バスケットボール，ネットボール，ボクシング，サイクリング，ハイキング，バックパッキング，登山，オリエンテーリング，アイスホッケー，フィールドホッケー，アイススケート，ローラースケート，インラインスケート，格闘技，テニス，バトミント

ン，スカッシュ，ランニング，トラック競技，クロスカントリー，アメリカンフットボール，サッカー，ラグビー，スキー，水上スキー，サーフィン，水泳，ウォーキング，競歩

効果的なスポーツ傷害
ハムストリングス挫傷，ふくらはぎの挫傷，アキレス腱挫傷，アキレス腱炎，脛骨内側痛症候群（シンスプリント）

よくある問題と正しいストレッチングの注意点
この姿勢で，つま先に手が届かない場合は，このストレッチングは避ける．

追加するとよいストレッチ
100

099 立位でつま先を持ち上げる ふくらはぎのストレッチ

STANDING TOE RAISED CALF STRETCH

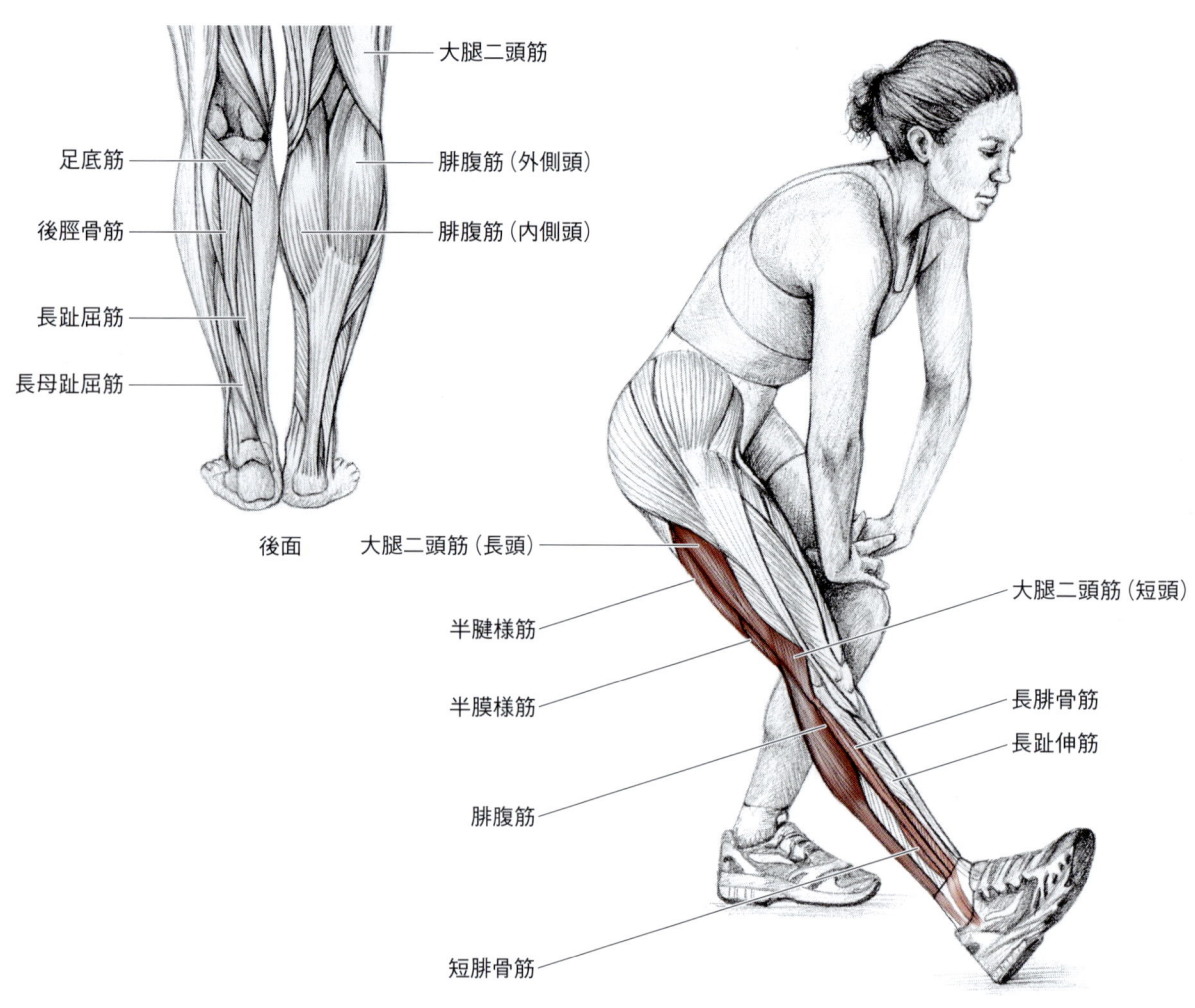

大腿二頭筋

足底筋

腓腹筋（外側頭）

後脛骨筋

腓腹筋（内側頭）

長趾屈筋

長母趾屈筋

後面

大腿二頭筋（長頭）

半腱様筋

半膜様筋

大腿二頭筋（短頭）

長腓骨筋

長趾伸筋

腓腹筋

短腓骨筋

方　法
　立位で，一方の膝を曲げ，他方の脚を前方にまっすぐに伸ばす．つま先を身体のほうへ向け，上体を前方へ傾ける．背中をまっすぐ保ち，両手を曲げた膝の上に置く．

ストレッチされる筋
　主にストレッチされる筋：腓腹筋，半膜様筋，半腱様筋，大腿二頭筋
　次にストレッチされる筋：後脛骨筋，長母趾屈筋，長趾屈筋，長腓骨筋，短腓骨筋，足底筋

効果的なスポーツ
　バスケットボール，ネットボール，ボクシング，サイクリング，ハイキング，バックパッキング，登山，オリエンテーリング，アイスホッケー，フィールドホッケー，アイススケート，ローラースケート，インラインスケート，格闘技，テニス，バトミント

ン，スカッシュ，ランニング，トラック競技，クロスカントリー，アメリカンフットボール，サッカー，ラグビー，スキー，水上スキー，サーフィン，水泳，ウォーキング，競歩

効果的なスポーツ傷害
　ハムストリングス挫傷，ふくらはぎの挫傷，アキレス腱挫傷，アキレス腱炎，脛骨内側痛症候群（シンスプリント）

よくある問題と正しいストレッチングの注意点
　つま先は上に向けるようにする．つま先を一方に向けた状態でこのストレッチを行うと，ふくらはぎの筋にかかる緊張が不均衡になる．これを長い期間行うと，筋のアンバランスを招くことがある．

追加するとよいストレッチ
　094

100 かがんで踵を後ろに下げる ふくらはぎのストレッチ

CROUCHING HEEL BACK CALF STRETCH

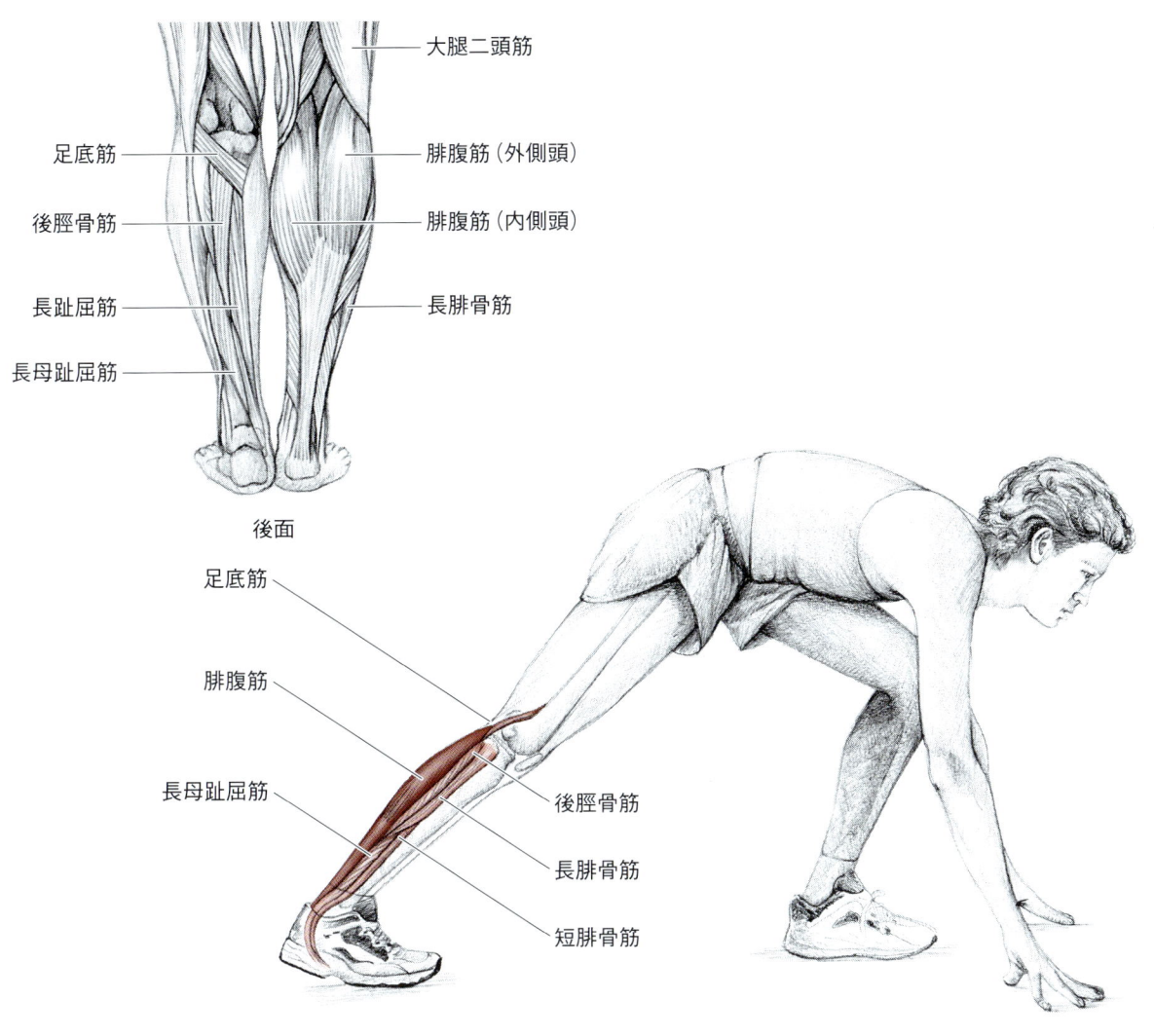

大腿二頭筋

足底筋

後脛骨筋

長趾屈筋

長母趾屈筋

腓腹筋（外側頭）

腓腹筋（内側頭）

長腓骨筋

後面

足底筋

腓腹筋

長母趾屈筋

後脛骨筋

長腓骨筋

短腓骨筋

方　法
　直立し，一方の足を他方の足の前に置く．前の脚を曲げ，後方の脚は伸ばしたままにする．後方の脚の踵を地面に押しつけ，上体を前方へ傾ける．両手を身体の前方の地面につける．

ストレッチされる筋
　主にストレッチされる筋：腓腹筋
　次にストレッチされる筋：後脛骨筋，長母趾屈筋，長趾屈筋，長腓骨筋，短腓骨筋，足底筋

効果的なスポーツ
　バスケットボール，ネットボール，ボクシング，サイクリング，ハイキング，バックパッキング，登山，オリエンテーリング，アイスホッケー，フィールドホッケー，アイススケート，ローラースケート，インラインスケート，格闘技，テニス，バトミントン，スカッシュ，ランニング，トラック競技，クロスカントリー，アメリカンフットボール，サッカー，ラグビー，スキー，水上スキー，サーフィン，水泳，ウォーキング，競歩

効果的なスポーツ傷害
　ふくらはぎの挫傷，アキレス腱挫傷，アキレス腱炎，脛骨内側痛症候群（シンスプリント）

よくある問題と正しいストレッチングの注意点
　後方の脚のつま先は前に向けるようにする．つま先を一方に向けた状態でこのストレッチを行うと，ふくらはぎの筋にかかる緊張が不均衡になる．これを長い期間行うと，筋のアンバランスを招くことがある．

追加するとよいストレッチ
　098

ふくらはぎのストレッチ

15

101 立位でつま先を上げる アキレス腱のストレッチ

STANDING TOE-UP ACHILLES STRETCH

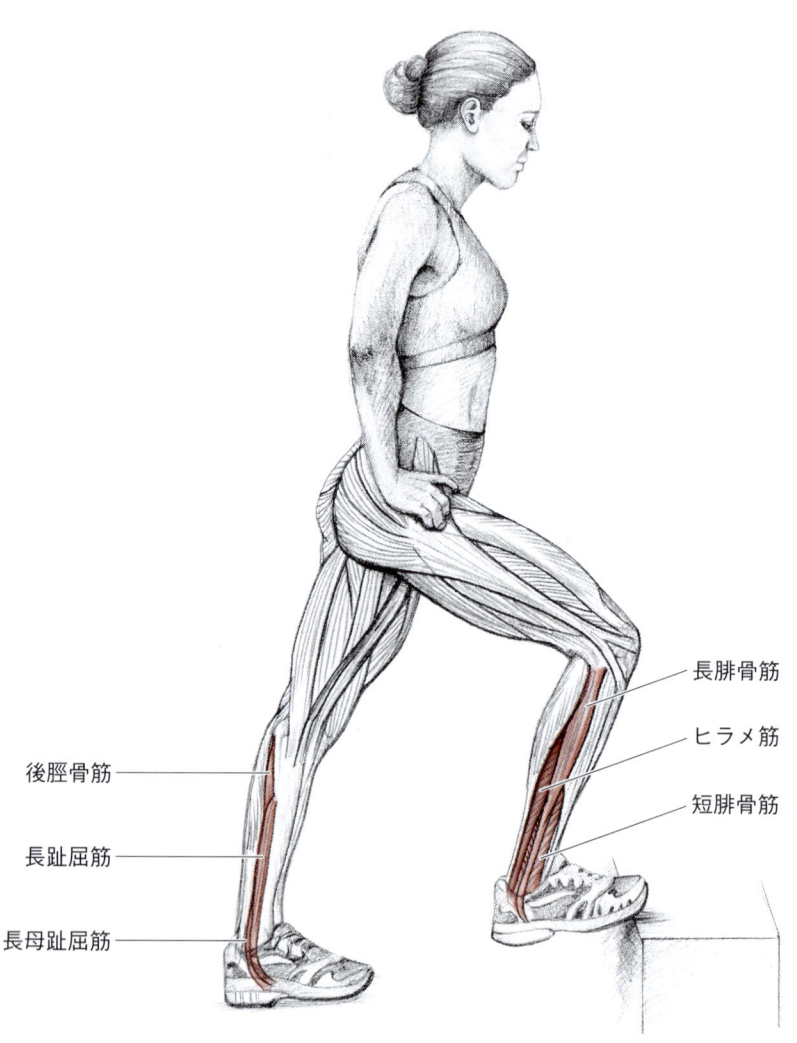

長腓骨筋

ヒラメ筋

短腓骨筋

後脛骨筋

長趾屈筋

長母趾屈筋

方　法
　直立し，つま先を踏み段などの上に置く．その脚を曲げ，つま先に向かって寄りかかる．

ストレッチされる筋
　主にストレッチされる筋：ヒラメ筋
　次にストレッチされる筋：後脛骨筋，長母趾屈筋，長趾屈筋，長腓骨筋，短腓骨筋

効果的なスポーツ
　バスケットボール，ネットボール，ボクシング，サイクリング，ハイキング，バックパッキング，登山，オリエンテーリング，アイスホッケー，フィールドホッケー，アイススケート，ローラースケート，インラインスケート，格闘技，テニス，バトミントン，スカッシュ，ランニング，トラック競技，クロ

スカントリー，アメリカンフットボール，サッカー，ラグビー，スキー，水上スキー，サーフィン，水泳，ウォーキング，競歩

効果的なスポーツ傷害
　ふくらはぎの挫傷，アキレス腱挫傷，アキレス腱炎，脛骨内側痛症候群（シンスプリント），後脛骨筋腱炎

正しいストレッチングの注意点
　ふくらはぎの筋群をリラックスさせ，踵を地面に押しつけることで，ストレッチの強度を調節する．

追加するとよいストレッチ
　103

102 一方の踵を下ろす アキレス腱のストレッチ

SINGLE HEEL DROP ACHILLES STRETCH

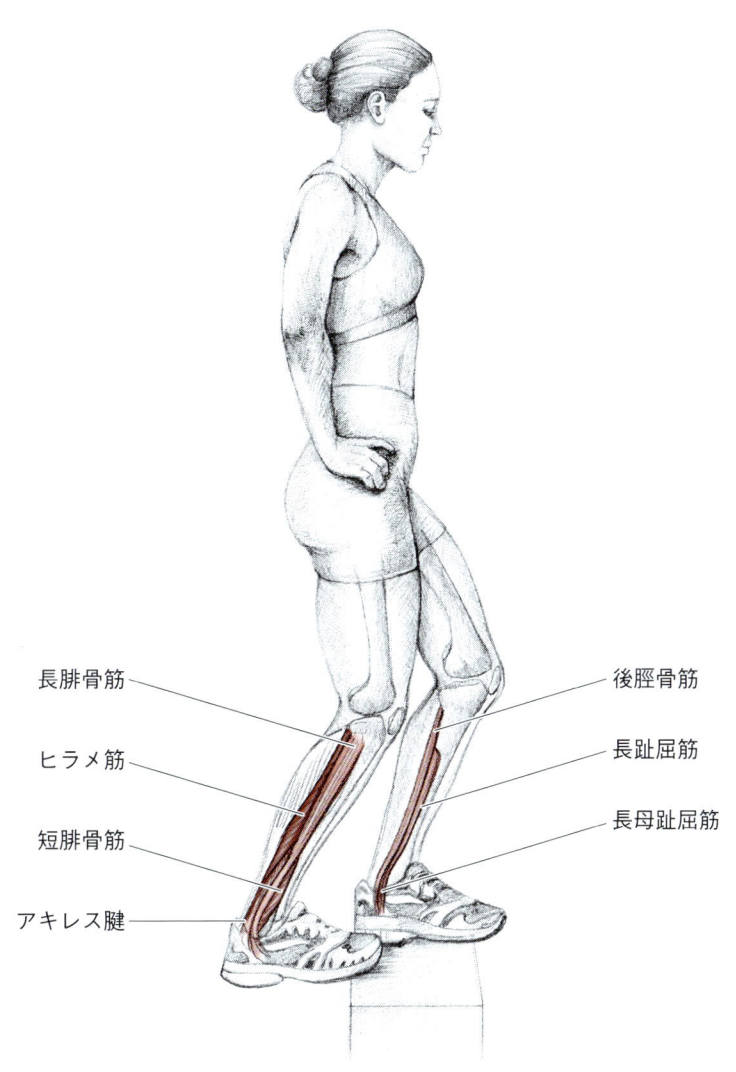

長腓骨筋

ヒラメ筋

短腓骨筋

アキレス腱

後脛骨筋

長趾屈筋

長母趾屈筋

方　法

踏み段などの上に立ち，一方の足のつま先を踏み段の端に置く．その脚を曲げ，踵を地面に向けて下げる．

ストレッチされる筋

主にストレッチされる筋：ヒラメ筋
次にストレッチされる筋：後脛骨筋，長母趾屈筋，長趾屈筋，長腓骨筋，短腓骨筋

効果的なスポーツ

バスケットボール，ネットボール，ボクシング，サイクリング，ハイキング，バックパッキング，登山，オリエンテーリング，アイスホッケー，フィールドホッケー，アイススケート，ローラースケート，インラインスケート，格闘技，テニス，バドミントン，スカッシュ，ランニング，トラック競技，クロ

スカントリー，アメリカンフットボール，サッカー，ラグビー，スキー，水上スキー，サーフィン，水泳，ウォーキング，競歩

効果的なスポーツ傷害

ふくらはぎの挫傷，アキレス腱挫傷，アキレス腱炎，脛骨内側痛症候群（シンスプリント），後脛骨筋腱炎

よくある問題と正しいストレッチングの注意点

このストレッチではアキレス腱に多大な力がかかることがある．踵をゆっくり下げることで徐々にストレッチを行う．

追加するとよいストレッチ

104

ふくらはぎのストレッチ

15

103 立位で踵を後ろに下げる
アキレス腱のストレッチ

STANDING HEEL BACK ACHILLES STRETCH

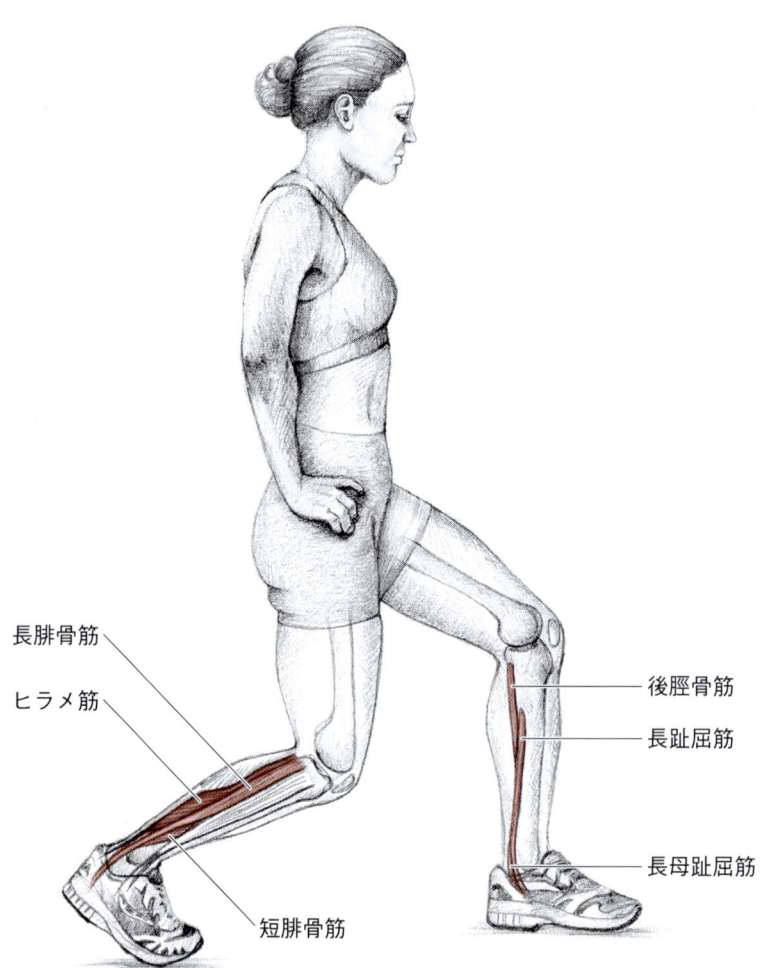

長腓骨筋

ヒラメ筋

短腓骨筋

後脛骨筋

長趾屈筋

長母趾屈筋

方 法
　直立し，後方に大きく一歩下がる．後方の脚を曲げ，踵を地面に向けて押しつける．

ストレッチされる筋
　主にストレッチされる筋：ヒラメ筋
　次にストレッチされる筋：後脛骨筋，長母趾屈筋，長趾屈筋，長腓骨筋，短腓骨筋

効果的なスポーツ
　バスケットボール，ネットボール，ボクシング，サイクリング，ハイキング，バックパッキング，登山，オリエンテーリング，アイスホッケー，フィールドホッケー，アイススケート，ローラースケート，インラインスケート，格闘技，テニス，バトミントン，スカッシュ，ランニング，トラック競技，クロスカントリー，アメリカンフットボール，サッカー，ラグビー，スキー，水上スキー，サーフィン，水泳，

ウォーキング，競歩

効果的なスポーツ傷害
　ふくらはぎの挫傷，アキレス腱挫傷，アキレス腱炎，脛骨内側痛症候群（シンスプリント），後脛骨筋腱炎

よくある問題と正しいストレッチングの注意点
　後方の脚のつま先は前に向けるようにする．つま先を一方へ向けた状態でこのストレッチを行うと，ふくらはぎの筋にかかる緊張が不均衡になる．これを長い期間行うと，筋のアンバランスを招くことがある．身体を下げることでストレッチの強度を調節する．

追加するとよいストレッチ
　105

ふくらはぎのストレッチ

15

104 壁に寄りかかって踵を後ろに下げるアキレス腱のストレッチ

LEANING HEEL BACK ACHILLES STRETCH

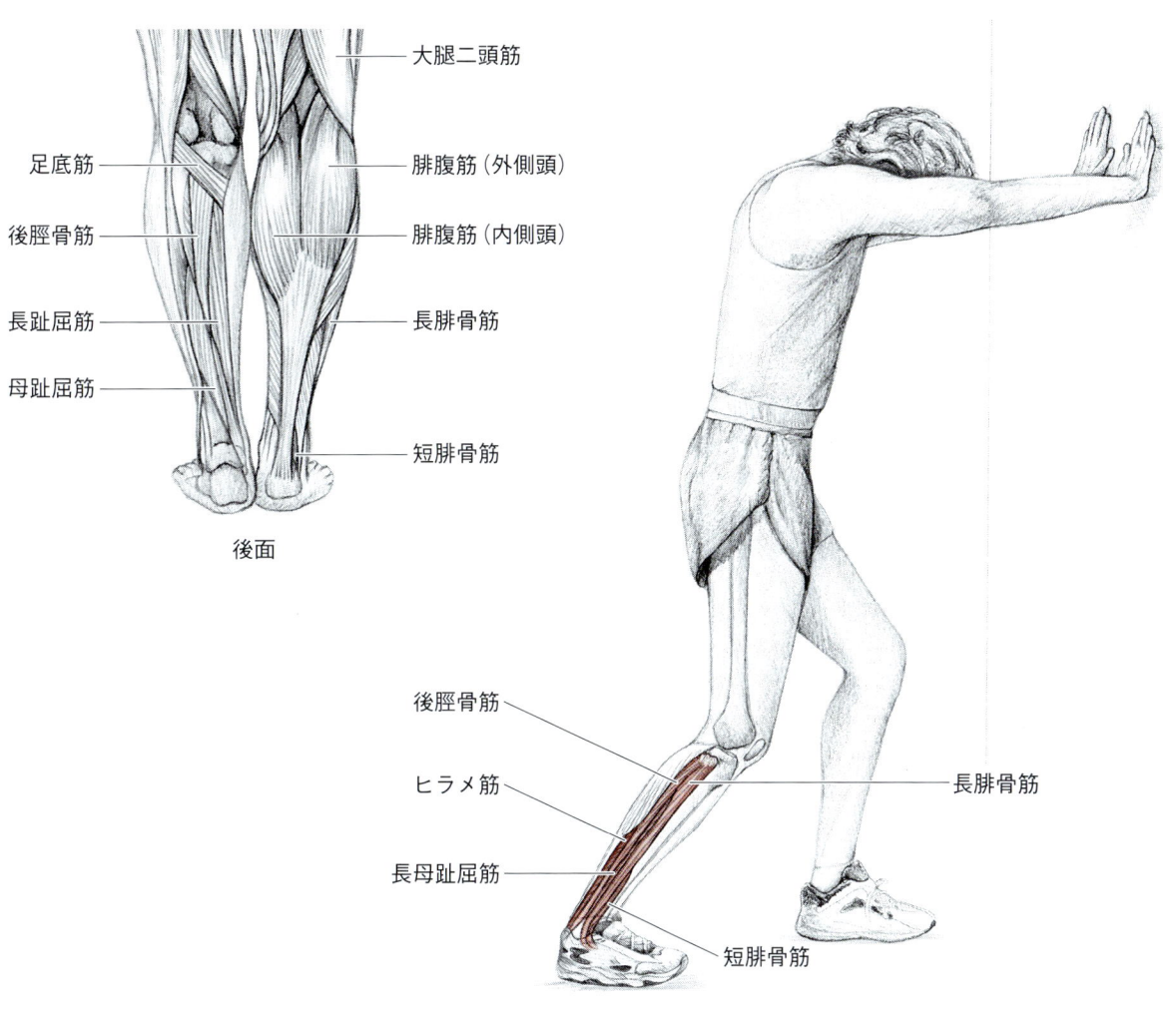

後面

大腿二頭筋
足底筋
後脛骨筋
長趾屈筋
母趾屈筋
腓腹筋（外側頭）
腓腹筋（内側頭）
長腓骨筋
短腓骨筋

後脛骨筋
ヒラメ筋
長母趾屈筋
長腓骨筋
短腓骨筋

方　法

　壁に寄りかかって直立し，一方の足を他方の後方に置く．両足のつま先を前に向けるようにして，後ろの踵を地面につける．後方の脚を曲げ，壁に寄りかかる．

ストレッチされる筋

　主にストレッチされる筋：ヒラメ筋
　次にストレッチされる筋：後脛骨筋，長母趾屈筋，長趾屈筋，長腓骨筋，筋短腓骨筋

効果的なスポーツ

　バスケットボール，ネットボール，ボクシング，サイクリング，ハイキング，バックパッキング，登山，オリエンテーリング，アイスホッケー，フィールドホッケー，アイススケート，ローラースケート，インラインスケート，格闘技，テニス，バトミントン，スカッシュ，ランニング，トラック競技，クロスカントリー，アメリカンフットボール，サッカー，ラグビー，スキー，水上スキー，サーフィン，水泳，ウォーキング，競歩

効果的なスポーツ傷害

　ふくらはぎの挫傷，アキレス腱挫傷，アキレス腱炎，脛骨内側痛症候群（シンスプリント），後脛骨筋腱炎

よくある問題と正しいストレッチングの注意点

　後方の脚のつま先は前に向けるようにする．つま先を一方に向けた状態でこのストレッチを行うと，ふくらはぎの筋にかかる緊張が不均衡になる．これを長い期間行うと，筋のアンバランスを招くことがある．身体を下げることでストレッチの強度を調節する．

追加するとよいストレッチ

　102

105 座位で両膝を曲げ，つま先を引きつける アキレス腱のストレッチ

SITTING BENT KNEE TOE PULL ACHILLES STRETCH

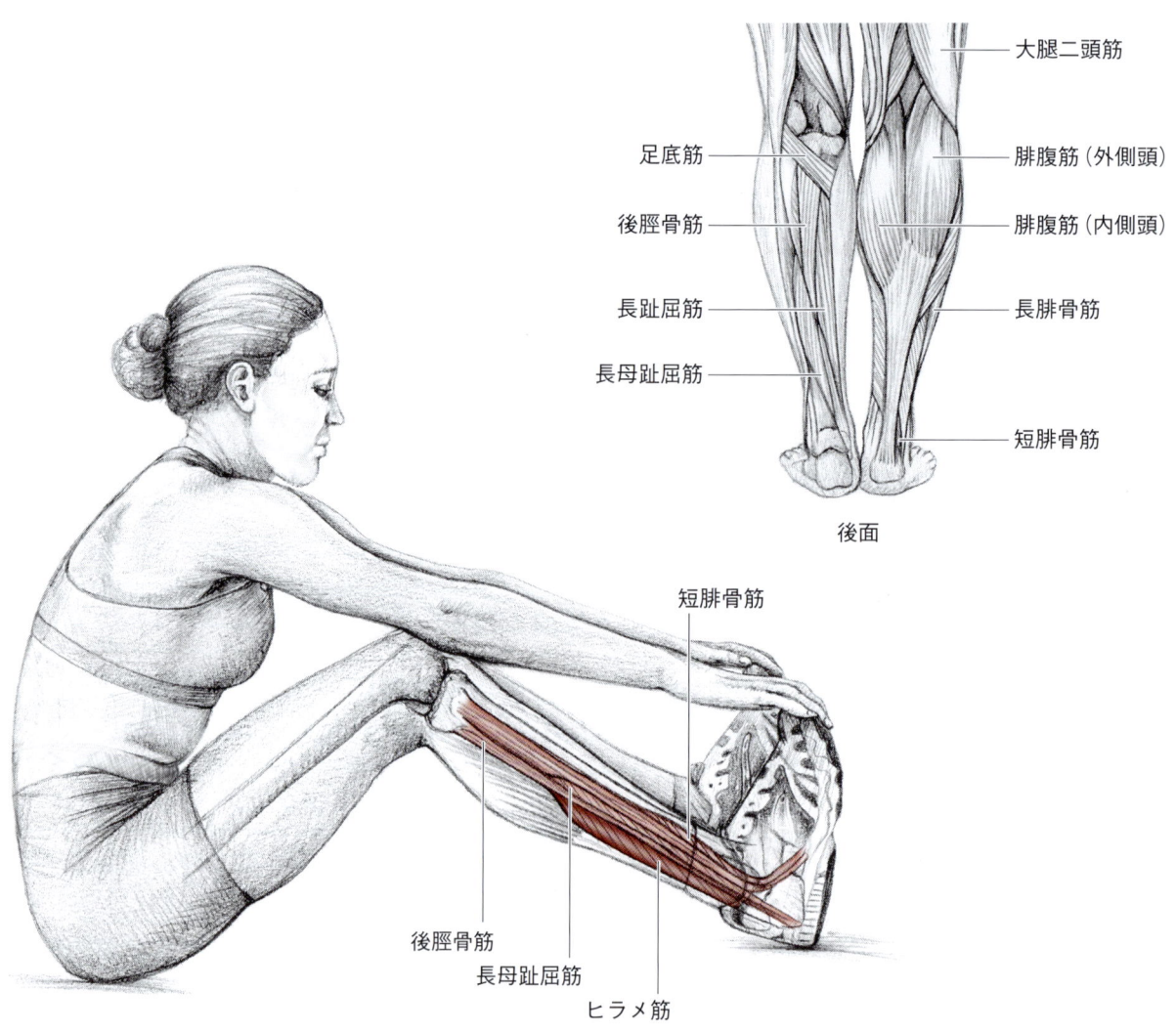

大腿二頭筋

足底筋

後脛骨筋

長趾屈筋

長母趾屈筋

腓腹筋（外側頭）

腓腹筋（内側頭）

長腓骨筋

短腓骨筋

後面

短腓骨筋

後脛骨筋

長母趾屈筋

ヒラメ筋

方 法
　両脚を前方に出して座り，両膝を曲げる．つま先をつかみ，膝に向けて引きつける．

ストレッチされる筋
　主にストレッチされる筋：ヒラメ筋
　次にストレッチされる筋：後脛骨筋，長母趾屈筋，長趾屈筋，長腓骨筋，短腓骨筋

効果的なスポーツ
　バスケットボール，ネットボール，ボクシング，サイクリング，ハイキング，バックパッキング，登山，オリエンテーリング，アイスホッケー，フィールドホッケー，アイススケート，ローラースケート，インラインスケート，格闘技，テニス，バトミントン，スカッシュ，ランニング，トラック競技，クロ

スカントリー，アメリカンフットボール，サッカー，ラグビー，スキー，水上スキー，サーフィン，水泳，ウォーキング，競歩

効果的なスポーツ傷害
　ふくらはぎの挫傷，アキレス腱挫傷，アキレス腱炎，脛骨内側痛症候群（シンスプリント），後脛骨筋腱炎

正しいストレッチングの注意点
　踵を前方に押し出し，つま先を引きつけることで，ストレッチの強度を調節する．

追加するとよいストレッチ
　101

ふくらはぎのストレッチ

15

106 かがんで踵を後ろに下げる アキレス腱のストレッチ

CROUCHING HEEL BACK ACHILLES STRETCH

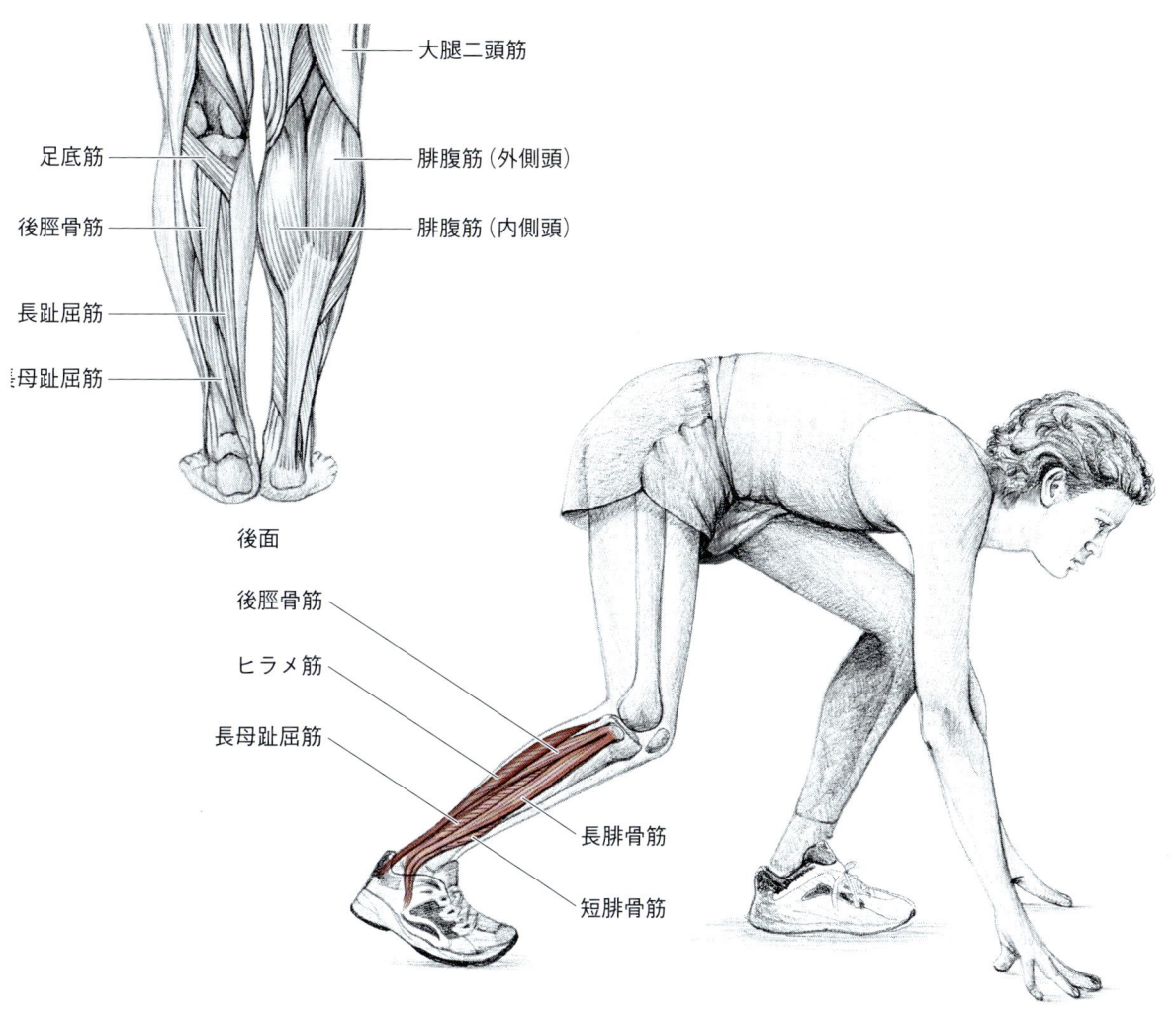

大腿二頭筋

足底筋

後脛骨筋

長趾屈筋

母趾屈筋

腓腹筋（外側頭）

腓腹筋（内側頭）

後面

後脛骨筋

ヒラメ筋

長母趾屈筋

長腓骨筋

短腓骨筋

方　法
　直立し，一方の足を他方の足の前に出す．前方と後方の脚を両方曲げ，後方の踵を地面に押しつける．上体を前方へ傾け，両手を身体の前方の地面に突く．

ストレッチされる筋
　主にストレッチされる筋：ヒラメ筋
　次にストレッチされる筋：後脛骨筋，長母趾屈筋，長趾屈筋，長腓骨筋，短腓骨筋

効果的なスポーツ
　バスケットボール，ネットボール，ボクシング，サイクリング，ハイキング，バックパッキング，登山，オリエンテーリング，アイスホッケー，フィールドホッケー，アイススケート，ローラースケート，インラインスケート，格闘技，テニス，バトミントン，スカッシュ，ランニング，トラック競技，クロ

スカントリー，アメリカンフットボール，サッカー，ラグビー，スキー，水上スキー，サーフィン，水泳，ウォーキング，競歩

効果的なスポーツ傷害
　ふくらはぎの挫傷，アキレス腱挫傷，アキレス腱炎，脛骨内側痛症候群（シンスプリント），後脛骨筋腱炎

よくある問題と正しいストレッチングの注意点
　後方の脚のつま先は前へ向けるようにする．つま先を一方へ向けた状態でこのストレッチを行うと，ふくらはぎの筋にかかる緊張が不均衡になる．これを長い期間行うと，筋のアンバランスを招くことがある．

追加するとよいストレッチ
　104

107 片膝立ち位で踵を下げる アキレス腱のストレッチ

KNEELING HEEL-DOWN ACHILLES STRETCH

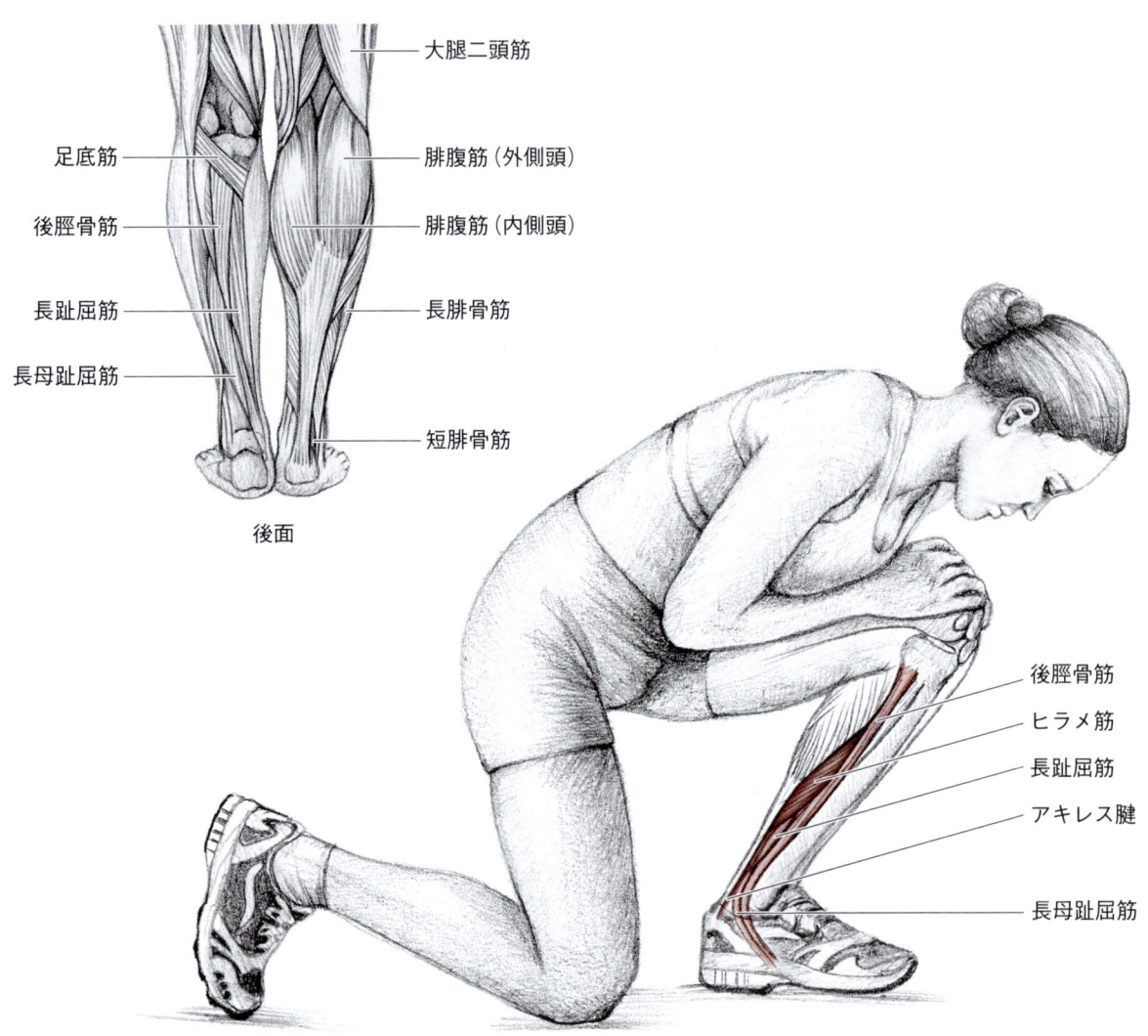

大腿二頭筋

足底筋

後脛骨筋

長趾屈筋

長母趾屈筋

腓腹筋（外側頭）

腓腹筋（内側頭）

長腓骨筋

短腓骨筋

後面

後脛骨筋

ヒラメ筋

長趾屈筋

アキレス腱

長母趾屈筋

方　法
　片膝立ちになり，体重を前の膝に乗せる．踵を地面につけたまま，上体を前方に傾ける．

ストレッチされる筋
　主にストレッチされる筋：ヒラメ筋
　次にストレッチされる筋：後脛骨筋，長母趾屈筋，長趾屈筋，長腓骨筋，短腓骨筋

効果的なスポーツ
　バスケットボール，ネットボール，ボクシング，サイクリング，ハイキング，バックパッキング，登山，オリエンテーリング，アイスホッケー，フィールドホッケー，アイススケート，ローラースケート，インラインスケート，格闘技，テニス，バトミントン，スカッシュ，ランニング，トラック競技，クロ

スカントリー，アメリカンフットボール，サッカー，ラグビー，スキー，水上スキー，サーフィン，水泳，ウォーキング，競歩

効果的なスポーツ傷害
　ふくらはぎの挫傷，アキレス腱挫傷，アキレス腱炎，脛骨内側痛症候群（シンスプリント），後脛骨筋腱炎

よくある問題と正しいストレッチングの注意点
　このストレッチではアキレス腱に多大な力がかかることがある．前方へゆっくり寄りかかることで徐々にストレッチを行う．

追加するとよいストレッチ
　101

108 しゃがみ込んでの アキレス腱のストレッチ

SQUATTING ACHILLES STRETCH

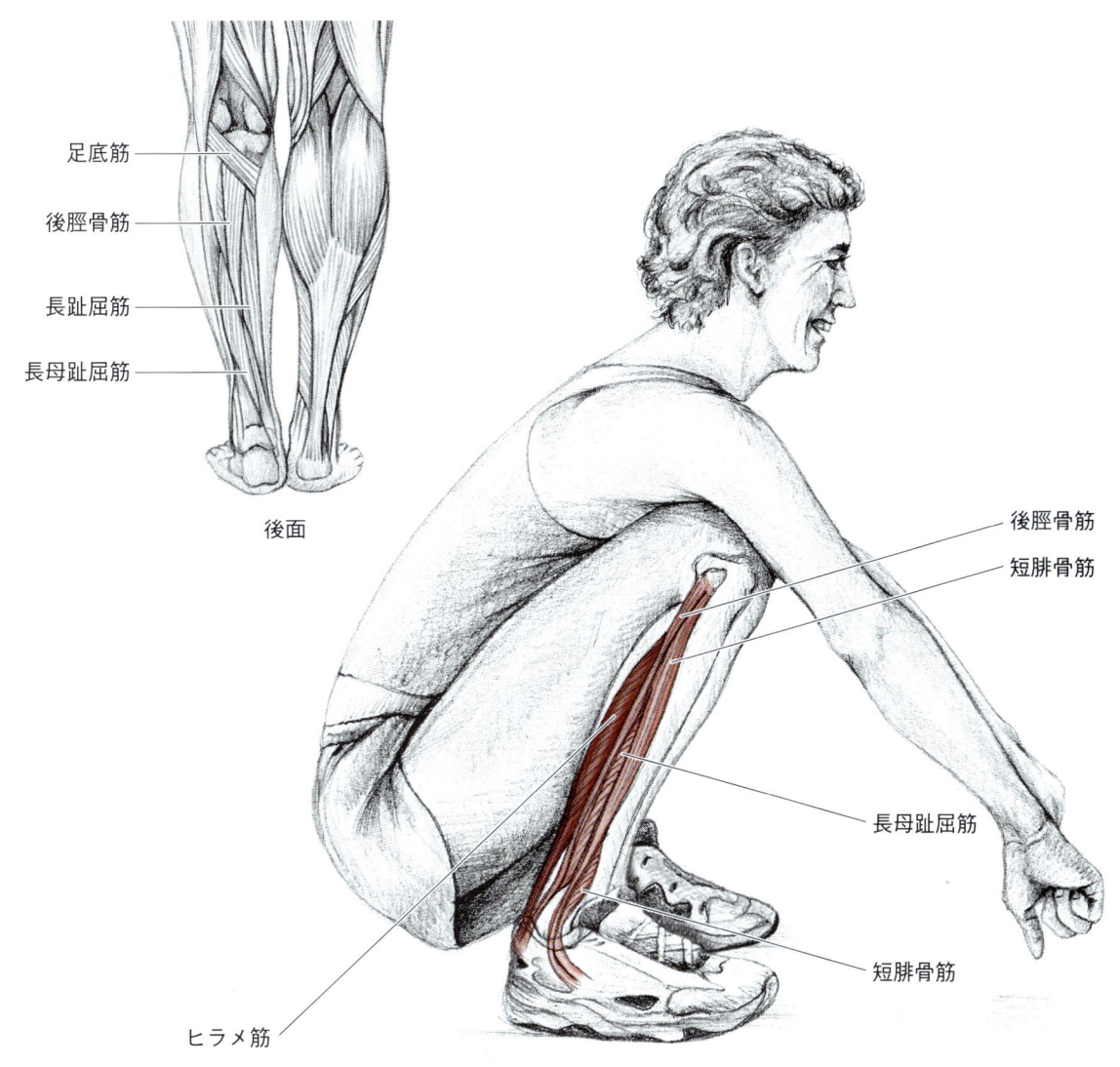

足底筋
後脛骨筋
長趾屈筋
長母趾屈筋

後面

後脛骨筋
短腓骨筋
長母趾屈筋
短腓骨筋
ヒラメ筋

方 法

両足を肩幅に開いて立つ. 両脚を曲げてしゃがみ込む. バランスをとるため両手を前方に出す.

ストレッチされる筋

主にストレッチされる筋：ヒラメ筋

次にストレッチされる筋：後脛骨筋, 長母趾屈筋, 長趾屈筋, 長腓骨筋, 短腓骨筋

効果的なスポーツ

バスケットボール, ネットボール, ボクシング, サイクリング, ハイキング, バックパッキング, 登山, オリエンテーリング, アイスホッケー, フィールドホッケー, アイススケート, ローラースケート, インラインスケート, 格闘技, テニス, バトミントン, スカッシュ, ランニング, トラック競技, クロスカントリー, アメリカンフットボール, サッカー, ラグビー, スキー, 水上スキー, サーフィン, 水泳, ウォーキング, 競歩

効果的なスポーツ傷害

ふくらはぎの挫傷, アキレス腱挫傷, アキレス腱炎, 脛骨内側痛症候群（シンスプリント）, 後脛骨筋腱炎

よくある問題と正しいストレッチングの注意点

必要であれば, バランスをとるために何かにつかまる. つま先は前に向けるようにする.

追加するとよいストレッチ

107

ふくらはぎのストレッチ

15

147

16.

脛, 足首, 足部のストレッチ

STRETCHES FOR THE SHINS, ANKLES AND FEET

109 足を後ろに下げる脛のストレッチ

110 足を持ち上げる脛のストレッチ

111 前方で脚を交差させる脛のストレッチ

112 両膝立ちでの脛のストレッチ

113 足首を回すストレッチ

114 しゃがみ込んでのつま先のストレッチ

109 足を後ろに下げる脛のストレッチ

FOOT-BEHIND SHIN STRETCH

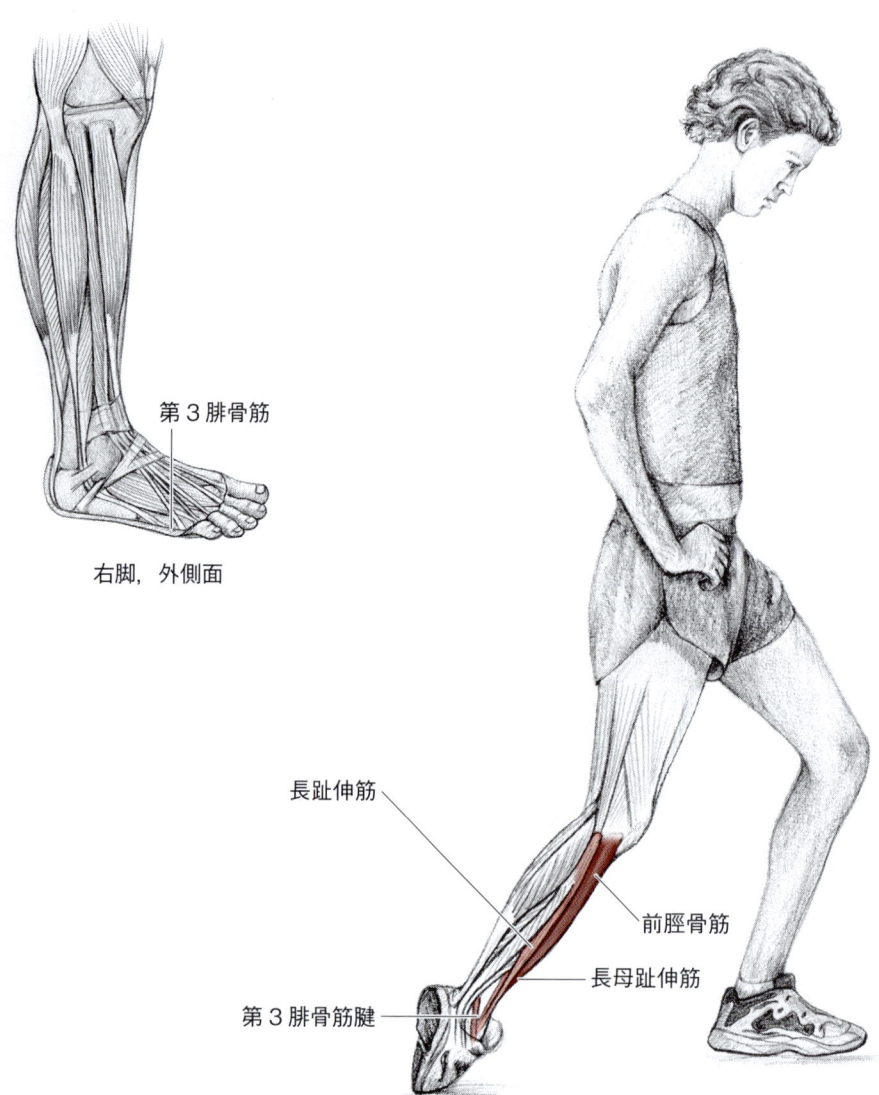

第3腓骨筋

右脚，外側面

長趾伸筋

前脛骨筋

長母趾伸筋

第3腓骨筋腱

方 法

直立し，つま先の上側を後方の地面に当てる．足首を地面に押しつける．

ストレッチされる筋

主にストレッチされる筋：前脛骨筋

次にストレッチされる筋：長母趾伸筋，長趾伸筋，第3腓骨筋

効果的なスポーツ

バスケットボール，ネットボール，ボクシング，ハイキング，バックパッキング，登山，オリエンテーリング，格闘技，テニス，バドミントン，スカッシュ，ランニング，トラック競技，クロスカント

リー，アメリカンフットボール，サッカー，ラグビー，ウォーキング，競歩

効果的なスポーツ傷害

前方区画症候群，脛骨内側痛症候群（シンスプリント），足関節捻挫，腓骨筋腱亜脱臼，腓骨筋腱炎

正しいストレッチングの注意点

身体を下げ，足首を地面に押しつけることでストレッチの強度を調節する．必要であれば，バランスをとるために何かにつかまる．

追加するとよいストレッチ

111

110 足を持ち上げる脛のストレッチ

RAISED FOOT SHIN STRETCH

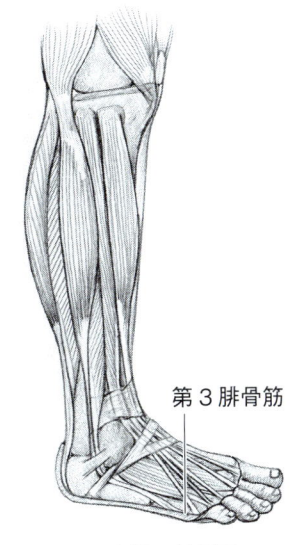

第3腓骨筋

右脚，外側面

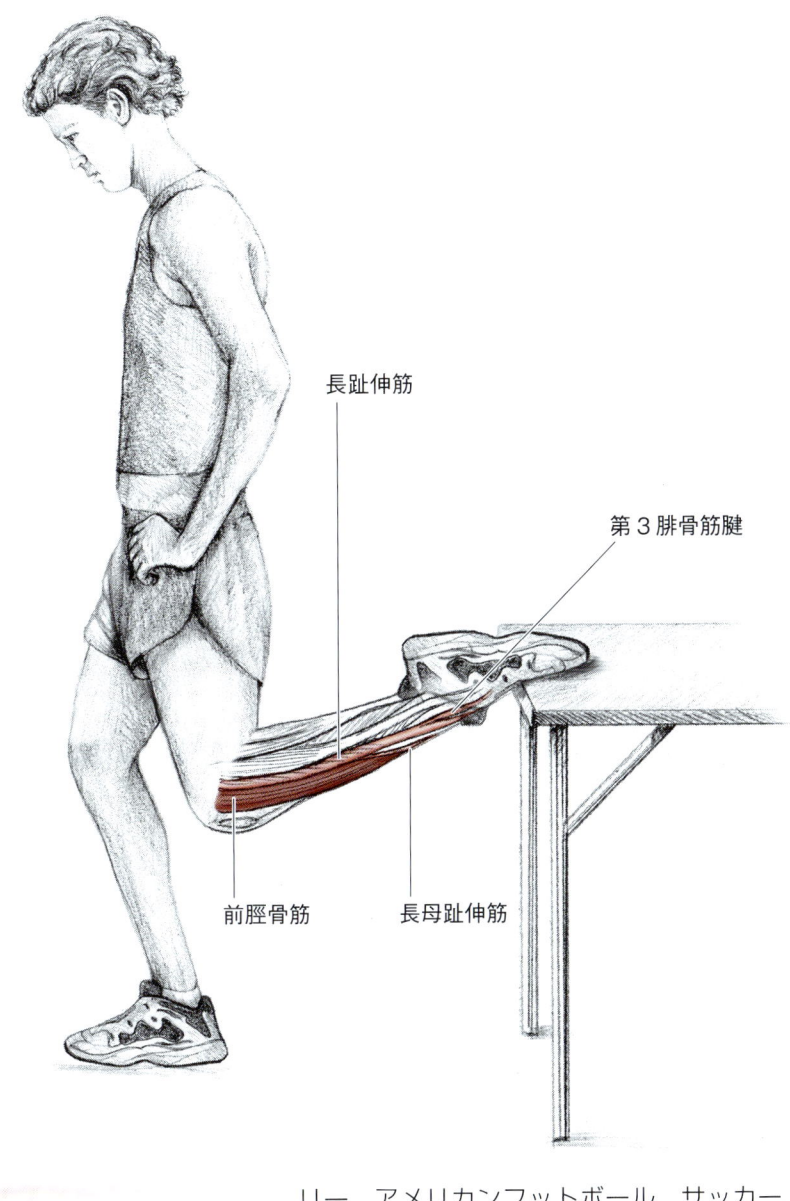

長趾伸筋

第3腓骨筋腱

前脛骨筋

長母趾伸筋

方　法
　直立し，つま先の上側を後方の台などの上に置く．足首を下方に押す．

ストレッチされる筋
　主にストレッチされる筋：前脛骨筋
　次にストレッチされる筋：長母趾伸筋，長趾伸筋，第3腓骨筋

効果的なスポーツ
　バスケットボール，ネットボール，ボクシング，ハイキング，バックパッキング，登山，オリエンテーリング，格闘技，テニス，バドミントン，スカッシュ，ランニング，トラック競技，クロスカント

リー，アメリカンフットボール，サッカー，ラグビー，ウォーキング，競歩

効果的なスポーツ傷害
　前方区画症候群，脛骨内側痛症候群（シンスプリント），足関節捻挫，腓骨筋腱亜脱臼，腓骨筋腱炎

正しいストレッチングの注意点
　必要であれば，バランスをとるために何かにつかまる．

追加するとよいストレッチ
　109

111 前方で脚を交差させる脛のストレッチ

FRONT CROSS-OVER SHIN STRETCH

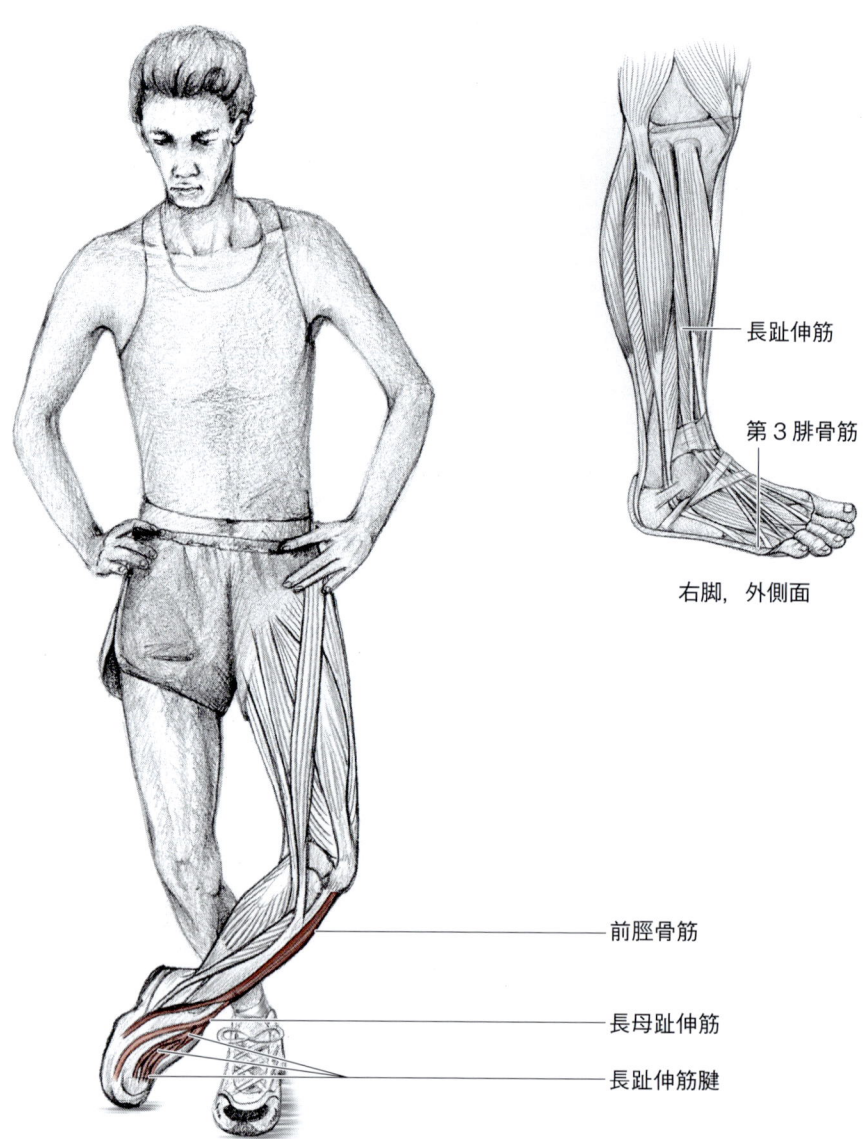

長趾伸筋

第 3 腓骨筋

右脚，外側面

前脛骨筋

長母趾伸筋

長趾伸筋腱

方 法
直立し，片脚のつま先の上側を他方の足の前の地面に当てる．立っている脚をゆっくり曲げて，足首を地面に押しつける．

ストレッチされる筋
主にストレッチされる筋：前脛骨筋
次にストレッチされる筋：長母趾伸筋，長趾伸筋，第 3 腓骨筋

効果的なスポーツ
バスケットボール，ネットボール，ボクシング，ハイキング，バックパッキング，登山，オリエンテーリング，格闘技，テニス，バドミントン，スカッシュ，ランニング，トラック競技，クロスカントリー，アメリカンフットボール，サッカー，ラグビー，ウォーキング，競歩

効果的なスポーツ傷害
前方区画症候群，脛骨内側痛症候群（シンスプリント），足関節捻挫，腓骨筋腱亜脱臼，腓骨筋腱炎

正しいストレッチングの注意点
身体を下げることで，ストレッチの強度を調節する．

追加するとよいストレッチ
112

112 両膝立ちでの脛のストレッチ
DOUBLE KNEELING SHIN STRETCH

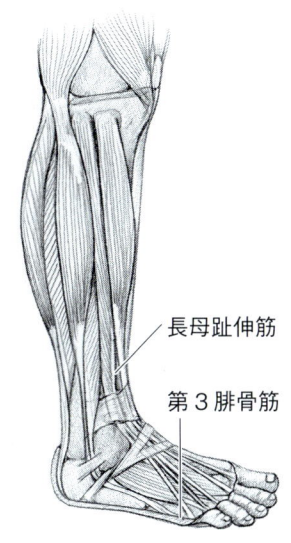

長母趾伸筋

第3腓骨筋

右脚，外側面

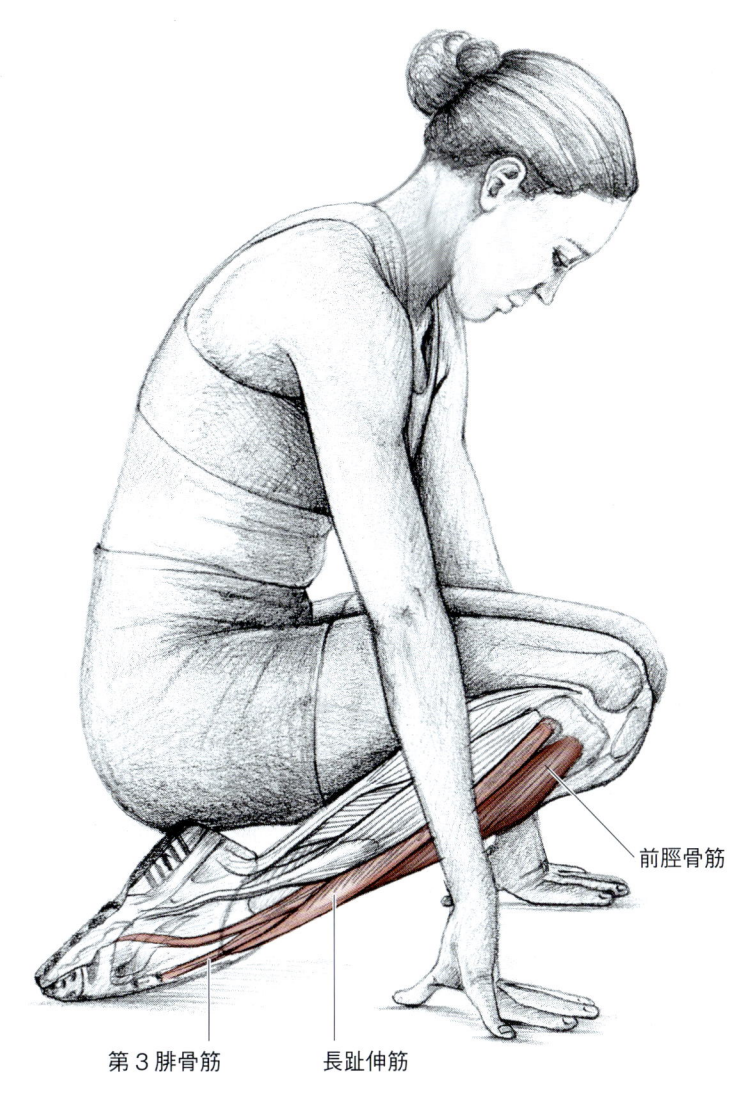

前脛骨筋

第3腓骨筋　　　長趾伸筋

方法
　両膝と両足を地面につけて座る．足首に重心を移し，両方の膝と踵を合わせた状態に保つ．両膝の横に手を突き，上体をゆっくり後方へ傾ける．両膝をゆっくりと地面から持ち上げる．

ストレッチされる筋
　主にストレッチされる筋：前脛骨筋
　次にストレッチされる筋：長母趾伸筋，長趾伸筋，第3腓骨筋

効果的なスポーツ
　バスケットボール，ネットボール，ボクシング，ハイキング，バックパッキング，登山，オリエンテーリング，格闘技，テニス，バドミントン，スカッシュ，ランニング，トラック競技，クロスカントリー，アメリカンフットボール，サッカー，ラグビー，ウォーキング，競歩

効果的なスポーツ傷害
　前方区画症候群，脛骨内側痛症候群（シンスプリント），足関節捻挫，腓骨筋腱亜脱臼，腓骨筋腱炎

よくある問題と正しいストレッチングの注意点
　このストレッチでは膝や足首に多大な力がかかることがある．膝や足首に痛みがある場合はこのストレッチは行わないこと．

追加するとよいストレッチ
　110

113 足首を回すストレッチ

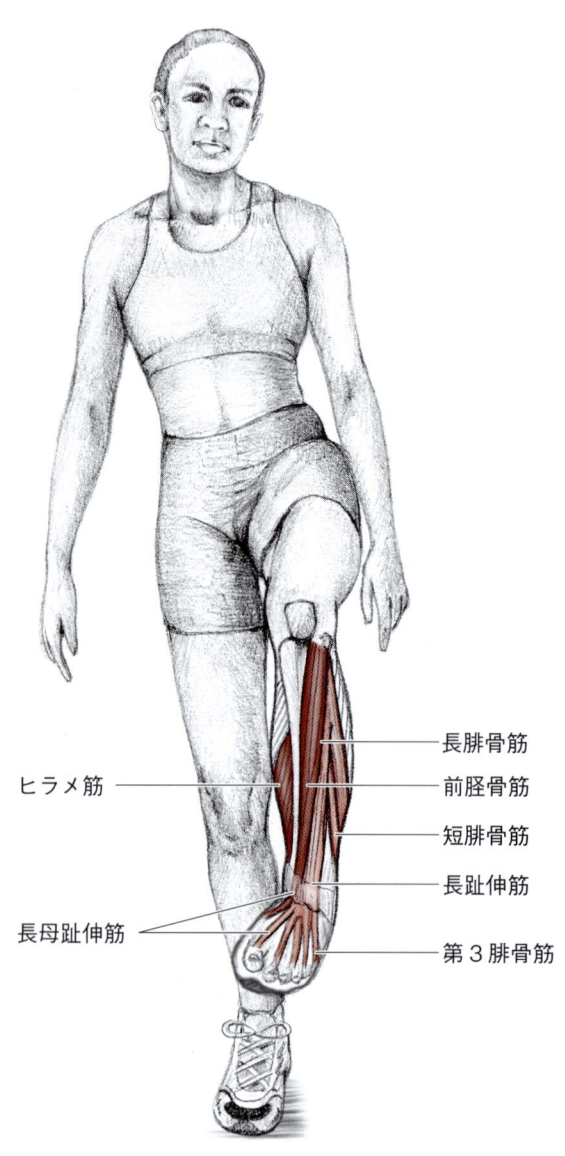
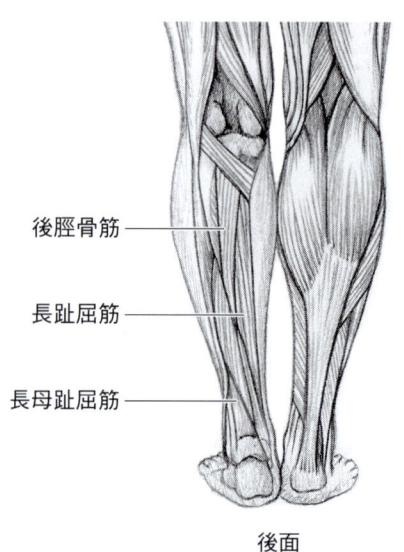

後脛骨筋

長趾屈筋

長母趾屈筋

後面

長腓骨筋
前脛骨筋
短腓骨筋
長趾伸筋
第3腓骨筋

ヒラメ筋

長母趾伸筋

方　法
　一方の足を地面から上げ，足首と足部をゆっくりとあらゆる方向へ回す.

ストレッチされる筋
　主にストレッチされる筋：ヒラメ筋，前脛骨筋
　次にストレッチされる筋：長母趾伸筋，長趾伸筋，長腓骨筋，短腓骨筋，第3腓骨筋，後脛骨筋，長母趾屈筋，長趾屈筋

効果的なスポーツ
　バスケットボール，ネットボール，ボクシング，ハイキング，バックパッキング，登山，オリエンテーリング，格闘技，テニス，バドミントン，スカッシュ，ランニング，トラック競技，クロスカントリー，アメリカンフットボール，サッカー，ラグビー，ウォーキング，競歩

効果的なスポーツ傷害
　前方区画症候群，脛骨内側痛症候群（シンスプリント），足関節捻挫，後脛骨筋腱炎，腓骨筋腱亜脱臼，腓骨筋腱炎

正しいストレッチングの注意点
　必要であれば，バランスをとるために何かにつかまる.

追加するとよいストレッチ
　111, 102

114 しゃがみ込んでの つま先のストレッチ

SQUATTING TOE STRETCH

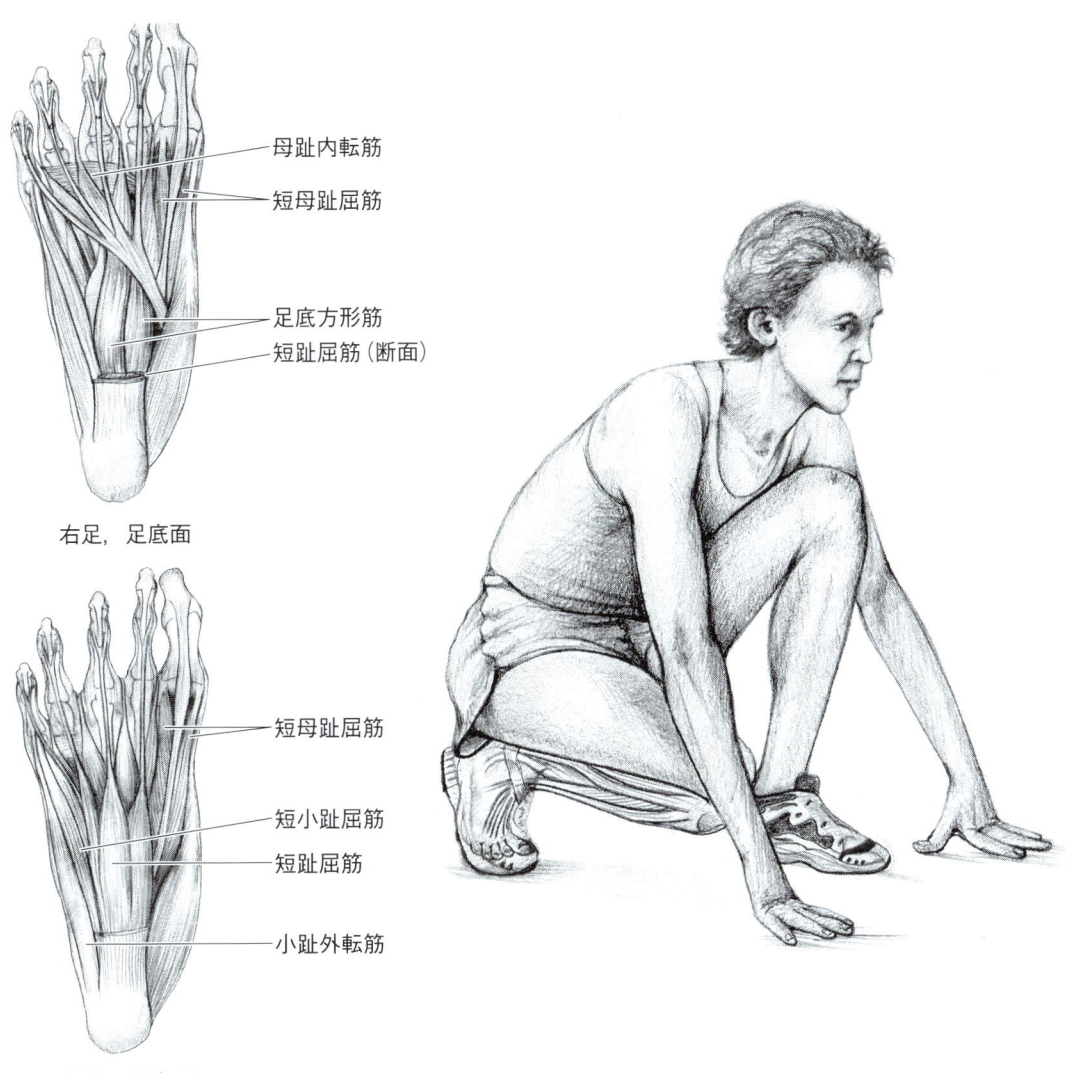

母趾内転筋

短母趾屈筋

足底方形筋

短趾屈筋（断面）

右足，足底面

短母趾屈筋

短小趾屈筋

短趾屈筋

小趾外転筋

右足，足底面

方 法
両手を地面に突き，足裏を地面につけたまま片脚でひざまずく．その膝に体重を乗せ，膝をゆっくりと前方へ動かす．つま先を地面につけたまま，足を弓なりにする．

ストレッチされる筋
主にストレッチされる筋：短趾屈筋，母趾外転筋，小趾外転筋，足底方形筋
次にストレッチされる筋：短母趾屈筋，母趾内転筋，短小趾屈筋

効果的なスポーツ
バスケットボール，ネットボール，ボクシング，サイクリング，ハイキング，バックパッキング，登山，オリエンテーリング，格闘技，テニス，バドミントン，スカッシュ，ランニング，トラック競技，クロスカントリー，アメリカンフットボール，サッカー，ラグビー，サーフィン，ウォーキング，競歩

効果的なスポーツ傷害
後脛骨筋腱炎，腓骨筋腱亜脱臼，腓骨筋腱炎，屈筋腱炎，種子骨炎，足底筋膜炎

よくある問題と正しいストレッチングの注意点
足を覆っている筋や腱がとても硬いことがある．このストレッチをする場合は，急激に過大な力を加えないようにする．

追加するとよいストレッチ
107

あとがき……………………………………………………

―ストレッチングとウォームアップ：俗説と誤解―

●最近，私はストレッチングに関する最新の研究や研究結果に関する質問をよく受ける．そのなかで最も多い質問がウォームアップの一環としてのストレッチングの役割に関するものである．

●現在，ストレッチングをウォームアップの一環として，どのように，いつ行うべきかについて多くの誤解があるように思える．そして，ストレッチングはすべて避けるべきだと思っている人もいる．

●これはとても重要な問題であり，ただちにはっきりとさせる必要がある．このあとがきは，ストレッチングに関してよくみられる俗説や誤解を払拭するため，そしてウォームアップの一環としてのストレッチングの役割について述べるものである．

科学的に言えること

●私が調べたほとんどの研究論文などは，傷害予防に関するストレッチングの効果を判断することを目的としている．これ自体が誤りなのであり，傷害予防プログラムやウォームアップの一環としてどのようにストレッチングを使うかについての理解が足りないことを示しているのである．

●ストレッチングとその身体的なパフォーマンスや障害予防に対する効果は科学的に測定することができないものである．確かに，シットアンドリーチ（長座位前屈）のような単純なテストにより，柔軟性に対するストレッチングの効果を測定することは可能である．しかし競技能力や傷害予防にどのように影響を及ぼしているかについて評価することは不可能でないにしても大変困難なことである．

●ストレッチングに関する最近のある研究は，この見解を以下のように支持している：
「入手可能な研究結果が少量かつ質が低く，多様であるために，運動に関連する傷害のリスクを軽減するうえでのストレッチングの効果に関しては，決定的な結論を下すことはできない（運動に関連する傷害予防に対するストレッチングの効果：文献の体系的レビュー，2003，Weldon）.」

●上記の引用文を一般的な言い方にすると，まだ十分な研究が行われておらず，これまでに行われた研究も具体性と一貫性に欠けているということである．

最も大きな誤解

●ウォームアップの一貫としてのストレッチングの成果について誤解があることから，まったくストレッチングをしなくなってしまった人も多い．ストレッチングが果たす役割を理解する鍵は，前述の文章に示している．だが注意深く読んで欲しい

●鍵はこうである：
「ストレッチングはウォームアップの重要な一部であるが，ウォームアップそのものではない.」

●ストレッチをいくつか行えば，それがウォームアップになると誤解してはいけない．効果的なウォームアップには多くのとても大切な鍵となる要素があり，それらがともに作用することで，スポーツ傷害のリスクが最小限となり，身体活動の準備ができるのである.

●効果的で安全なウォームアップの各要素を特定し，それらを正しい順序で実行することは極めて重要である．ストレッチングは効果的なウォームアップの一部にすぎないことを忘れてはならない．そしてウォームアップにおけるストレッチングの位置づけは特定的であり，他の要素によって左右される.

●以下の4つは，ウォームアップを確実に効果的で完全なものとするために含めるべき鍵となる要素である.

1. **全身のウォームアップ**：ウォームアップのこの段階は5〜15分間の軽い運動からなる．ここでの目的は心拍数と呼吸数を高め，血液の循環を向上させ，筋温を高めることである.

2. **スタティック・ストレッチング**：次に，5〜10分間の穏やかなスタティック・ストレッチングを全身のウォームアップに取り入れ，身体のすべての主要な筋群とそれに付随する腱を徐々に伸長させる.

3. **スポーツ別のウォームアップ**：ウォームアップのこの段階では，運動選手が選んだスポーツ特有の要求に合わせて身体を準備するために，10〜15分間のスポーツ別のドリルや運動をすべきである.

4. **ダイナミック・ストレッチング**：ダイナミック・ストレッチングでは，調節された，穏やかな弾みまたは振りを利用した動作で，特定の身体部位をその最大関節可動域まで動かしていく．弾みや振りは決して急激に強めたり調節できない状態にしたりせず，徐々に強めていくこと.

●この4つの要素はすべて等しく重要であり，1つとして軽視したり，不必要と考えるべきではない．4つの要素すべてがともに作用することで，身体と精神がピークまで高まり，運動選手の活動への準備が確実なものとなるのである.

以下の3つの点に注意

1. ダイナミック・ストレッチングは，不適切に行うと傷害のリスクが高くなる．ダイナミック・ストレッチングに関する詳しい情報については第3章を参照のこと.

2. 上記のウォームアップに関する推奨時間は，本格的な運動選手を念頭に置いたものである．プロの運動選手でない場合は，そのレベルに応じて時間を調節すること.

3. スタティック・ストレッチングは筋の収縮速度に悪影響をもたらすため，高いレベルのパワーとスピードが求められるスポーツに取り組んでいる運動選手のパフォーマンスを損なう可能性があることが，最近の研究から示されている．スタティック・ストレッチングをウォームアップの序盤に行い，必ずその後にスポーツ別のドリルやダイナミック・ストレッチングを取り入れているのはこのためである.

導かれる結論

●適切に行えばストレッチングは有益である．ストレッチングは傷害のリスクの低下，運動の
パフォーマンスの向上を支える極めて大切な要素の一つにすぎないことを忘れてはならな
い．ストレッチングを他の傷害軽減テクニックや調整運動とともに行った時に，最大の結果
が得られるのである．

医学用語解説••••••••••••••••••••••••••••

アキレス腱炎	アキレス腱の炎症
亜脱臼	不全また部分的な脱臼
インピンジメント症候群	肩関節唇，上腕二頭筋長頭筋腱，肩峰下滑液包を損傷するような反復されるオーバーヘッド動作により生じる慢性的な状態
炎症	組織の損傷により生じる局在性の防御的反応．特徴として疼痛，熱感，発赤，腫脹，機能障害がある．
滑液包	一般に腱と骨の間にみられる滑液を含む線維性嚢包．動作時の摩擦を減少させるように作用する．
滑液包炎	滑液包（例えば三角筋下包）の炎症
関節機能不全	関節の障害，機能低下，異常
関節症	関節の病変
関節リウマチ	自己免疫性疾患であり，免疫機構が身体の自らの組織を攻撃する．身体の多くの部位に炎症を起こす．
強直性脊椎炎	脊柱を冒す退行性関節病変．仙腸関節や脊椎関節，肋椎関節の炎症の結果として疼痛や硬直を生じる全身的な病気
筋膜炎	筋の一部を取り巻いている筋膜の炎症
脛骨前区画症候群	脚の脛骨前方区画の急速な腫脹，緊張の増加，疼痛．通常，過活動に由来
脛骨内側痛症候群	脚の脛骨内側区画の急速な腫脹，緊張の増加，疼痛．通常，過活動に由来．シンスプリントとしても知られている．
頚神経伸張症候群	突出した椎間板により頚神経根の炎症や圧迫が生じた状態
腱炎	腱の炎症
腱滑膜炎	腱鞘の炎症
肩甲肋骨症候群	肩甲骨と胸郭後壁間の関係の長期的な変化の結果として生じる，肩関節周囲帯の上面や後面の疼痛
腱板	肩関節の運動中，肩甲骨関節窩（陥凹，ソケット）に接触する上腕骨頭の保持を助け，関節の脱臼を防ぐ．棘上筋，棘下筋，小円筋，肩甲下筋より構成されている．
骨炎	骨の炎症で，骨の増殖，圧痛，鈍痛，疼痛が生じる．
ゴルフ肘	ひねりと握りを含む活動（例えばゴルフ），特に力強いグリップ動作によって生じる上腕骨内側上顆の炎症
コンパートメント症候群	ある区画内の血流や組織の機能を阻害するような筋内圧が上昇した状態
挫傷	筋組織の一部分の過伸長や過活動
膝蓋大腿痛症候群	膝蓋骨と大腿骨に関係する過度な疼痛
斜頚	頚部筋の短縮した状態で，頚部の捻じれを生じる．
尺骨管症候群	尺骨神経が前腕のなかを手首まで下降する．この神経への過度の圧迫により小指と環指外側のしびれやうずきを生じる．反復動作で引き起こされることはまれである．
手根管症候群	手根管を通る正中神経の圧迫．手の疼痛やうずきを生じる．
種子骨	腱や関節にはめ込まれている小さな結節性の骨
種子骨炎	種子骨とその周囲組織の炎症

161

上顆炎	上腕骨遠位にある上顆の軟部組織の炎症や微細損傷
踵骨棘	踵骨の骨棘
神経炎	疼痛や圧痛を伴う，神経の炎症
シンスプリント	脛骨内側痛症候群，脛骨前方区画症候群を参照
石灰性腱炎	肩峰下また三角筋下滑液包の石灰化と炎症．この結果，肩の疼痛，可動域制限を生じる．
仙腸骨炎	仙腸関節の炎症（関節炎）
前弯	脊柱の腰椎部の過度な凸カーブ
側弯（症）	側方へ回旋した脊柱の弯曲
大転子滑液包炎	大転子滑液包が大殿筋と大転子の後外側表面の間にある．腸脛靱帯（ITB）の柔軟性低下がある場合に滑液包炎が生じるかもしれない．
脱臼	ある部位，特に骨の変位
弾発股症候群	骨突出部を通過する硬い靱帯や腱により生じる可能性がある．関節内での弾発は，主にシットアップなどのエクササイズ中に生じる吸引現象で引き起こされる．関節外での弾発は，通常大転子上での大殿筋のクリック現象の結果である．ダンサーや若い運動選手にみられ，クリックヒップ・シンドロームとしても知られる．
断裂	組織の強制的な裂傷また分裂
恥骨炎	恥骨結合部の炎症状態による症候．退行性変化を含めた様々な状態で起こりうる．
腸脛靱帯炎	骨盤から膝の下まで伸びる非弾性コラーゲン線維である腸脛靱帯の炎症・疼痛．様々なバイオメカニカルな原因がある．
椎間板性疼痛	椎間板の不整による疼痛
テニス肘	前腕背側筋群の付着部の腱炎であり，過度なうち付け動作やノコギリを挽くような動作，また過緊張，テニスラケットの未熟な把持動作で生じる．
投球障害肘	内側側副靱帯への反復性ストレス
凍結肩症候群	癒着性関節包炎を参照
捻挫	関節を支持する靱帯の線維が断裂する関節の外傷
反復性過労傷害	過労や身体のいずれかの部位の腱炎のようなオーバーユース状態に関係
尾骨痛	尾骨またその周囲部の疼痛
変形性関節症	非炎症性の退行性関節疾患で，特徴として関節軟骨の変性，骨端での骨増殖，滑膜内の変化がある．特に高齢者にみられる．
包炎	包（例えば関節）の炎症
むち打ち	身体の急速な加速・減速の結果として生じ，第4・5頸髄・頸椎を損傷させる不明確な呼称
癒着性関節包炎	肩関節の関節包と遠位関節軟骨の間の癒着性の炎症．疼痛，硬直，可動域制限を起こす．凍結肩とも呼ばれる．
梨状筋症候群	筋の炎症，短縮，また坐骨神経のインピンジメントによる痙攣の結果，生じた状態．大腿後面と殿部に疼痛やうずきを生じる．男性より女性に多くみられる（6：1の比率）．
裂離骨折	直接的な外傷からの圧縮力や過度の張力によって生じる二次的な骨折

各種スポーツとスポーツ傷害に対するストレッチ·················

スポーツ	
アーチェリー	002, 006-011, 032, 042-044
アイススケート	028-031, 037-039, 045-047, 051-108
アイスホッケー	022-031, 036-039, 041-108
アメリカンフットボール	001-006, 028-031, 035-039, 041-114
インラインスケート	028-031, 037-039, 045-047, 051-071, 082-108
ウォーキング	028-031, 036-039, 041-046, 051-114
オリエンテーリング	012-017, 028-031, 035-039, 041-114
格闘技	019-031, 037-039, 045-114
カヌー	007-032, 035, 036, 041-044, 048-050, 057, 058
カヤック	007-032, 035, 036, 041-044, 048-050, 057, 058
競歩	028-031, 036-039, 041-047, 051-114
クリケット	007-031, 035, 036, 041-044, 048, 050
クロスカントリー	028-031, 037-039, 041-047, 051-114
ゴルフ	006-011, 028-032, 035, 036, 041-044
サーフィン	028-031, 037-039, 045, 046, 048-050, 064-108
サイクリング	003-006, 032, 035-039, 041-047, 051-108
サッカー	028-031, 037-039, 041-047, 051-114
水泳	001-027, 032-036, 040-044, 093-108
水上スキー	028-032, 037-039, 045-047, 051-108
スカッシュ	007-027, 032, 035, 036, 041-044, 093-114
スキー	028-032, 037-039, 045-047, 051-108
ソフトボール	007-011, 022-031, 035, 036, 041-044, 048-050
テニス	007-027, 032, 035, 036, 041-044, 093-114
投てき競技	007-027
登山	012-017, 028-031, 035-039, 041-114
トラック競技	028-031, 037-039, 041-047, 051-114
ネットボール	012-018, 022-031, 033, 034, 037-040, 044, 069-114
ハイキング	012-017, 028-031, 035-039, 041-114
バスケットボール	012-018, 022-031, 033, 034, 037-040, 044, 069-114
バックパッキング	012-017, 028-031, 035-039, 041-114
バドミントン	007-027, 032, 035, 036, 041-044, 093-114
バレーボール	018, 022-027, 033, 034, 040
フィールドホッケー	022-031, 035-039, 041-108
ボート	007-032, 035, 036, 041-044, 048-050, 057, 058
ボクシング	001-011, 028-032, 036, 044, 048-050, 093-114
野球	007-031, 035, 036, 041-044, 048-050
ラグビー	001-006, 028, 030, 031, 035-039, 041-114

ランニング	028-031，036-039，041-047，051-114
陸上競技	042-044
レスリング	001-006，019-031，045-050，069-092
ローラースケート	028-031，037-039，045-047，051-108

スポーツ傷害

アキレス腱炎	079，080，097-108
アキレス腱挫傷	079，080，097-108
足関節捻挫	109-113
亜脱臼	007-011，013-017，019-021
インピンジメント症候群	007-017，019-021
肩関節滑液包炎	007-017，019-021
胸筋付着部炎	011-017，031
胸鎖関節離開	007-011，013-017，019-021
胸部挫傷	011-017，031
屈筋腱炎	114
脛骨内側痛症候群	079，080，097-113
頚神経伸張症候群	001-006，032，034-036，041
頚部捻挫	むち打ちを参照
頚部の筋挫傷	001-006，032，034-036，041
肩鎖関節離開	007-011，013-017，019-021
腱板炎	007-017，019-021
後脛骨筋腱炎	101-108，113，114
股関節屈筋挫傷	029，030，064-067
骨盤周囲の剥離骨折	064-068，082-088
ゴルフ肘	022-027
膝蓋腱炎	065-068
膝蓋骨亜脱臼	065-068
膝蓋大腿関節痛症候群	065-068
斜頚	001-006，032，034-036，041
尺骨管症候群	023-027
手根管症候群	023-027
種子骨炎	114
上腕三頭筋腱断裂	018
上腕二頭筋腱炎	011，013，014，022
上腕二頭筋腱断裂	011，013，014，022
上腕二頭筋挫傷	011，013，014，022
シンスプリント	脛骨内側痛症候群を参照
前方区画症候群	109-113
足底筋膜炎	114
鼡径部挫傷	055-058，082-088
大腿四頭筋腱炎	064-068
大腿四頭筋挫傷	064-068
大転子滑液包炎	052-058，060，062-068，082-092
脱臼	007-011，013-017，019-021
弾発股症候群	052-058，060，062，063
恥骨炎	064-068，082-088
腸脛靭帯炎	045-047，051，059，061，089-092
腸腰筋腱炎	029，030，064-068
手関節筋腱炎	023-027

手関節脱臼	023-027
手関節捻挫	023-027
テニス肘	022-027
投球障害肘	022-027
凍結肩	癒着性関節包炎を参照
内転筋腱炎	055-058, 082-088
背部の筋挫傷	033, 035, 036, 041-044
下部	037-040, 045-051, 059, 061, 069-078, 081
上部	032, 034
背部の靱帯損傷	033, 035, 036, 041-044
下部	037-040, 045-051, 059, 061, 069-078, 081
上部	032, 034
ハムストリングス挫傷	037-039, 059, 061, 069-081, 087, 088, 098, 099
腓骨筋腱亜脱臼	109-114
腓骨筋腱炎	109-114
肘関節滑液包炎	018, 022
肘関節挫傷	022
肘関節脱臼	018, 022
肘関節捻挫	018
ふくらはぎの挫傷	071-074, 076-078, 081, 097-108
腹筋挫傷	028-031, 042-044, 047-050
むち打ち	001-006, 032, 034-036, 041
癒着性関節包炎	007-017, 019-021
梨状筋症候群	052-058, 060, 062, 063, 082-088

参考文献 ·····································

1）Alter MJ : Sports Stretch, Human Kinetics, Illinois, USA, 1998
2）Anderson DM (Chief Lexicographer) : Dorland's Illustrated Medical Dictionary, 30th edition, Saunders, an imprint of Elsevier, Philadelphia, USA, 2003
3）Anderson RA : Stretching, Shelter Publications, California, USA, 1981
4）Appleton BD : Stretching and Flexibility, Self Published, 1998
5）Arnheim DD : Modern Principles of Athletic Training, Times Mirror, Missouri, USA, 1989
6）Delavier F : Strength Training Anatomy, Human Kinetics, Illinois, USA, 2001
7）Jarmey C : The Concise Book of Muscles, Lotus Publishing/North Atlantic Books, Chichester, UK/Berkeley, USA, 2003
8）Kurz T : Stretching Scientifically, Stadion Publishing Company, Vermont, USA, 2003
9）Lamb DR : Physiology of Exercise, Macmillan Publishing Co, New York, USA, 1984
10）Laughlin K : Stretching and Flexibility, Simon & Schuster, New South Wales, Australia, 1999
11）Sang KH : Ultimate Flexibility, Turtle Press, Connecticut, USA, 2004
12）Tortora GJ & Anagnostakos NP : Principles of Anatomy and Physiology, Harper & Row, New York, USA, 1990
13）Walker BE : The Stretching Handbook, Walkerbout Health, Queensland, Australia, 1998

ブラッド・ウォーカー ストレッチングと筋の解剖

2009年4月15日　発行	監訳者 栗山節郎
	訳　者 川島敏生
	発行者 小立鉦彦
	発行所 株式会社 南 江 堂
	〒113-8410 東京都文京区本郷三丁目 42 番 6 号
	☎(出版)03-3811-7236　(営業)03-3811-7239
	ホームページ http://www.nankodo.co.jp/
	振替口座 00120-1-149
	印刷・製本 真興社

© Nankodo Co., Ltd., 2009